论语注述

上部

郑战威 注述

中国文联出版社
http://www.clapnet.cn

图书在版编目（CIP）数据

论语注述：上下部/郑战威注述．北京：中国文联出版社，2021.12
ISBN 978-7-5190-4715-3

Ⅰ．①论… Ⅱ．①郑… Ⅲ．①儒家②《论语》－注释③《论语》－译文 Ⅳ．①B222.22

中国版本图书馆CIP数据核字（2021）第230439号

注　　　述	郑战威
责任编辑	邓友女
责任校对	谢晓红
装帧设计	肖华珍

出版发行	中国文联出版社有限公司
社　　　址	北京市朝阳区农展馆南里10号　邮编　100125
电　　　话	010-85923025（发行部）　　010-85923091（总编室）
经　　　销	全国新华书店等
印　　　刷	中煤（北京）印务有限公司

开　　　本	880毫米×1230毫米　　1/32
印　　　张	17.25
字　　　数	374千字
版次印次	2021年12月第1版第1次印刷
总 定 价	98.00元（全2册）

版权所有．侵权必究
如有印装质量问题，请与本社发行部联系调换

序　言

　　《论语》是记录孔子及其弟子言行的一部语录体文集,大约在战国时期,由孔门弟子结集成书。秦代,除传诵于齐鲁大地的口述版《鲁论语》和《齐论语》外,文字版《论语》一度失传,直到西汉景帝时期,才在孔子故宅的夹壁中重见天日,史称《古论语》。东汉末年,郑玄参考《古论语》和《齐论语》两个传本,对口述版《鲁论语》加以校正和整理,重新编定了《论语》文本,流传至今。

　　自汉武帝推行"罢黜百家,独尊儒术"起,直至民国前的两千多年间,儒学始终是中国文化的正统。作为儒家经典的《论语》,向来是中国读书人必读的一部书。只是,因为著说年代的久远,读《论语》必要兼读注。东汉以降,诸儒纷纷为《论语》注疏,历代不绝。影响较大的注本,有东汉郑玄的《论语注》、三国时期何晏的《论语集解》、南北朝时期皇侃的《论语义疏》、北宋邢昺的《论语注疏》、南宋朱熹的《论语集注》、清代刘宝楠的《论语正义》等。民国之后,则以程树德的《论语集释》、钱穆的《论语新解》,以及杨伯峻的《论语译注》最为著名。

　　前贤的注疏,对解读《论语》乃至儒家文化的传承与发展,起到了非常重要的辅助作用,自是功不可没。然而,毕竟《论语》的成书距今已达两千五六百年之久，何晏的《论语集解》，都已过去了一千八百多年，即便清末民国的注本，也已是近百年的事了。人们的语言和生活方式，早就发生了深刻的变化，今非昔比。因此，对于现在的人们来说，仍需一本人人可读、既忠于原著又通俗易懂的《论语》注解，这也便是编写本书的初衷。

本书的编写体例，由注释、译文和评述三部分组成。所有的注条，均是在参考历代注疏和古代文献的基础上，立足于去繁就简与折中求是，详加推敲而成。对于前儒有不同见解的字词，通常先将有代表性的释义分别列出，评析后再予以取舍；自己独辟蹊径的管窥之解，亦是将旧注列出，然后再加以论证。本书还对相关的一些背景知识，如礼乐制度、分封制度、姓氏起源等，专门进行了说明，以便对理解《论语》有所裨益。本书的译文，则是以注释为依据，力图用现在的语言将原文准确、通畅地表达清楚，兼及信雅。至于附后的评述，实乃一己之见，不过是为抛砖引玉，发人思考罢了。

《论语》全书由二十篇组成，分作五百零四章，共计一万五千九百字。《论语》各篇的篇名，大多取自开篇首句前两个或三个字，若是"子曰"开头，则跳过再取。篇名仅作分页之用，并无实际意义，与该篇的内容无涉。《论语》书中的各章，均独自成文，上下章不相关联，文体以语录为主、叙事为辅。各章的篇幅大都非常简短，用词优美，生动形象，其中的许多言语，已成为中国人耳熟能详的常用语。在《论语》书中，有五章重复出现，可见作者不止一人；前后十篇在行文风格和用语上，也存在着明显的差异，记事的第十篇，按理应附录于书后，而非嵌在语录中间。故而，《论语》应是两次成书，前十篇为上部，后十篇为下部。

《论语》所言非常广泛，涉及政治、伦理、教育、音乐、文学、衣食住行等各个方面。书中各章，有似只是随机排列，松散地组合在一起。实际上，始终有一条主线将全书各章紧密相连，曰道曰德，一以贯之。

儒家的道德学说，立足点是学与孝，学以修身，孝以立德。因此，《论语》开篇的首章便是言学，次章言孝。在儒家看来，学习乃人的自立之本，不学习就不能修身蓄才，也无以进贤进能。故而，孔子反复强调学习的重要性，如"学而时习之，不亦说乎"，"学而不思则罔，思而不学则殆"，"博学于文，约之以礼"，以及"好仁不好学，其弊也愚"等，倡导敏而好学、学而不厌。孝道，则是一个人的道德之基，正所谓"孝弟也者，其为仁之本与！"人讲孝道，乃因感恩与回报——"子生三年，然后免于父母之怀"，恩在前而孝于后。《论语》书中，孔子专门谈论孝道的记录共有八章，分别是《为政篇》的"无违、唯疾之忧、敬养、色难"，以及《里仁篇》的"几谏、不远游、不改父道、知父母之年"。从这些论述来看，孔子所宣扬的孝道，重在心怀敬爱，远非《二十四孝》里所鼓吹的那种愚孝。一个人，孝与不孝虽属私德，却检验着人性与良心，也是能否有其他道德的前提。譬如，孝慈则忠，不孝必也不能言忠，更不要奢谈爱祖国、爱人民之类的大情大义了。

　　学与孝的宗旨，在于修身成仁。仁者人也，仁德即人德，仁道即人道——内修身于己曰德，外措施于人曰道；德是"怎么做我"，道乃"我怎么做"。道德合一，便是为人处世的学问。孔子所倡导的"仁"，是一个内涵丰富的哲学概念，诸如克己复礼、知人爱人、能好人能恶人等，绝非肤浅的"慈爱"之谓。在孔子看来，仁者爱人，必兼智勇；不智便可陷可罔，不勇便见义不为，无智勇则不足以称仁。仁者，不但有刚、毅、木、讷的品德，还必要有恭、宽、信、敏、惠的道行。仁、义、礼、智、信，是儒家所推崇的五大道德准则，素有"五常"之说。实质上，"仁"不但是五常之首，也可谓道德的总成：仁者合义，仁者复礼，仁者知人，仁者忠信。其中，义者宜也，合理曰义，重在对等，兼具良知；内应"己所不欲，勿施于人"，外当"以德报德，以直报怨"。礼者理也，人情世故曰礼，礼之用，和为贵；知和而和，不以礼节之，亦不可行也。知者智也，权衡变通曰智，智者知人，不知人就不能趋利避害，故曰"患不知人也"。信者实也，人而无信，不知其可也，但"信近于义，言可复也"，君子应贞而不谅。

　　君子求诸己，是儒家所奉行的修养理念，也是最能代表儒家精神的一句话。在儒家看来，人的命运由命和运两部分组成：命者，时也，机也，人力所不可控者曰命，由天不由己；运者，求也，为也，可求诸己者曰运，在己不在人。故而，儒家的命运观，既非迷信的宿命论，也非孤立的自我论，而是知命立运。知命，是知其有；立运，便是求诸己。基于此，儒家的人生态度是"听天命，尽人事"——命由天定，故听天命，听天命则乐天安命，不怨天，也不尤人；运由己立，故尽人事，尽人事则内求诸己，只问耕耘，不问收获。唯其如此，人之生唯当修身蓄才，运以待命，命运相济而有成，则因知命而不致忘乎所以，富而无骄；命不济运而不成，则因人事已尽，无愧于己，理足而可以无憾矣。孔子说："不知命，无以为君子也。"

《论语》，是一部关于做人的儒家经典。在两千多年的历史长河中，《论语》对中国人的人格塑造，伦理的形成，乃至人生观、价值观、世界观的建立，都起到了无可替代的重大作用，始终是中国人安身立命的人生指南，世代相传，影响深远。读《论语》，不仅可以熟悉传统文化，增长知识，还能使人获得气质与思想上的升华。程颐说："未读《论语》是此等人，读了后又只是此等人，便是不曾读。"其实，对于每一个中国人来说，无论读或者不读，也不管身在何方，过去、现在还是将来，《论语》都在那里。

郑战威

2021年6月于北京

目 录

序 言 1

上 部

【学而篇】第一 1
【为政篇】第二 28
【八佾篇】第三 59
【里仁篇】第四 92
【公冶长篇】第五 115
【雍也篇】第六 146
【述而篇】第七 177
【泰伯篇】第八 212
【子罕篇】第九 233
【乡党篇】第十 264

上 部

　　论，讨论编纂之义；语，言谈。《论语》主要是讲做人的一部书，精髓是以忠孝仁义为内涵的道德学说。孝乃感恩与回报，"子生三年，然后免于父母之怀"，恩在前而孝于后。孝或不孝虽属私德，却代表了人性。孝慈则忠，不孝，必也不能言忠；忠非愚忠，君使臣以礼，臣事君以忠。义者，宜也，重在对等，不失良知；内应"己所不欲，勿施于人"，外当"以德报德，以直报怨"。以怨报德必是小人，以德报怨也非君子，不义。仁者爱人，必兼智勇，不智便可陷可罔，不勇便见义不为，无智勇则不足以称仁。内修身于己曰德，外措施于人曰道；德是怎么做我，道乃我怎么做。道德合一，便是为人处世的学问。

【学而篇】第一

（共十六章）

1.1 子曰："学而时习之，不亦说乎？有朋自远方来，不亦乐乎？人不知而不愠，不亦君子乎？"

【注释】

子曰 子，周朝的爵位有"公、侯、伯、子、男"五等。春秋之前，只能对有子爵身份的人称"子"，大夫虽贵，不敢称子。自春秋鲁僖公时起，诸侯各国对执政的卿大夫也开始称"子"。其后，人们对有学问的男子亦用"子"称，如孔子、老子、墨子等。《论语》书中，常专称孔子为"子"，不冠姓氏，以示尊敬。孔门弟子中，有若、曾参、闵子骞、冉求四人，在《论语》书中也被尊称为"子"，即有子、曾子、闵子和冉子。

学而时习之，不亦说乎 学，古注曰："学，效也，觉悟所未知也。"凡属增益原所不能，诸如认字读书获取知识、掌握各种技艺技能，以及提高思想觉悟等，均可谓学。而，但是，表示转折关系的连接词。时，"时"字的含义，向来多有争论，最具代表性的注解，有以下三说：（一）魏晋时期的王肃，在《论语注》中解为"以时、在适当的时候"。（二）南北朝时期的皇侃，在《论语义疏》中解为"日中之时"。（三）南宋时期的朱熹，在《论语集注》中解为"时时、时常"。在这三种注说中，可能与明、清两代均以朱熹的《论语集注》作为科举教材有关，朱熹的"时常"说影响最大，至今仍被许多的教材读物所采用。当然，也有学者对"时常"说持否定意见，现代学者杨伯峻就认为，这种注解是"用后代的词义解释古书"。

其实，正如《论语集释》引梁清远所言："《论语》一书，首言为学，曰悦曰乐曰君子。圣人最善诱人处，盖知人皆惮于学而畏其苦，是以鼓之以心意之畅适，动之以至美之嘉名，令人有欣羡之意，而不得不勉力于此也。"孔子说"学而时习之，不亦说乎"的本意，是说"学"虽然辛苦，但将来却有"习"之悦，有如寒窗苦读之后的金榜题名，苦后有甘，旨在劝人进学。故而，朱熹所注的"学而又时时习之，则所学者熟而中心喜悦"，显然不足为信，难道学习之苦一经重复便成乐事？皇侃所注的"日中"说也不攻自破，学习的辛苦不会因日中日落而改变。王肃将"时"字解作"以时、在适当的时候"，则略显迂曲，毕竟"习"在"学"后，不如直接将"时"字解作"以后、将来"。

习，本意指鸟儿飞行，古文中的"习"字，有实习、演习、复习等多种含义，此为应用之义——如鸟高飞，大展宏图。说，通"悦"，欣慰、愉悦之义。悦与乐，都有高兴的意思，区别在于"悦"发自内心，"乐"彰显于外。

有朋自远方来 有朋，古本也作"友朋"，东汉郑玄注："同师为朋，同志为友。"朋，常用称有共同经历的人，重在"道合"；友，常用称有共同爱好的人，重在"志同"。朋可以是友，友也可以是朋。故而，本注对"朋"字的含义不作细究，泛译为志同道合的朋友。远来，从远方来，古注曰："信从者众，故自远来也。"

人不知而不愠 不知，有两层含义：（一）别人不懂，指别人对自己所说的话或所做的事，不懂或不理解，比如教人知识，说了半天仍是对牛弹琴。（二）不知自己，指别人对自己不了解，比如低估、轻慢乃至误会等。这两种含义，本质上都是别人对自己的不认可。愠，恼怒，心中略有不平之意，便是愠。现实生活中，大多数的恼怒怨气，要么是庸人自扰，要么是用别人的错误惩罚自己，对自己并没有任何好处，只不过徒增烦恼罢了。然而，喜怒哀乐乃人之常情，若欲克除怒气伤身之弊，必要加强修养，反求诸己，而不怨恨于人，方能成不愠之道。实际上，不愠也就是一种宽容的处世态度——有时候，宽容别人，便是善待自己。

君子 君子与小人是相对的概念。在《论语》书中，君子与小人均有两义：（一）指道德而言，君子有德有才，小人无德有才——小人无德，但未必无才，无才干不了坏事。本章的君子，便是指具有高尚人格、德才兼备的人。（二）指社会地位而言，君子是社会地位较高的人，小人是社会地位卑微的人，如农夫、仆人、下人等底层的劳动者。君子用称有地位的人时，郑玄注："天子诸侯及卿大夫有地者，皆曰君。"子是春秋时期人们对卿大夫的尊称，故而君子多指卿大夫而言。刘宝楠《论语正义》注："君子者，卿大夫之称。"

【译文】

孔子说:"学习尽管很辛苦,但想到将来用它实现自己的理想,不也高兴吗?有志同道合的朋友从远方来,不也快乐吗?别人不认可自己,却不恼怒,不也是君子吗?"

【评述】

本章是《论语》的开篇,首言便是学,学以修身——《大学》有云:"大学之道,在明明德,在新民,在止于至善。"一个人,只有通过学习,才能使自己修身蓄才,进贤进能。本章孔子所言,"学而时习"是学之志,言自立;"有朋远来"是学之成,言有为;"不知不愠"是学之德,言君子。孔子这三句话虽然简短,却也言简意赅地阐明了儒家"自立"的人生观、"有为"的世界观,以及"君子"的价值观。千百年来,一代又一代的儒家弟子,正是在"自立、有为、君子"的精神感召下,孜孜以求,自强不息,穷则独善其身,达则兼济天下。古今中外,任何一个人,难道不需要自立的精神吗?难道不希望自己有所作为吗?难道不想成就有价值的人生吗?或许,这也正是经典的魅力,它跨越时空,超越国界,读来总能给人以力量,为人指明前进的方向。

1.2　有子曰:"其为人也孝弟,而好犯上者,鲜矣。不好犯上,而好作乱者,未之有也。君子务本,本立而道生。孝弟也者,其为仁之本与!"

【注释】

有子　有若,鲁国人,孔子的学生,比孔子小三十三岁。在《左传》中,有若被誉为国士。本章应是有若的弟子所录,故而尊其为"有子"。《论语》书中,尊称曾参、闵子骞、冉求为"子"的情形,与本章相同。

孝弟　弟,通"悌",朱熹注:"善事父母曰孝,善事兄长曰悌。"在儒家看来,人在幼小之时,先已享受了父慈、兄友之恩,长大后理当予以回报。

好犯上者,鲜矣　好,喜好,愿意。犯,触犯,冒犯。上,指在上位的人,上级、领导之义。鲜,读 xiǎn,少。

作乱　乱,逆理反常曰乱。作乱,悖逆、造反,做违法乱纪的事。

君子务本,本立而道生　务,致力于。本,根本。本立而道生,东汉包咸注:"先能事父兄,然后仁道可大成。"

为仁之本与　与,通"欤",读 yú,表示感叹的语气词。

【译文】

有若说:"一个孝顺父母、敬爱兄长的人,却喜欢触犯上级,这种情况是很少的。不愿触犯上级,却喜欢作乱造反,这种人还从来没有过。君子要致力于问题的根本,只有根本确立了,才能产生相应的道。孝顺父母、敬爱兄长,就是仁道的根本啊！"

【评述】

儒家对于孝道特别重视，认为孝道是仁德的根本。故而，《论语》在首章言学后，次章便接着言孝，孝以立德。在儒家看来，人在幼小的时候，先已享受了父母的养育之恩——"子生三年，然后免于父母之怀"，长大成人之后的孝道，乃是出于感恩的回报，恩在前而孝于后。一个人，讲不讲孝道虽属私德，却代表了是否有人性和良心。不讲孝道的人，在人际交往中，必也不能感恩与回报他人之善，势必自私自利，刻薄寡恩。毋庸置疑，一个对父母的养育之恩都无动于衷的人，又怎么可能对他人有情有义呢？事实上，孝道乃是其他一切道德的前提。不孝之人，必也不能有忠信仁义，更不要奢谈爱祖国、爱人民之类的大情大义了。

1.3 子曰："巧言令色，鲜矣仁！"

【注释】

巧言令色 巧，美好。令，和善。朱熹注："好其言、善其色，致饰于外，务以悦人。"

【译文】

孔子说："花言巧语，表情伪善，这种人很少有仁者！"

【评述】

　　为人处世之道，贵在识人。不识人，就会因迷于巧言而受骗，惑于令色而上当。历史上，唐玄宗李隆基的宰相李林甫，在《资治通鉴》中被司马光形容为口蜜腹剑——"啖以甘言而阴陷之"，可谓巧言的代表；唐高宗李治的奸相李义府，见人便笑，却是笑里藏刀，当属令色的典型；而以谦恭篡汉的王莽，则堪称巧言与令色兼具的模范了。在现实社会中，巧言令色之徒绝非少见，有道是"真小人易躲，伪君子难防"，对这种人，若不能加以警惕识别，势必有图穷匕见之患。

1.4　曾子曰："吾日三省吾身——为人谋而不忠乎？与朋友交而不信乎？传不习乎？"

【注释】

　　曾子　曾参，参读 shēn，字子舆，孔子的学生，比孔子小四十六岁。曾参以孝道著称，是儒家的代表人物，素有"孔仁曾孝、孟义荀礼"之说。曾参被儒家弟子尊为"宗圣"，著有《大学》等作品。

　　三省吾身　三，多次。古文在动词前加数字三，常用以表示次数多或频率大。省，察看、检查之义。

　　忠、信、传、习　忠，尽己力之谓忠。信，以实之谓信。传，传授。习，有两种注说：（一）何晏解为核实、验证之义，注曰"凡所传之事，得无素不讲习而传之"，传不习是不习而传。（二）朱熹解为复习、温习之义，注曰"传谓受之于师，习谓熟之于己"，传不习是受而不习。两说均通，但从上文来看，"为人谋、与朋友交"讲的都是待人之道，故以何晏注更为贴切。实际上，"传不习"也就是未经核实或验证便妄言乱说，比如道听途说、穿凿附会等。故而，不妨从谨言的角度，将其译为"乱说话"之义。

【译文】

曾参说："我每天都要反省自己好几次——为别人办事是否尽力了？与朋友交往是否诚实？是否乱说话了？"

【评述】

修身之道，贵在自省；自省方能自悟，也才能有自知之明。事实上，对于任何人来说，自省都是非常重要的修身之法，功可趋利避害，德能积善去恶。曾参每日三省其身，有则改之，无则加勉，自治诚切，可谓深得修身之要。《易经·系辞》有云："善不积不足以成名，恶不积不足以灭身。"

1.5 子曰："道千乘之国，敬事而信，节用而爱人，使民以时。"

【注释】

道千乘之国 道，动词，治理、领导之义。乘，读 shèng，一辆用四匹马拉的兵车。千乘之国，指大国，古注曰："谓天子万乘，诸侯千乘，大夫百乘者，言其富也。"

敬事而信，节用而爱人　敬，指严肃认真的态度。信，守信用，不欺骗。节用，控制财用，不铺张浪费。人，古代的"人"，有广义与狭义之分。广义的人指一切人；狭义的人，专指士大夫以上的贵族，士大夫以下的劳动阶级则曰"民"。故而，人有"贵人、大人"之说，民有"贱民、草民、小民"之谓。本句中的人，便是狭义的人，指士大夫以上的贵族，与下句的民相对。

使民以时　时，农时，指役使百姓要遵循农时，不能影响农业生产，用《孟子·梁惠王上》中的话说，便是"不违农时"。使民以时，体现了孔子仁政爱民的治国理念，他主张要合理地取用于民，正如《吕氏春秋》所言："竭泽而渔，岂不获得？而来年无鱼。焚薮而田，岂不获得？而来年无兽。诈伪之道，虽今偷可，后将无复，非长术也。"

【译文】

孔子说："治理一个拥有千辆兵车的大国，就要勤于政务，诚信无欺，节约费用，爱护官吏，农闲时再使唤百姓。"

【评述】

本章是孔子对一个大国领导人提出的总要求，概括来说，就是要"敬业、守信、节俭、亲和与爱民"。这五项标准，即便在两千多年后的当今社会，读来仍无违时之感，足可以作为一个领导者的《职业守则》之用。此外，孔子说"道"千

9

乘之国，而非"治"千乘之国，也体现了他有别于强权统治的仁政理念。明代学者陈际泰，在《四书读》中说："不曰治而曰道者何？治者，法术之名；道者，仁义之用也。"

1.6　子曰："弟子，入则孝，出则弟，谨而信，泛爱众，而亲仁。行有余力，则以学文。"

【注释】

弟子　此指年纪幼小的学生，古注曰："弟子为学者之称，又幼者之通称也。"

在民国前的两千多年里，中国人的师生关系，始终是以"师父"与"弟子"相称。老师称学生为"弟子"，取自中国人"父慈子孝、兄友弟恭"的传统美德，寓意为老师对学生既要有"慈父"般的管束与教导，又要像"友兄"那样，和善关爱，相学互长。相应地，学生称老师为"师父"，就是要像对待父亲那样尊敬老师，有道是"一日为师，终身如父"。那时候，在家家户户的中堂条案上，都供奉着"天地君亲师"的牌位，可见教师在人们心目中的崇高地位。诚然，师生感情是相互的，老师爱护学生如弟子，学生方能尊敬老师如父兄；反之亦然。

出则弟，谨而信，泛爱众，而亲仁　弟，通"悌"。谨，谨言，少说话，《说文解字》曰："谨，慎也。"信，诚实，言之有实谓之信。泛，广，广泛。泛爱众，有的注本译作"博爱众人"，虽然也通，但对尚未成熟的青少年而言，译作"待人热情有礼貌",似乎更符合年龄特点。亲,亲近。仁,有仁德的人。

行有余力,则以学文 行,做事之义,指履其本职,古注曰:"为其当为之事。"余力,余暇,指履职之余的闲暇时间。以,用,用来。文,文化,孔子时代的"文",主要有六经六艺,六经指《诗》《书》《礼》《乐》《易》《春秋》六部典籍,六艺是礼(礼仪)、乐(音乐)、射(射箭)、御(驾车)、书(写字)、数(计算)六种技能。后来的琴棋书画、诗词歌赋,以及曲艺戏剧等,均源自六艺。学文,学习文化,本注泛译为"多读点书"。

【译文】

孔子说:"同学们,在家里要孝敬父母,在外面要尊敬年长的人,少说话,讲诚信,对人有礼貌,多接触那些有仁德的人。闲暇之余,多读点书。"

【评述】

本章孔子所言,内涵丰富,言辞简练,堪称一篇标准的《青少年修养准则》。在孔子的教育理念中,他特别重视对青少年品德的培养,认为德育乃育人之本。其中,"入孝出悌",培养的是感恩之心与责任担当的精神。"谨而信",培养的是勤于思考、不妄言乱说的好习惯。"爱众亲仁",培养的是既能与人和睦相处,又能择善而从的交友之道,不致因交友不慎而误入歧途。"行余学文",培养的则是积极与自律的生活态度,敏而好学,勤奋上进。有道是"工欲善其事,必先利其器",对于一个青少年来说,只有树立了良好的品德,才能够健康地成长，也才能在将来有所作为。诚如李颙《反身录》所言："大本既立，夫然后肆习诗书艺业，则教不凌躐，庶成人有德，小子有造矣！"

1.7 子夏曰："贤贤易色；事父母，能竭其力；事君，能致其身；与朋友交，言而有信。虽曰未学，吾必谓之学矣。"

【注释】

子夏 姓卜，名商，字子夏，卫国人，孔子的学生，以擅长文学入列孔门十哲，比孔子小四十四岁。

贤贤易色 贤贤，第一个"贤"是动词，尊崇、重视之义，第二个"贤"是形容词，贤惠、贤淑之义。色，姿色，指美丽的容貌。贤贤易色，有以下三种注说：（一）何晏解作"言以好色之心好贤"。（二）朱熹解作"贤人之贤，而易其好色之心"。（三）现代学者杨伯峻解作"对妻子重品德不重容貌"。这三种注说，何晏注将"易"字混同为"以、用"之义，不够准确。朱熹注调子太高，尚贤乃人的后天修养，好色却是人的先天本性，正如《孟子》中告子所言："食色，性也。"江山易改，本性难移，好色之心，岂可因贤贤而变？其实，古文的"易"字，不但有改变、替代、整治等含义，还有"轻视"的意思，本句中的"易"字，便是轻视之义。贤贤易色就是要重品德、轻姿色，也即先德后色的意思——若能既贤惠又美貌，那是最好不过,也并非以丑为优。因此,杨伯峻注较为贴切,只不过"贤贤易色"应是对择偶而言,对于已娶之妻,易或者不易,大抵都不会变色了。

事君,能致其身 致,送。致其身,指全力以赴地工作,鞠躬尽瘁,死而后已。

虽曰未学 学,学习,此指学习做人的道理。

【译文】

子夏说:"一个人,如果择偶能重品德轻姿色,侍奉父母能尽心竭力,事奉君上能鞠躬尽瘁,与朋友交往能诚实守信。那么,即使他说自己没有学习过,我也一定说他已经学过了。"

【评述】

中国古人认为,夫妇、父子、君臣、朋友这四种关系,是最基本的人际关系,合称"四大人伦"。其中,夫妇乃人伦之首,妻子的贤惠与否,对一个家庭的未来具有决定性的影响,事关家族的兴衰与荣辱,故有"妻贤夫祸少"、"娶妻不贤祸三代"等古训。正因如此,古人对择偶一向秉持格外审慎的态度,不敢掉以轻心,形成了诸如"贤贤易色"、"门当户对"、"齐大非偶"等择偶观念。现代社会,虽然早已不是"父母之命、媒妁之言"的婚姻包办,男女的社会地位也早就实现了平等,但自由恋爱只是改变了择偶方式,配偶的作用与影响并未改变。故而,前人传承了几千年的择偶观念,对现在的青年男女来说,仍然具有很强的借鉴与指导意义。

1.8 子曰:"君子不重,则不威;学则不固。主忠信。无友不如己者。过,则勿惮改。"

【注释】

君子不重,则不威;学则不固 重,庄重。威,威严。不威,也就是不让人尊敬的意思。固,有两种注说:(一)牢固之义,"学则不固"是说做起学问来就会浮躁不扎实。(二)固陋之义,"学则不固"是说学习就可以使自己不固陋。实际上,学习未必就一定能不固陋,但浮躁却肯定不能专心学习,诚如清代学者陆陇其《松阳讲义》所言:"学必深沉而后能固,不重则浮;学必镇静而后能固,不重则躁。"故而,前说为宜。

主忠信 主,亲近,郑玄注:"主,亲也。"

无友不如己者 对于本句,旧注有两种解说:(一)无,通"毋",禁止之辞,不要之义,指不要跟不如自己的人交朋友。(二)无,没有之义,指没有不如自己的朋友。但是,若按前说,所有人都将无友可交,正如苏东坡所言:"若必胜己而后友,则胜己者亦不与吾友矣。"若按后说,又难免有滥交之失。人固然各有所长,但亦必各有其短,倘若概以"没有不如自己的朋友"为念,势必有自误之虞。正因如此,孔子说"三人行必有我师",而非"三人行均可为师"。

事实上,孔子的交友理念,向来主张"泛爱众而亲仁"——泛爱众止于浅,旨在容众;亲仁至于深,重在选择。本章孔子所讲的"无友不如己者",便是基于"泛爱众而亲仁"的交友之道。其中,友,同志为友,引申为深交之义;如,相似、相同之义,"不如"指志向不同。无友不如己者,就是跟志向与自己不同的人，仅可泛交止于浅，不可深交。

过，则勿惮改 过，过错。惮，害怕，畏惧。

【译文】

孔子说："君子如果不庄重，就不会让人尊敬，做学问也不会扎实。要亲近那些忠诚守信的人，不要跟志向与自己不同的人深交。有了过错，就不要怕改正。"

【评述】

物以类聚，人以群分。在人际交往中，固然应与人为善、以礼相待，但交友之道，要义却在选择与取舍。人与人相处，如果志不同道不合，则"人非同路，其心必异"，彼此的观念、操守与追求也势必难以相容。有道是"道不同不相为谋"，相为谋尚且不可，何况深交？即便试图勉为其难，其结果恐怕也只能是渐行渐远。故而，正所谓"志合者不以山海为远，道乖者不以咫尺为近"，跟志不同道不合的人，仅可泛交止于浅——止者，乃因人非同路，无关善恶；浅者，敬而远之也，贵在宽容。此之谓"勿友不如己者"。

1.9　曾子曰："慎终，追远，民德归厚矣。"

【注释】

慎终，追远 终，老死曰终，指父母去世。追远，用祭祀追念祖先。朱熹注:"慎终者,丧尽其礼。追远者,祭尽其诚。"

【译文】

曾参说:"如果老百姓能慎重地对待父母的死亡,真诚地祭祀祖先,他们的品德就会归于仁厚了。"

【评述】

在儒家看来,孝道乃是培养仁德的基础。慎终追远,又是孝道的延续,故曰"民德归厚矣"。

1.10　子禽问于子贡曰:"夫子至于是邦也,必闻其政,求之与,抑与之与?"子贡曰:"夫子温、良、恭、俭、让以得之。夫子之求之也,其诸异乎人之求之与?"

【注释】

子禽问于子贡曰　子禽,姓陈,名亢,亢读 gāng,字禽,孔子的学生。子贡,复姓端木,名赐,字子贡,卫国人,孔子的学生。子贡以擅长言辞入列孔门十哲,比孔子小三十一岁,被孔子赞为"瑚琏之器"。据《史记》记载,子贡能言善辩,办事通达,曾任鲁国、卫国之相,颇具经商天赋,后来成为富甲一方的大商人。

夫子　先秦时期,凡做过大夫的人,均可获得"夫子"的敬称，例如《宪问篇》第二十五章，孔子便称蘧伯玉为夫子。孔子曾担任过鲁国的大司寇，故而得称"夫子"。因孔子之故，后人常对年长有学问的人尊称为夫子，有时也用称学者和老师。

必闻其政，求之与，抑与之与　闻，听闻，听得到。求，请求，指主动问知。与，给予，指被人告知。郑玄注："亢怪孔子所至之邦必与闻其国政，求以得之耶？抑人君自愿与之为治耶？"

温、良、恭、俭、让　温和、善良、庄重、节俭、谦逊，赞美之辞，也即人们通常所谓的"儒雅"，指孔子德养深厚，具有令人难以抗拒的个人魅力。

其诸　表示不能肯定的语气词，或者、恐怕之义。

【译文】

子禽向子贡问道："孔老夫子每到一个国家，总能听得到那个国家的政事，这是他向人家问来的，还是人家主动告诉他的呢？"子贡说："他老人家温和、善良、庄重、节俭、谦逊，所以才得以听闻政事。即便他向人家询问，恐怕也与别人的方式不一样吧？"

【评述】

本章赞美孔子具有良好的个人修养，风度儒雅，文质彬彬。人们在与孔子交往的时候，他的温和使人感到亲切，善良使人生发信任，庄重使人心怀敬意，节俭使人感到自在，谦逊使人感到愉快。故而，孔子的"温、良、恭、俭、让"，具有令人心悦诚服的人格魅力，使人愿意向他倾诉和请教，

17

乐于回答他所提出的任何问题——即便他有求于人，也是君子的"德求"，远非小人巧言、令色、足恭之类的"乞求"可比。

1.11　子曰："父在，观其志；父没，观其行；三年无改于父之道，可谓孝矣。"

【译文】

孔子说："观察一个人，他父亲活着，就看他的志向；他父亲死了，就看他的行为。如果在他父亲死后的三年里，他都不改变他父亲定下的规矩，可以说他孝了。"

【评述】

春秋时期，中国人的生活方式还处在农耕时代，重复劳作，年复一年。在这种历史背景下，生活经验就显得尤为重要，这也便是孔子强调"三年无改于父之道"的原因所在。事实上，《论语》书中，孔子的有些言论，本就是基于当时的社会背景而发，具有明显的时代特征，仅适合于当时而非现在。故而，今人应客观地看待孔子的此类观点，既不能苛求，也不必泥古。

【学而篇】第一｜（共十六章）

1.12 有子曰："礼之用，和为贵。先王之道，斯为美。小大由之，有所不行；知和而和，不以礼节之，亦不可行也。"

【注释】

礼乐制度 礼乐制度，是西周初期由周公旦创建的文化制度。礼是规范，旨在规范人们的言行，使人各得其所；乐是愉悦，旨在愉悦人们的心情，使人各安其所。礼乐制度的宗旨，就在于维护社会的秩序与和谐。其中，礼者，理也；礼是根据人的阶级身份而制定的行为规范，重在"差别"，表达的是尊尊之道——尊敬该尊敬的人。乐者，悦也；乐是通过音乐以及诗、歌、舞等方法，陶冶人的情操，教化万民，重在"和同"，表达的是亲亲之道——亲近该亲近的人。礼言敬畏，因敬畏之意难见，故著之于享献、辞受、登降跪拜。乐言亲和，因亲和之意难形，故发之于诗歌、舞蹈、钟石管弦。概言之，礼主敬畏，揖让中周旋；乐主和同，弦与诗歌舞。

礼乐之道，用于人的修养，则一外一内，礼以修外而为异，乐以治内而为同。用于人际交往，则一张一弛，礼以规范立秩序，乐以愉悦求和谐。礼乐之用，要义在于秩序与和谐兼顾，唯礼是用则无亲和，唯乐是用便无规矩，正所谓"礼胜则离，乐胜则流"。故而，礼虽然重在分别，但以分而不离为胜，贵在和谐；乐虽然重在亲和，但以和而不同为佳，美在距离。无论用礼还是用乐，均应礼中有乐，乐中有礼，不失中庸之道。

和为贵 和，和谐，包容不同谓之和。"和"本是一个与音乐相关的概念，由清浊、长短、刚柔、高下等各种不同的音律，融汇成美妙悦耳的音乐，是为"和"。南北朝时期，刘勰在《文心雕龙·声律》中说："异音相从谓之和。"

先王之道，斯为美 道，治理。斯，此。美，好。

小大由之，有所不行 由，用也，运用之义。不行，行不通。礼虽然重在敬畏，但宗旨却是建立和谐的人际关系，使人各安其得。如果无论大事小事都唯礼是用，势必会刻薄寡恩，难免人心背离，不能和谐。

亦不可行也 亦不可行，是对应上句的"有所不行"而言。人与人之间的交往，固然以和为贵，但若为了和谐而和谐，没有必要的约束，就会放荡不羁，反倒不能和谐，正所谓"不以规矩，不能成方圆。"

【译文】

有若说："礼的运用，贵在和谐。过去圣明的君王治理天下，这方面就做得很好。如果无论大事小事都唯礼是用，就会不和谐而行不通；但若为了和谐而和谐，不用礼加以节制，那也是不可行的。"

【评述】

礼乐之道，就是人与人的相处之道，礼在差别，乐在和同，一张一弛。大千世界中的芸芸众生，因为差别而有敬有畏，又因心中有我而乐与不乐。故而，礼乐之用，要义在于敬畏与和谐兼顾。倘若偏执一端，唯礼是用就会刻薄寡恩，难免人心背离，失人心便失人和。同样，唯和是从就会放荡不羁，难免散漫放肆，无规矩便无秩序。因此，在人际交往中，礼定本分，乐通人情，既不可失了本分而无礼，也不可没了人情而无乐——唯有礼中有乐，乐中有礼，方能使彼此乐得其所，和睦相处。

1.13　有子曰："信近于义，言可复也。恭近于礼，远耻辱也。因不失其亲，亦可宗也。"

【注释】

信近于义，言可复也　信，信约，约定。近，亲近，不背离。义，宜也，合理曰义，重在对等，不失良知。古注曰："道，谓天下通行之路；义，谓天下合宜之理。"复，兑现，履行诺言。信不近义，则为不义之信，故不可复。

恭近于礼，远耻辱也　恭，有庄重、恭敬与谦恭等义。《论语》书中，在"礼"的语境里，"恭"多为恭敬之义。恭不合礼，则为非礼之恭，故招耻辱。

因不失其亲，亦可宗也　失，背离，违背。亲，亲属，指礼义。宗，崇敬，崇尚，程颢注："因恭信而不失其所以亲近于礼义，故亦可宗。"有的注本，将本句的"亲"字解作亲朋，译为"依靠关系深的人，也就可靠了"——难道只要关系深，不义之信、非礼之恭，也靠得住么？此说不妥，前说为宜。

【译文】

有若说："合乎道义的信约，诺言才可以兑现。合乎礼仪

21

的恭敬,才不会招致侮辱。只有不违背道义的诚信,不违背礼仪的恭敬,也才值得崇尚。"

【评述】

在《史记》中,讲述了一个"抱柱守信"的故事。说有个叫尾生的人,与女子期于梁下,女子不来,水至不去,抱柱而死。对于这事,北宋邢昺就认为,尾生虽死却不值得同情,批评说:"虽守信而非义也。"其实,信与义的关系,大致类似于现代社会的"合同"与"法律",尽管双方白纸黑字地签订了合同,但若违背了法律,终归还是无效合同——合义之信,当然要守;不义之信,则不可复,正如冯道《荣枯鉴》所言:"事恶,守诺者非信。"恭敬也是一样,当敬不敬自不必说,但"礼多人也怪",倘若超出了限度,就会适得其反,轻则人厌,重则受辱,并非越恭敬越好。事实上,无节度的谦恭,还往往容易激发不良之辈的放肆,使自己反受其伤。因此,只有符合道义的信约、符合礼仪的恭敬,才能够兑现与避免侮辱;也只有这样的信约与恭敬,才值得提倡和赞美。《孟子》有云:"君子不可虚拘。"

1.14 子曰:"君子食无求饱,居无求安,敏于事而慎于言,就有道而正焉,可谓好学也已。"

【注释】

食无求饱,居无求安 饱,饱足。安,安逸,舒适。对于

"食无求饱，居无求安"这句话，旧注多以"不求安饱者，志有在而不暇及也"为由，解作"君子吃食不要求饱足，居住也不要求舒适"。

这种注解，未免有偏颇之嫌，似乎也曲解了孔子的本意：其一，废寝忘食的精神固然可嘉，偶一为之尚可，但难以常态。一个饿着肚子、睡不好觉的人，恐怕连身体都垮了，还怎么敏于事而慎于言，就有道而正焉？更不要谈什么远大的理想与追求了。其二，在《论语·乡党篇》，专门有孔子衣食住行的记录，说孔子"食不厌精，脍不厌细，色恶不食，割不正不食，沽酒市脯不食"，"缁衣羔裘，素衣麑裘，黄衣狐裘，狐貉之厚以居"……从这些记述来看，孔子在饮食起居上，不但要求饱足与舒适，而且对饮食的食材、品相与厨艺，对服饰的颜色搭配，乃至对坐垫的选材都有明确而具体的要求，非常讲究。如此说来，若是孔子反而教诲别人"吃食不要求饱足，居住不要求舒适"，岂非言行不一、自毁圣德？其三，有道是"磨刀不误砍柴工"，健康的身体乃建功立业的前提。况且，吃饱住好与"敏于事而慎于言，就有道而正焉"，在逻辑上也并不矛盾，完全可以兼得。故而，本句中的"无求"，并非不求，而是不止于求——君子的志向，不能仅仅满足于吃饱住好就行了，还应有更大的追求。

敏于事而慎于言　敏，勤敏。慎，谨慎。朱熹注："敏于事者，勉其所不足。慎于言者，不敢尽其所有余也。"

就有道而正焉　就，靠近，指向有道德的人学习。正，匡正，端正。

【译文】

孔子说:"君子不能仅仅满足于吃饱住好就行了,还应做到办事勤敏,说话谨慎,向有道德的人学习,不断地匡正自己。这样,才可以说是好学了。"

【评述】

孔子的道德学说,本属务实、睿智且富含哲理的人生之学。但是,自西汉武帝时起,有些儒生出于这样或那样的目的,不惜对原始儒学进行了移花接木式的改造,以致有些注解令人啼笑皆非。以本章为例,君子固然要有远大的理想与追求,不可沉醉于吃喝玩乐,但也没必要刻意苦行,更不必以"存天理,灭人欲"之名自欺。事实上,饱食安居与远大的志向,并非不可兼得的矛盾关系。古往今来,虽然吃得好住得好的人,未必有什么作为,但大凡有为之士,一定是吃得好住得好的人。

1.15 子贡曰:"贫而无谄,富而无骄,何如?"子曰:"可也;未若贫而乐,富而好礼者也。"子贡曰:"《诗》云'如切如磋,如琢如磨',其斯之谓与?"子曰:"赐也,始可与言《诗》已矣,告诸往而知来者。"

【注释】

贫而无谄,富而无骄,何如 谄,谄媚,卑屈于人。骄,骄狂，傲慢于人。何如，如何，怎么样。对于常人来说，能做到"贫而无谄，富而无骄"确非易事，故有子贡之问。

可也；未若贫而乐 可，尚可，还行，含有勉强之意，孔安国注："未足多。"未若，不如、比不上之义。乐，乐道，郑玄注："乐，谓志于道。"

如切如磋，如琢如磨 这两句诗出自《诗经·卫风》。切磋琢磨，是将骨角、象牙、玉、石料等材料加工成器的四种工艺。子贡引用这两句诗，是比喻自己所说的"贫而无谄，富而无骄"，就如同"骨象玉石"那样，只不过属于道德的初级阶段，要想达到孔子所说"贫而乐，富而好礼"的高尚境界，还需加以"切磋琢磨"的修养之功。《中庸》有云："如切如磋者，道学也；如琢如磨者，自修也。"

告诸往而知来者 往，已经。来，未来。古注曰："往者，其所已言者；来者，其所未言者。"孔子这句话，是夸奖子贡的悟性高。

【译文】

子贡说："贫穷却不巴结奉承，富有却不傲慢张扬，这样做人怎么样？"孔子道："还行吧；但不如虽然贫穷却乐道，虽然富有却好礼。"子贡说："就像《诗经》中说的，骨象玉石还要经过切磋琢磨，才能打造成器，是这个意思吗？"孔子听后，高兴地说："赐啊，看来我可以同你讨论《诗经》了，我的话还没说完，你就一下子全明白啦！"

【评述】

《增广贤文》有云："贫居闹市无人问，富在深山有远亲。"大凡世俗中人，人穷常常志短，财大往往气粗，志短就难免卑屈谄媚于人，气粗又易于张狂傲慢于世。故而，能做到"贫而无谄，富而无骄"，确属难能可贵。但是，在孔子看来，仅仅这样还不够好，只有达到心无外染的高尚境界，贫而乐道，富而好礼，那样才算得上完美。

1.16 子曰："不患人之不己知，患不知人也。"

【注释】

患不知人 患，怕，忧虑。知，识，了解，知人便是识人。

【译文】

孔子说："我不怕别人不了解我，但怕自己不了解别人。"

【评述】

自古，人们大概就有"人不知己"之患，乃至于饱受求名的困扰。然而，正如《庄子·在宥》所言："夫以出乎众为心者，何尝出乎众哉？"人生在世，只要坚持走自己的路，为自己所当为，做自己所当做，积极地追求自我的尊严与价值，人不知己又如何？倘若为了世俗的虚名，擢德塞性，委曲苟且，甚至于迷失自我，人知己又如何？因此，与其为名所累，不如贵己——诚如《世说新语》中殷浩所言："我与我周旋久，宁做我。"那么，不怕别人不了解自己，却又为何怕自己不了解别人呢？究其原因，就在于社会中人，有善有恶，有美有丑，鱼龙混杂，良莠不齐。仅在《论语》书中，孔子所列之人，就有君子，有小人，有狂狷的人，有巧言令色的人，有色厉内荏的人，也有"狂而不直，侗而不愿，悾悾而不信"的人，贤愚忠奸，形形色色。在社会交往中，如果不知人，就不能亲贤远佞，也不能知人善用、趋利避害。况且，若按佛家的说法，世俗中人皆有佛魔两性，所谓的好人坏人，本是一个动态的概念，并非绝对。既然如此，岂有不患不知人之理？

【为政篇】第二

（共二十四章）

2.1　子曰："为政以德，譬如北辰，居其所而众星共之。"

【注释】

道德　先秦时期，道是道，德是德，道与德是两个词。大概到了魏晋时期，人们才开始将这两个词连用，在道和德之外，又有了"道德"这个词。

道，本义是路，指事物运行的轨道或法则，引申为道理、规律、学说、方法、谋略等众多含义。在中国传统文化里，"道"是一个非常玄妙的概念，《庄子》有云："道不可言，言而非也。"德，德字从心从行，本义是走正路，指言行符合社会的规范与习俗。《周礼·注疏》曰："德行，内外之称，在心为德，施之为行。"作为人的品格，德并非先天所固有，而是形成于后天的认知、修养与实践，朱熹注曰："德者，得也，得于心而不失也。"道与德均含内外两义，且相通融，或因如此，后来人们便将二者合而为一，统称为道德——道德者，道以德为体，德以道为用，外措施于人曰道，内修身于己曰德。内有德而外有道，是为"内圣外王"。

人讲道德，固然是为了奉行社会规范与公序良俗，但终归还是为了自身受益，诚如孔子所言："人之生也直，罔之生也幸而免。"实际上，道德的真谛，既不可损人利己，也不必损己利人，只要能坚守做人的良心与底线便好。对于别人的道德，则不可要求太高——道德不是强者的紧箍咒，也非弱者的护身符。韩愈有云："德难形容，必示之以法制。"道德贵在修行，而非说教，满口道德的人，往往最没道德；说教道德的人，往往把道德全说给了别人，唯独没留给自己，徒使道德蒙羞，变成了贬义。至于以道德压人，不过是把道德用作了绑架的工具，《庄子·列御寇》有云："凶德有五，中德为首。何谓中德？中德也者，有以自好也而吡其所不为者也。"真正有道德的人，只会内求诸己，修养的是操守、智慧与实力，也即自己有德，规避别人无德，以及魔高一尺道高一丈的能力。

实质上，道德不唯有人文的光辉与美好，还蕴含着做人的学问与智慧——德者，认知之谓也。

为政以德 德，道德。为政以德，清代学者李允升，在《四书证疑》中说："既曰为政，非无为也。为政以德，则本仁以育万物，本义以正万民，本中和以制礼乐，亦实有宰制，非漠然无为也。"

譬如北辰 北辰，北极星。人们在夜晚仰望星空时，会发现有一颗星恒定不动，一年四季都在那里，它就是北极星。其实，北极星也是动的，只不过是自转，而且转速非常快，因为它距离地球约四百光年，太远又恰好位于地球自转轴的北延长线上，故而看似不动罢了。与北极星不同，天空中的其他星，却不断地变动着方位，好像围绕着北极星转动一样。据此，中国古人认为，北极星就是天帝，它所在的位置就是天的中心。本章，孔子便是用北极星来比喻统治者。

众星之中，在银河的北部，有七颗星始终保持着固定的阵型，形状就像古代舀酒用的"斗"，故称"北斗"或"北斗七星"。北斗的斗柄指向，一年四季各有不同，春季指东，夏季指南，秋季指西，冬季指北，周而复始。因此，古人常用北极星来确定方位，用北斗区分四季。

居其所而众星共之 所，位置。共，通"拱"，环绕之义。朱熹注："居其所，不动也。"

【译文】

孔子说："用道德来治理国家，就会像北极星那样，自己不用动，众星都主动地环绕在周围。"

【评述】

孔子所倡导的"为政以德"，核心思想就是统治者要加强道德修养。在孔子看来，"政者，正也"，统治者自己首先要道德端正。在《论语》书中，孔子就多次提到了"正"，诸如"苟正其身矣，于从政乎何有？不能正其身，如正人何"，"其身正，不令而行；其身不正，虽令不从"等。对于季康子的问政，孔子甚至直接回答说："子帅以正，孰敢不正？"其中的"正"，便是指道德端正。故而，孔子所谓的仁政，实质是将政治寄托于执政者个人的道德修养，属于泛道德主义的思想范畴。

2.2　子曰:"《诗》三百,一言以蔽之,曰'思无邪'。"

【注释】

《诗》三百　《诗》,指《诗经》。《诗》是中国古代最早的一部诗歌总集,收录了从西周初叶到春秋中期的诗歌,总共有三百零五篇,作者佚名。三百,只是举其整数而言之。在内容上,《诗》分《风》、《雅》、《颂》三部分:《风》是各地歌谣的汇总;《雅》分大雅和小雅,大雅是宴会的乐歌,小雅是典礼的乐歌;《颂》是祭祀的乐歌。西汉时期,《诗》被儒家奉为经典,始称《诗经》。

孔子曾对《诗》、《礼》、《乐》、《易经》、《春秋》等古代文献,进行了系统的整理和校正,为中国古代文化的传承作出了巨大的贡献。

思无邪　"思无邪"这句话,出自《诗经·鲁颂·駉》篇,程颐注:"思无邪,诚也。"思,发语词,无实际意义。无邪,不虚伪,古注曰:"夫子盖言诗三百篇,无论孝子、忠臣、怨男、愁女,皆出于至情流溢,直写衷曲,毫无伪托虚徐之意。所谓'诗言志'者,此三百篇之所同也,故曰一言以蔽之。"

【译文】

孔子说:"《诗经》三百篇,用一句话概括,就是'不虚伪'。"

【评述】

诗,是一种用以抒发情感、表达思想的语言形式;诗者,志之所之也，在心为志，发言为诗。孔子对《诗经》非常推崇，认为它能陶冶人的情操，对人的修养具有潜移默化的作用和影响，说"《诗》，可以兴，可以观，可以群"。诗在表达方式上，有音乐伴奏的吟诵曰歌，不入乐的吟诵曰唱。诗、歌、舞和音乐，是礼乐制度中乐的四大基本内容——"乐主和同，弦与诗歌舞"。《礼记》有云："诗言志，歌咏声，舞动容，三者本于心，然后乐器从之。"

2.3 子曰："道之以政，齐之以刑，民免而无耻；道之以德，齐之以礼，有耻且格。"

【注释】

道之以政，齐之以刑 道，引导，引领。之，指下句"民免而无耻"中的民。政，法令。齐，治理，整治。刑，刑罚。

民免而无耻 免，免罪，免刑，古注曰："免，苟免罪也。"耻，羞愧，《孟子》有云："人不可以无耻，无耻之耻，无耻矣。"

道之以德，齐之以礼，有耻且格 礼，礼制，礼教。格，端正，行为端正。另有一说，"格"是人心归服之义，但从全文来看，德对应耻，礼对应格，礼言规矩，故将"格"字训作"行为端正"为宜。

【译文】

孔子说："先用法令引导，再用刑罚整治，百姓只是为了免罪而服从，并不会有廉耻之心。先用道德引导，再用礼制整治，百姓不但有廉耻之心，还会行为端正。"

【评述】

本章孔子所言，反映了他以礼治国的政治理念。在孔子看来，严刑峻法虽然能使百姓屈服，但那仅仅是"不敢做"，并不能让百姓心悦诚服，属于治标不治本的做法。只有对百姓加以教化——"道之以德，齐之以礼"，那才是治本之道，不但能让百姓讲规矩，还能使他们有思想觉悟，从"不敢做"转变为"不愿做"。当然，孔子也并非反对刑罚，只是强调先要施以教化，然后再用刑罚。譬如，在《家语》中，孔子就说："圣人治化，必刑政相参焉。太上以德教民而以礼齐之，其次以政教民而以刑禁之，化之弗变，导之弗从，伤义以败俗，于是乎用刑矣。"

2.4 子曰："吾十有五而志于学，三十而立，四十而不惑，五十而知天命，六十而耳顺，七十而从心所欲，不逾矩。"

【注释】

十有五而志于学 有，通"又"。志，立志，下决心。学，学习，指掌握各种经世济用的本领。

孔子幼年失怙，家道没落，从小就感受到了世态炎凉与人情冷暖，孔子自述说"吾少也贱，故多能鄙事"。在《史记·孔子世家》中，不但说孔子少时"贫且贱"，还记载了他当时赴宴被拒的窘事。因此，对于少年孔子来说，唯有立志学习才能改变命运。但孔子那时所能读的书——竹简，只不过《诗》、《书》、《礼》、《乐》、《易》等有限的几部。那时候，既没有严格意义上的学校，也没有求取功名的科考制度。孔子改变命运的途径，唯有使自己出类拔萃，不仅要学知识，还要学做人，学处事……正因如此，也才有后来那个博学多才、人情练达，而又文质彬彬的孔子。

三十而立，四十而不惑 立，立足，自立。惑，迷惑。不惑，指遇事能够理智应对，不致迷惑，古注曰："不惑，达权也。"

三十而立，是"十有五而志于学"后的学立，无论立于道，立于礼，还是立于事，均以学立。孔子在二十岁以后，便开始在官府做事，先后做过管理粮仓的委吏，管理牧场的乘田，以及鲁国太庙的助祭等。三十岁时，孔子正式授徒设教，则标志着他已完全能独自面对人生，立足社会了。其后，又经十年的历练，四十岁时，孔子已然是遇事不会迷惑，知道如何应对的智者了。

五十而知天命 古人认为，天是万物的主宰，具有不可抗拒的神秘力量，类似于宗教里说的上帝。命，《说文解字》曰："命，使也，从口从令。"天命，上天的旨意，此指关于人生的真理——天命，当然也是真理，否则便不足以称天命。知天命，悟道之义，也就是佛家所谓的彻悟了人生的真相。

知天命，是孔子人生历程中的重要节点，按照他自己"不怨天，不尤人，下学而上达"的说法，从十有五志于学，到四十不惑，属于下学的阶段，学的是人事；自五十知天命开始，则属上达的阶段，达的是大道。对于"知天命"的具体内容，孔子未作进一步的阐述，但从《论语》所记孔子的言行来看，"知天命"大概就是一种超脱的人生境界，既有直面生活的豁达，又有一份自知与安宁，不冲动、不焦虑、不幻想，也不作无谓之争。

六十而耳顺 孔子五十既已悟道，又经十年的修养，六十岁时，自然不会因别人的言语而影响心境。实际上，耳顺只是举其一而言之，若用佛家的话说，便是眼、耳、鼻、舌、身、意，六识俱顺了。

七十而从心所欲，不逾矩 从，放，放任。逾，越过。矩，曲尺，引申为规矩、法度之义。对于常人来说，"从心所欲"与"不逾矩"本属相互冲突的矛盾关系，有此则无彼，有彼则无此。然而，孔子却能两者兼得，乃因他的道德修养已臻完美，故能将二者协调一致。实际上，孔子的这种境界，也就是明代王守仁所谓的"知行合一"。

【译文】

孔子说："我十五岁立志于学习，三十岁已经能立足社会，四十岁遇事不致迷惑，五十岁彻悟人生的真谛，六十岁听到什么都不会影响心情，七十岁随心所欲，却不会超出规矩之外。"

【评述】

　　本章，是孔子人生历程的自述，也是他修身进德的年谱——少年立志，青年自立，壮年不惑，中年悟道，老年耳顺，晚年从心所欲不逾矩。大致而言，从少年立志到青年自立，是人生的逐求阶段，属于功利境界。从壮年不惑到中年悟道，是人生的求道阶段，属于道德境界。从老年耳顺到晚年的从心所欲不逾矩，则是人生的超脱阶段，属于天地境界。孔子的自我总结，为每个人都提供了人生的标杆，使人们在不同的年龄阶段，都有可以参照的做人标准。例如，一个人到了三十岁，无论他是否情愿，都必须自立，要独立地面对生活，承担起社会所赋予的责任，有道是"三十年前看父敬子，三十年后看子敬父"。五十岁的人，则理应有一份豁达、自知与安宁，不冲动，不焦虑，也不作无谓之争。本章对中国人的影响非常深远，千百年来，人们常用其中的语句代称年龄，如而立之年、不惑之年等，借以自勉。

　　2.5　孟懿子问孝。子曰："无违。"樊迟御，子告之曰："孟孙问孝于我，我对曰，无违。"樊迟曰："何谓也？"子曰："生，事之以礼；死，葬之以礼，祭之以礼。"

【注释】

　　孟懿子　仲孙何忌，鲁国大夫，懿是他的谥号，孟厘子之子。孟懿子十三岁时,其父孟厘子曾遗命让他与其弟南宫敬叔,向时年三十四岁的孔子学礼,故与孔子有师生之谊。

无违 不违背礼之义。春秋时期,凡违背礼者,均谓之违。如《左传》中"灭德立违"的违,就是违礼的意思。

樊迟御 樊迟,姓樊名须,字子迟,鲁国人,孔子的学生,比孔子小四十六岁。御,驾车,此指为孔子赶车。孔子主动向樊迟提起孟懿子问孝之事,是怕孟懿子将"不违背礼"误解成不违父命,以为听命于父便是孝,但父不皆贤,从父未必是孝。因樊迟与孟懿子交好,故将"无违"加以解释,以便樊迟传话给他。

【译文】

孟懿子向孔子问什么是孝道。孔子说:"不违背礼。"不久,樊迟为孔子赶车外出,孔子对樊迟说:"孟孙问我什么是孝道,我说不违背礼。"樊迟问:"这是什么意思?"孔子说:"父母活着,要依礼侍奉;死了,要依礼安葬,依礼祭祀。"

【评述】

自本章起,连续四章都是孔子关于"孝道"的论述。概括来说,就是"无违、唯疾之忧、敬养、色难"。在孔子看来,讲孝道就要对父母依礼侍奉,不能违背礼。不违背礼,也并非父母什么都正确,对父母就要唯命是从。只是,在父母错了的时候,可以不接受,但不能没规矩,要注意方式方法,是为"无违"——重点在于心敬,而非盲目地服从。可见,孔子所倡导的孝道,与后来所谓的"父母之命不可违",有着本质的不同。至于对父母的赡养,只要根据自己的能力

37

尽心即可，并没有什么特别的要求，有道是"百善孝为先，论心不论事，论事寒门无孝子"。但是，无论生活条件好还是不好，都应对父母怀有敬爱之心，和颜悦色地对待父母。否则，如果对父母心无敬爱，动不动就向他们耍脸色，即便天天给他们吃山珍海味，恐怕也谈不上孝道，是为"敬养、色难"。此外，从子女自身的角度讲，不让父母为自己操心，也是孝道的重要表现。一个人，如果不好好做人，胡作非为不走正道，总让父母为他提心吊胆，也就是俗话说的"不让父母省心"，又怎么能算孝道呢？是为"唯疾之忧"。总而言之，孔子所倡导的孝道，重在对父母怀有敬爱之心，在心不在事，远非后来《二十四孝》里所宣扬的那种愚孝。

2.6　孟武伯问孝。子曰："父母唯其疾之忧。"

【注释】

孟武伯　仲孙彘，孟懿子仲孙何忌之子，武是他的谥号。
父母唯其疾之忧　古注曰："言孝子不妄为非，唯疾病然后使父母忧。"另有一说，是"子忧父母之疾"，虽然也能说得通，但对同事朋友之疾也会有忧，不如前说意深，故以前说为胜。

【译文】

孟武伯向孔子问什么是孝道。孔子说："除非病了，从不让父母为自己担忧。"

2.7 子游问孝。子曰:"今之孝者,是谓能养。至于犬马,皆能有养;不敬,何以别乎?"

【注释】

子游 姓言名偃,字子游,孔子的学生,以擅长文学入列孔门十哲,比孔子小四十五岁,吴国常熟人。子游是孔门弟子中唯一的南方人,素有"南方夫子"的美誉,孔子曾称赞他说:"吾门有偃,吾道其南。"

是谓能养 养,朱熹注:"养,谓饮食供奉也。"

【译文】

子游向孔子问什么是孝道。孔子说:"现在的人,以为养活父母就算孝道了。犬马还有人养活呢,如果对父母不尊敬,那与养活犬马又有什么区别呢?"

2.8 子夏问孝。子曰:"色难。有事,弟子服其劳;有酒食,先生馔,曾是以为孝乎?"

【注释】

色难 色,脸色,此指和颜悦色。难,难得,难能可贵之义。人的脸色,往往是内心情感的真实流露,若对父母没有敬爱之心,便难以和颜悦色。《礼记》有云:"孝子之有深爱者必有和气,有和气者必有愉色,有愉色者必有婉容。"

弟子服其劳 弟子，古时对学生和年纪幼小的人都可以称为弟子，此指年轻人。服其劳，古注曰："服其劳，勤也；有酒食先生馔，恭也。勤且恭，可以为悌矣，孝则未备。"

先生馔 先生，古时称年长的人为先生，与弟子相对。馔，动词，饮食、吃喝之义。

【译文】

子夏向孔子问什么是孝道。孔子说："对父母总能有好脸色，是最难做到的。有事了，年轻人去做；有酒食了，年长的人先吃，仅仅这样难道就算孝吗？"

2.9 子曰："吾与回言终日，不违，如愚。退而省其私，亦足以发，回也不愚。"

【注释】

吾与回言 回，颜回，又名颜渊，字子渊，鲁国人。颜回是孔子最喜欢的学生，以德行出众入列孔门十哲，比孔子小三十岁，被儒家弟子尊为"复圣"。颜回、子贡与子路，是孔子门下的三大弟子，颜回仁，子贡智，子路勇。

不违，如愚 不违，不反问，古注曰："不违者，意不相背，有听受而无问难也。"如愚，就像愚人似的。孔子说颜回"如愚"的本意，是夸奖颜回"默而识之"的学习态度。

退而省其私，亦足以发 退，退下，自师处退，指放学以后。省，观察。私，私下的言行。发，发挥。

【译文】

孔子说："我整天给颜回讲课，他从来没有反问过，就像愚人似的。放学以后，我观察他私下的言行，却发现他不但把我讲的都听懂了，还能够进一步发挥，原来他并不愚蠢啊。"

【评述】

有的年轻人，在长辈跟他说话时，动不动就插嘴、接话，或者不等长辈把话说完，就表现出已经很懂的样子，不停地点头，不住地嗯哼。这样的年轻人，有谁会喜欢呢？谁愿意向他倾心传授经验和知识呢？他又怎么能有长进呢？——大智若愚者，似愚而不愚；小智若不愚者，似不愚而实愚。

2.10 子曰："视其所以，观其所由，察其所安。人焉廋哉？人焉廋哉？"

【注释】

视其所以，观其所由，察其所安 以，为，作为，指平常的言谈举止。由，经，来历，指过往的事迹经历。安，乐，热衷于，指兴趣和志向。视、观、察都有看的意思，但看得越来越仔细，由表及里，从浅入深。

人焉廋哉 焉，何以，怎么。廋，读 sōu，隐藏，掩饰之义。《孟子》有云："存乎人者，莫良于眸子，眸子不能掩其恶。胸中正，则眸子瞭焉；胸中不正，则眸子眊焉。听其言也，观其眸子，人焉廋哉？"

【译文】

孔子说："只要观察他的言谈举止，考查他的过往经历，了解他的兴趣志向，就能看清一个人。他怎么掩藏得住呢？他怎么掩藏得住呢？"

【评述】

人总是有意无意地给自己戴上假面具，或大或小，或此或彼。固然，有的伪装不过是出于自尊或者虚荣，诸如善意的谎言之类，倒也无伤大雅。但是，有的伪装却不然，也许就是披着羊皮的狼。正因如此，在《论语》书中，孔子多次讲识人的重要性，深以"不识人"为患，说"不患人之不己知，患不知人也"。实质上，识人的要义，就在于透过各种伪装，看清其本来面目——"不为浮云遮望眼"，透过现象看本质。本章孔子所言，视之，观之，察之，使其廋无可廋，便是去伪求真的识人之法。对于识人的论述，在《庄子·列御寇》中，孔子讲得更为精辟。他说："凡人心险于山川，难于知天。天犹有春秋冬夏旦暮之期，人者厚貌深情。故有貌愿而益，有长若不肖，有顺懁而达，有坚而缦，有缓而悍。故其就义若渴者，其去义若热。故君子远使之而观其忠，近使之而观其敬，烦使之而观其能，卒然问焉而观其知，急与之期而观其信，委之以财而观其仁，告之以危而观其节，醉之以酒而观其则，杂之以处而观其色。九征至，不肖人得矣。"

2.11 子曰："温故而知新，可以为师矣。"

【注释】

温故而知新 温，物将寒而重热之曰温，此为温习、复习之义。故，以前学过的知识。新，新得，新的收获。

【译文】

孔子说："在复习学过的旧知识时，能有新的收获，就可以做老师了。"

【评述】

本章孔子所言，旨在表扬勤学善思的治学精神——能温故说明热爱学习，志在不忘；能知新说明勤于思考，态度认真。一个人，如果既爱学习又爱思考，日积月累，必然能学养丰富，知识渊博，故曰"可以为师矣"。然而，有些人既不温故也不知新，却偏有为师之癖，终不过夸夸其谈，胡说八道罢了。《孟子》有云："人之患在好为人师。"

2.12 子曰:"君子不器。"

【注释】

君子不器 器,器物,器具,《易经·系辞》曰:"形乃谓之器。"所有器具,均有其特定的用途,不可通用。朱熹注:"器者,各适其用而不能相通。成德之士,礼无不具,故用无不周,非特为一才一艺而已。"

【译文】

孔子说:"君子不能像器物那样,限于一用。"

【评述】

君子不器,就是要以与时俱进的精神,积极进取,既不故步自封,也不骄傲自满,谦虚,好学,追求高远。只有这样,才能使自己潜在的能力、个性获得全面的发展与实现,海阔凭鱼跃,天高任鸟飞。《庄子》有云:"有大物者,不可以物;物而不物,故能物物。"

2.13 子贡问君子。子曰:"先行其言而后从之。"

【译文】

子贡问怎么样才能成为君子。孔子道:"先做后说。"

【评述】

在《颜渊篇》中,司马牛问仁,孔子答道:"仁者,其言也讱。为之难,言之得无讱乎?"显然,说要比做容易得多。先说后做,固然可以满足一时口快,甚至还会博得廉价的掌声与喝彩。但若行不能践言,不仅会使自己的信誉受损,往往还会徒留笑柄于人,实属不智。故而,君子的为人处事,行必于未言之前,言必于既行之后,先做后说,以成其信。

2.14 子曰:"君子周而不比,小人比而不周。"

【注释】

周而不比 周,团结,用道义来团结人。比,勾结,《说文解字》曰:"比,密也。"

【译文】

孔子说:"君子与人团结而不勾结,小人与人勾结而不团结。"

【评述】

君子立身中正,与人交接唯义是从,光明磊落,绝不会违背原则委曲迁就,故以道义来团结人,但不勾结。小人见利忘义,蝇营狗苟唯利是图,惯于狼狈为奸,故以私利与人勾结，却不团结。《庄子·列御寇》有云："君子之交淡若水，小人之交甘若醴。君子淡以亲，小人甘以绝。彼无故以合者，则无故以离。"

2.15 子曰："学而不思则罔，思而不学则殆。"

【注释】

不思则罔，不学则殆 罔，通"惘"，迷惘之义，指迷惑失措，没有主见。殆，疑惑。一说，"殆"是危险之义，但"思而不学"只能是疑而不决，危险之说却未免牵强，故以前说为宜。

【译文】

孔子说："学习却不思考，就会没有主见。空想却不学习，就会疑惑不定。"

【评述】

在学习上，如果只是一味地死读书，不动脑筋思考，就不能将所学融会贯通，终难学以致用，充其量也不过是"有知识、没头脑"的糊涂虫罢了。反之，如果只是整天地凭空瞎想，不去读书学习，则无异于闭门造车，至多也只能是"有想法、没办法"的空谈客而已。因此，只有学中有思，思中有学，才能使人不罔不殆。程颐有云："博学、审问、慎思、明辨、笃行五者，废其一，非学也。"

2.16 子曰:"攻乎异端,斯害也已!"

【注释】

攻乎异端,斯害也已 攻,攻击,勇于批判之义。异端,歪理邪说,错误的言论。斯,代词,它。已,动词,终止,消除之义。明太祖朱元璋注曰:"攻如攻城,已止也。攻去异端,则邪说之害止,正道可行矣。"另有一说,"攻"是治学之义,即学习异端邪说就有害了。但既知异端邪说,为何还要学?若不知其邪而误学,则其害必然,这话又何必要讲?故以前说为宜。

【译文】

孔子说:"要勇于批判错误的言论,这样才能消除它的祸害。"

【评述】

孔子的道德学说,固然主张与人为善,但也绝非无原则的宽容与姑息。恰恰相反,在大是大非面前,对于歪理邪说,不但不能迁就,而且要坚决斗争,勇于批判。只有这样,才能消除祸害,以正视听。事实上,在孔子看来,敢于向邪恶说不,也是道德的应有之义。如若不问是非,谁也不想得罪,安于做个和事佬,反倒违背了道德的本义——子曰:"乡愿,德之贼也。"

2.17 子曰："由，诲女知之乎？知之为知之，不知为不知，是知也。"

【注释】

由，诲女知之乎 由，仲由，字子路、季路，孔子的学生，以擅长政事入列孔门十哲，比孔子小九岁，是孔子周游列国期间主要的随行弟子。子路好勇尚武，以长于政事见称，曾做过鲁国正卿季孙氏的家宰，随孔子周游列国期间，还曾做过卫国大夫孔悝的蒲邑宰，后在卫国前太子蒯聩的夺位政变中，为救孔悝"结缨而死"。诲，教，教诲。女，通"汝"。

【译文】

孔子说："仲由，教给你的都知道了吗？知道就是知道，不知道就是不知道，这才是明智的态度。"

【评述】

孔子的道德学说，实乃自利之道。以本章为例，一个人，只有本着实事求是的态度——知道就是知道，不知道就是不知道，才能认清自己的不足和局限性，从而取长补短，超越自我。否则，不懂装懂，强不知为有知，或可骗得了一时，但终归还是自欺欺人，势必会吞下自误的苦果。这方面的典型，大概非南郭先生莫属了。他以不知为有知，最终不但丢了工作，还为世人留下了"滥竽充数"的笑柄。

2.18 子张学干禄。子曰:"多闻阙疑,慎言其余,则寡尤;多见阙殆,慎行其余,则寡悔。言寡尤,行寡悔,禄在其中矣。"

【注释】

子张学干禄 子张,复姓颛孙,名师,字子张,陈国人,孔子的学生,比孔子小四十八岁。学,请教。干,求取。禄,俸禄,古注曰:"禄,仕者之奉也。"干禄,也就是求取官职的意思。

多闻阙疑,慎言其余,则寡尤 闻,听闻,含有调查研究之义。阙,空,此为搁置之义。疑,疑惑,拿不准。寡,减少。尤,过错。

多见阙殆,慎行其余,则寡悔 殆,疑惑,指没把握的事。悔,懊悔,悔恨。

禄在其中矣 在其中,是"有可能"的意思,古注曰:"事不必尽然,而举其能然者也。"

【译文】

子张向孔子请教求取官职的方法。孔子说:"多听,拿不准的话不说,拿得准的说时也要谨慎,就能减少错误;多看,没把握的事不做,有把握的做时也要小心,就能减少懊悔。说话的错误少,行为的懊悔少,就能够有官职了。"

【评述】

为人处事之道,贵在谨言慎行。一个人,多闻且能谨言,则言必少有妄语，不妄语就可以避免祸从口出，不致乱德生非，故寡尤。多见且能慎行，则行必少有妄动，不妄动就可以避免行事操切，不致失道惹怨，故寡悔。倘若既能"言寡尤"，又能"行寡悔"，那么也必然能"德可以服众、才可以任事"，故曰"禄在其中矣"。

2.19　哀公问曰："何为则民服？"孔子对曰："举直错诸枉，则民服；举枉错诸直，则民不服。"

【注释】

哀公　鲁哀公，姓姬名将，哀是谥号，鲁定公之子。
举直错诸枉　举，提拔。直，正直的人。错，通"措"，放置，引申为压制之义。诸，之于。枉，邪曲的小人。

【译文】

鲁哀公问："怎么做才能让百姓真心地服从呢？"孔子答道："提拔正直的人，压制邪曲的人，百姓就会心服。提拔邪曲的人，压制正直的人，百姓就不会心服。"

【评述】

本章孔子所言，实质就是一个用人是否得当的问题，也即孔子所谓的"政在选臣"——举直错诸枉，就会使政治生态风清气正，用《易经·泰卦》中的话说，便是"上下交而其志同,君子道长,小人道消",百姓自然会心悦诚服。反之,举枉错诸直,就会使政治生态乌烟瘴气,用《易经·否卦》中的话说,便是"上下不交,小人道长,君子道消",百姓当然不会心服。事实上,中国历史上各朝各代的兴衰,无不与吏治息息相关,其兴也吏治,其亡也吏治。毛泽东有云:"治国就是治吏。礼义廉耻,国之四维;四维不张,国将不国。"

2.20 季康子问:"使民敬、忠以劝,如之何?"子曰:"临之以庄,则敬;孝慈,则忠;举善而教不能,则劝。"

【注释】

季康子 季孙氏,姓姬名肥,鲁国正卿,长期把持着鲁国朝政,康是他的谥号。

使民敬、忠以劝 敬,严肃认真,恭敬之义。忠,忠诚,尽己力之谓忠。以,连词,而且。劝,劝勉,上进之义。

临之以庄 临,本义是俯视,引申为统治之义。庄,庄重,严肃。

孝慈则忠 孝,子女爱父母曰孝。慈,父母爱子女曰慈。旧注将"孝慈则忠"这句话,译作"你季康子孝顺父母,慈爱幼小,百姓就会对你尽心竭力"。但季康子孝顺他自己的父母,慈爱他自己的孩子,与百姓对他忠诚与否又有什么必然的关系呢?不合逻辑。本句中的孝,指的是弘扬孝道,重在培养百姓的感恩之心；慈则指像父母慈爱子女那样，施恩于民——有感恩之心的百姓，在受到恩惠后，自然就会报之以尽心竭力了，是谓"孝慈则忠"。实际上，若欲别人对自己忠诚，无非两条：一必有恩于彼，二必感恩之人，有道是"求忠臣必于孝子之门"。

举善而教不能 举，提拔，选拔。不能，没有能力的人。

【译文】

季康子问："怎样才能使百姓恭敬、忠诚而又上进呢？"孔子说："你用庄重的态度对待百姓，百姓就会对你恭敬。你弘扬孝道，施恩于民，百姓就会对你忠诚。你提拔好人，教导能力差的人，百姓就会上进。"

【评述】

无数的历史事实证明：世界上从来就没有无缘无故的爱，出乎庄则反乎敬，出乎孝慈方能反乎忠。譬如，春秋时期，邹国与鲁国交战，邹国的百姓非但不协力抗敌，反倒幸灾乐祸，对本国的兵士见死不救。邹穆公对此耿耿于怀，专门向孟子请教，孟子回答说："凶年饥岁，君之民老弱转乎沟壑，壮者散而之四方者，几千人矣；而君之仓廪实、府库充，有司莫以告，是上慢而残下也。曾子曰：'戒之戒之，出乎尔者，反乎尔者也。'"唐朝初期，李世民问魏征隋炀帝何以亡国？魏征答道："讲尧舜之言，行桀纣之实，蒙蔽百姓，鱼肉天下，焉有不亡之理？"清朝末期，在第一次鸦片战争中，英国舰队突破虎门要塞后，沿珠江北犯，岸上聚集了无以计数的中国百姓。他们冷漠地看着眼前的一切,当官船被英军击沉时,甚至还发出阵阵的嘘嘘声,仿佛在观看一场精彩的马戏表演。见此情景,英国侵略军的头目疑惑不解,问身边的中国买办何以至此?买办答曰:"国不知有民,民焉知有国?"诸如此类,不胜枚举。人们常说"以史为鉴",这些历史教训,不也值得深思吗?

2.21 或谓孔子曰:"子奚不为政?"子曰:"《书》云:'孝乎惟孝,友于兄弟,施于有政。'是亦为政,奚其为为政?"

【注释】

子奚不为政　奚,何,为什么。为政,从政,做官之义。

孝乎惟孝,友于兄弟,施于有政　古注曰:"孝乎惟孝,美大孝之辞。"施,施加,影响。有,虚词,无意义。

【译文】

有人对孔子说:"您怎么不去做官呢?"孔子答道:"《尚书》中说:'伟大的孝道啊!只要孝敬父母,就能友爱兄弟,影响政治。'这也是从政,为什么非要做官才算从政呢?"

【评述】

孟子说:"天下之本在国,国之本在家,家之本在身。"

在儒家的政治理念中，家是缩小的国，国是放大的家，家国一体。正因如此，便也形成了独具儒家文化特色的家国情怀——千百年来，一代又一代的儒家弟子，始终将个人的命运与国家紧密相连，在家行孝，在国尽忠，先天下之忧而忧，后天下之乐而乐。《大学》有云："物有本末，事有始终。知所先后，则近道矣。古之欲明明德于天下者，先治其国；欲治其国者，先齐其家；欲齐其家者，先修其身；欲修其身者，先正其心；欲正其心者，先诚其意；欲诚其意者，先致其知；致知在格物，格物而后知至；知至而后意诚，意诚而后心正；心正而后身修，身修而后家齐；家齐而后国治，国治而后天下平。"

2.22　子曰："人而无信，不知其可也。大车无輗，小车无軏，其何以行之哉？"

【注释】

人而无信　信，信誉，信用，指符合道义的信约。

大车无輗，小车无軏　大车，指牛拉的载重之车。小车，指马拉的乘坐之车。輗，读 ní。軏，读 yuè。套牲口的横木与车辕的连接件，大车曰輗，小车曰軏。无论大车小车，如果没有輗和軏，都无法套住牲口，不能行走。

【译文】

孔子说:"一个人如果没有信誉,真不知他该怎么办。这就像大车没有輗,小车没有軏,它靠什么行走呢?"

【评述】

俗话说:"人无信不立,车无辕不行。"一个人,如果没有信誉,别人就会对他避而远之,有谁愿意同个讲信用的人打交道呢?即便合作,恐怕也要额外地增加合作的成本,使合作的效率大打折扣。反过来,一个人如果有信誉,别人自然就愿意与他共事,往往还会给他新的合作机会。显而易见,讲信用不但是一种美德,也属于自利之道。

2.23 子张问:"十世可知也?"子曰:"殷因于夏礼,所损益,可知也;周因于殷礼,所损益,可知也。其或继周者,虽百世,可知也。"

【注释】

十世可知也 世,三十年为一世,一世又称一代。也,通"耶",表示疑问的语气词。从下文孔子的答语来看,子张所问的内容应指礼制而言,并非泛问。

殷因于夏礼,所损益 殷,商朝。因,因袭,继承。损益,删减和增加,指对前朝的礼制进行变革。

虽百世，可知也　知，知道，指知道"传承与变革同在"的发展规律。任何变革，都必然是以传承为基础的变革，若是盲目地追求全新，结果往往全旧。

【译文】

子张问道："现在能预知十代以后的礼制吗？"孔子说："殷朝的礼制，是在继承夏朝礼制的基础上，有所增删而成，这是可知的。周朝的礼制，是在继承殷朝礼制的基础上，有所增删而成，这是可知的。假如有新朝替代了周朝，它的礼制，也将是在继承周朝礼制的基础上，增删而成。所以即便一百代以后的礼制，都是可以知道的。"

【评述】

春秋时期，包括儒家在内的道家、法家、兵家等诸子百家，无不深受《易经》思想的影响。《易经》是中国传统文化的起源，素有"万经之首"的美誉，核心思想就是"易"。易字由日月构成，郑玄在《易论》中说："易含三义，简易一也，变易二也，不易三也。"其中，日月的变化有章可循，是为简易；日月的位置与大小时刻变化，是为变易；日月之行亘古不变，是为不易。本章孔子所言，便体现了"易"的哲学思想——"殷因于夏礼、周因于殷礼"谓简易，"所损益"谓变易，"虽百世，可知也"则是谓不易。实际上，人类社会的发展，始终是传承与变革同在：传承是在变革上的传承，变革是在传承上的变革。

2.24　子曰:"非其鬼而祭之,谄也;见义不为,无勇也。"

【注释】

非其鬼而祭之　鬼,祖先,古注曰:"鬼,祖考也。"祭,祭祀,此指用于祈福的吉祭。谄,求媚,《礼记·曲礼》曰:"非其所祭而祭之,名曰淫祀,淫祀无福。"

祭祀在中国古代具有极其重要的地位,《左传》中说:"国之大事,在祀与戎。"从"祭"字的构成上看,左边是牲肉,右边是手,意为恭敬地将牲肉放在祭桌上,供神灵享用。古人的祭祀,仪式上有着严格的规程,既恭敬严谨,又庄重肃穆。故而,应该说中国古人是有信仰的,而且很虔诚。只不过,中国与世界上其他国家不同,信仰的对象并非特定的人或神,而是一个体系——由天神、地祇、人鬼三大板块组成,这可能与中国古代天、地、人的哲学思想有关。有趣的是,不同的中国人,对于"天神、地祇、人鬼"也有不同的认定,比如儒家信奉的天神是昊天上帝,地祇是皇地祇,人鬼是孔子,道家则是另外一个版本了。普通的老百姓,虽然没有统一的认定标准,倒也不妨碍他们祭天祭地祭祖先,心中都信仰着"老天爷"。

【译文】

孔子说:"祭祀不该祭祀的鬼神,就是献媚;看到该做的事不做,就是没勇气。"

【评述】

本章孔子所言,"非其鬼而祭之"是说不该做的乱做,"见义不为"是说该做的不做。乱做,常因利令智昏;不做,多属正气不足,均系缺乏道德修养的表现。《为政篇》以本章收篇,似乎别有深意,大概是想告诫当权者:为政的要义,就在于为其所当为,既不可妄为,也不可不为。

【八佾篇】第三
（共二十六章）

3.1 孔子谓季氏，"八佾舞于庭，是可忍也，孰不可忍也！"

【注释】

谓季氏 谓，评论。季氏，代称，指鲁桓公第四子季友的后裔。季友受封鲁国正卿，他的后裔世袭卿位，历经公孙无佚、季文子、季武子、季悼子、季平子、季桓子、季康子等数代，统称季氏。自季友之孙季文子开始，季友一脉又被称作季孙或季孙氏。本章的季氏，指的是季平子，他长期把持着鲁国朝政，专权跋扈，凌驾于鲁国公室之上，最终迫使鲁昭公出走异国，客死他乡。

八佾舞于庭 佾，读 yì，佾字从八从人，八人排成一行曰佾。八佾，就是八行，共有八八六十四人。乐舞以八人为基数，旨在和八音、行八风。八音，是古人根据乐器的制作材料，所划分出的八种音律，即金、石、丝、竹、匏、土、革、木八音，对应着钟（金）、磬（石）、瑟（丝）、箫（竹）、笙（匏）、埙

（土）、鼓（革）、柷（木）等各种吹打乐器。八风，则是古人依据八卦"乾、坎、艮、震、巽、离、坤、兑"的寓意，编排出的八种舞蹈风格。故而，乐舞的人数规格是八的倍数，一佾，二佾……最多至八佾。八佾，是天子之礼，取意为八八相重，天圆地方。周礼规定，天子用八佾，诸侯用六佾，卿大夫用四佾，士用二佾。季平子是鲁国大夫，依礼只能用四佾，用八佾则属僭礼。庭，堂下曰庭，其字从广，指堂前的平地。

是可忍也，孰不可忍也 忍，忍心，敢忍，《说文解字》曰："忍，能也。"另有一说，忍是容忍之义，即"八佾舞于庭"都能容忍，那还有什么不能容忍呢？但本章是孔子对季氏的评论，并非批评鲁昭公的软弱无能，孔子本人身属局外，也谈不上容忍不容忍，故而此说不妥，前说为宜。至于魏晋以后，讨伐檄文中常用"是可忍，孰不可忍"这句话，表达己方忍无可忍的态度，则属重新赋予的含义，另当别论。

【译文】

孔子评论季氏，说："他竟然在庭院中使用六十四人的乐舞规格，这样的事他都忍心做，还有什么不忍心做呢！"

【评述】

有道是"风起于青萍之末，浪成于微澜之间"，季氏的八佾舞于庭，看似无关紧要，实则不然。无数的事实证明，人的劣根性，往往是得寸之后，必欲进尺，姑息或可换来一时的苟安，但长久之后，势必养痈成患。正所谓"冰冻三尺非一日之寒"，鲁国季氏的坐大，又何尝不是如此呢？《易经·坤卦》有云:"积善之家,必有余庆;积不善之家,必有余殃。臣弑其君,非一朝一夕之故,其所由来者渐矣,由辩之不早辩也。"

3.2 三家者以《雍》彻。子曰:"'相维辟公,天子穆穆',奚取于三家之堂?"

【注释】

三家 家,大夫的封地曰家。三家,指鲁国当政的孟孙、叔孙和季孙三卿,均系鲁桓公的后代,史称"三桓"。鲁桓公共有四子,分别是长子庆父、次子姬同、三子叔牙和四子季友。根据分封制和宗法制的规定,嫡长子姬同继位为君,其余三人则封为大夫,孟孙、叔孙和季孙就是指他们三人的孙辈继承人。孟仲叔季,是一、二、三、四的意思,常用作标示兄弟间的排序,有时也作"伯仲叔季",区别在于长子嫡出用伯,庶出用孟。庆父庶出,故曰孟。后来,出于尊君的缘故,庆父的孙辈改称仲孙,故而孟懿子叫作仲孙何忌。

为便于理解本章乃至《论语》全书,下面简单介绍一下中国的姓氏文化、分封制度与宗法制度。

姓氏文化 战国以前,中国人还没有在名字前冠姓的习惯,姓氏的意义,与现在也大不相同。姓,由女和生构成,起源于母系社会,原指某女性始祖所繁衍的族群,本是部族的标识符号。中国最古老的八大姓,姬、姚、妫、姒、姜、嬴、姞、妘,就都带有"女"字。氏的本义是男子，中国进入父系社会以后，姓族分化为以男性为纽带的族群，故曰氏族。氏族建立后，将原来姓族的姓号保留和继承下来，仍然作为血缘的标识之用。故而，姓是氏的本源，氏乃姓的分支。

　　直至春秋时期，姓仍然未与名字连用，仅作"同姓不婚"的血缘依据。氏则用称强族，贵者有氏，贱者无氏。氏的取名，则愈发丰富起来，有地名、物名、官名、邑名、祖辈排行等。本章提到的"三家"，便是用祖辈的排行做氏名，即孟氏、叔氏和季氏。那时候，对人的称呼，贵者称爵号或氏号，普通人则直接称呼名字，长辈称呼晚辈用名，同辈之间或晚辈称呼长辈用字。甚至还有名与字连称的情况，比如孔子的父亲名纥字叔梁，就被称为叔梁纥，大概是为区别另外一个叫作纥或叔梁的人。因为名字不冠姓，致使今人在阅读先秦古籍时，若不详加梳理，很难想象黄帝、颛顼、帝喾、尧、大禹、夏启、周武王等人，原来都姓"姬"，本是一家人。战国后期，随着社会的动荡和诸侯国的纷纷解体，人民流离失所的现象越来越普遍。于是，人们出于寻根问祖等实际需要，开始在名字前冠字，作为标志并世代相传。所冠之字，有姓号、氏号、国名、邑名、地名、出身、职业、颜色等，多种多样，因其亦有标记血脉的作用，故曰"姓"。虽然有些姓，沿用的仍然是旧有的姓号或氏号，例如，儒家的另一代表人物孟子，本是鲁国"三桓"之一孟孙氏的后裔，他的姓便是源自氏号。但绝大部分的姓，都属于新建。自此，中国正式进入到姓名时代，每个人的姓与名，开始密不可分了。氏，仍作姓的分支，秦汉以后，不再另取氏名，姓即氏，氏即姓。但姓与氏仍保留有细微的差别，比如问

"贵姓"而不问"贵氏",称"某氏族谱"而不称"某姓族谱"等。南宋郑樵,在《通志·氏族略》中说:"姓者,统其祖考所自出;氏者,别其子孙所自分。"

本书在注释时,对春秋时期的人名,仍按惯例注姓,以便阅读。

分封制度 分封制,也称封建制,是一种分权治理的政治制度,《左传》中说:"天子建国,诸侯立家,卿置侧室,大夫有二宗,士有隶子弟,庶人工商各有分亲。"封,本义是在地上种树,用以圈定疆域,界内曰邦,《说文解字》曰:"封,爵诸侯之土也。"天子,先秦时期称作王,是天下的最高统治者,封出一块土地,连同境内的人口物产,赏赐给亲戚或功臣,赐以国名,授予爵位,是为"建国"。

周朝的爵位,有"公、侯、伯、子、男"五个等级,统称为"侯"。在王、侯之下,还有特设的一个层级,叫作"附庸"。《王制》曰:"公侯田方百里,伯七十里,子男五十里。不能五十里者,不合于天子,附于诸侯,曰附庸。"郑玄注:"不合,谓不朝会也。附庸者,以国事附于大国,未能以其名通也。"例如,在《论语·季氏篇》第一章中提到的颛臾,便是鲁国的附庸。诸侯在自己的国,仿照天子的做法,封地赏赐给亲戚或功臣,授予卿大夫之位,是为"立家"——大夫的封地曰家。大夫在家内,又封地赏赐给亲戚或功臣,授予士位,封地曰"邑"。士是贵族的最底层,再往下就是庶民了。至此,便建立起了"公食贡,大夫食邑,士食田,庶人食力,工商食官"的阶级秩序。在封建体制下,天子享有制礼作乐、赏罚征讨之权,也可过问诸侯的国中事务。诸侯则有治国拥兵之权,但要听从天子的调遣，有屏藩中央以及定期向天子纳贡、朝贺等义务。大夫有治家拥兵之权，但只对诸侯负责，与天子无直接的权利与义务关系。士也有治邑拥兵之权，仅对授封大夫负责，与天子、诸侯无涉。

封建制并非周人首创，比如周文王就被商王封为"西伯"，但周朝却是封建制度最为完备和鼎盛的朝代。周代的封建制，类似于现在的联邦制，但其单级授受的特点，却也留下了"诸侯造反全国响应、大夫造反全家出动"的政治隐患。有鉴于此，秦始皇统一中国后，便废除了封建制，改为皇帝独裁、中央集权的郡县制。中国也由此进入到帝制时代，直至清朝。

宗法制度　宗法制，是根据血缘关系确定继承权的制度，核心内容是"嫡长子继承"制。嫡，正妻，经"三书六礼"明媒正娶的妻子曰嫡。嫡虽然未必是第一个娶来的妻子，但上至天子，下至庶民，每个男子有且只能有一名正妻，其余统称庶妻，包括妾、婢、通房丫头等。这样，正妻所生的长子——嫡长子，在继承时就有了明确的排他性，不会引起继承的纠纷与竞争，故而被确定为权力与财富的主要继承人。嫡长子在家族事务中享有举足轻重的地位，嫡嫡相传的一支称作大宗、嫡系或正宗，其余则统称为小宗。周代推行的宗法制，对中国社会和历史产生了极其深远的影响，是宗谱、宗祠、族规等中国传统文化的起源。

《雍》彻　《雍》诗收录于《诗经·颂》，是天子撤祭时唱的乐歌。彻，通"撤"，撤祭之义，古注曰："祭毕而收其俎也。"

相维辟公，天子穆穆　相，傧相，助祭的人。辟，君主，此指诸侯。穆穆，庄严肃穆的样子。

【译文】

鲁国大夫孟孙、叔孙和季孙,撤祭时也唱天子撤祭唱的《雍》诗。孔子说:"《雍》诗里有句话说'在诸侯的辅助下,主祭的天子庄严肃穆',这在他们的庙堂上,又打哪儿说起呢?"

【评述】

本章的"三家者以《雍》彻",与季氏八佾舞于庭一样,均属僭越礼制的行为,故而引来孔子的批评。孔子维护礼制,固然是为了维护封建的阶级制度,但客观上也是对社会秩序的维护。春秋后期,礼崩乐坏的结果,便是长达数百年的天下大乱。事实上,任何社会都需要维护秩序,也必然有时代的局限性,不能因为孔子维护的是封建制度,便否定其维护社会秩序的积极意义。

3.3 子曰:"人而不仁,如礼何?人而不仁,如乐何?"

【注释】

如礼何 如,奈也。如礼何,怎么对待礼,指不能践行礼制,包咸注:"人而不仁,必不能行礼乐。"

【译文】

孔子说:"一个不仁的人,怎么会讲礼?一个不仁的人,怎么会讲乐？"

【评述】

　　礼言规矩，重在操守；乐言和悦，旨在修养。一个不仁的人，必然是一个不讲道德的人。这样的人，又怎么可能有操守和修养呢？从本章来看，孔子虽然倡导"有教无类"，但也并非不切实际的理想主义者。恰恰相反，孔子深知教育不是万能的，对于品性卑劣的小人，仅凭教育往往无济于事，正所谓"朽木不可雕也，粪土之墙不可圬也"。

　　3.4　林放问礼之本。子曰："大哉问！礼，与其奢也，宁俭；丧，与其易也，宁戚。"

【注释】

　　林放　鲁国人，一说是孔子的学生，难考其详。

　　奢、俭、易、戚　奢，奢华，铺张。俭，俭约，朴素。俭朴能使人正心诚意，可免繁文缛节之失，故曰奢宁俭。易，治，治办之义，指丧礼的仪文周到。戚，悲哀。古注曰："夫祭，与其敬不足而礼有余，不若礼不足而敬有余也。"

【译文】

　　林放问礼的本质。孔子说："这个问题意义重大啊！总体而言，礼与其奢华，不如俭朴。比如丧礼，与其仪式隆重，不如悲哀。"

【评述】

礼者,理也,人情世故曰礼。一个人,知礼方可通人情,通人情方能达人事。人情练达,方能在揖让周旋中,通达于为人处事之道。故而,礼的要义就在于理人心,至于礼仪、礼节、礼物等形式,不过是礼的载体罢了——子曰:"礼云礼云,玉帛云乎哉?"

3.5 子曰:"夷狄之有君,不如诸夏之亡也。"

【注释】

夷狄、诸夏 古人认为,中原各国居于大地的中央,故有"中国"之说。中国也称诸夏、华夏,《左传注疏》曰:"中国有礼仪之大故称夏,有服章之美谓之华。"中国的四周,则被认为是文化落后的野蛮部族,依照方位,分别称作东夷、南蛮、西戎、北狄,统称为夷狄。《说文解字》曰:"东方从豸曰貉,南方从虫曰蛮,西方从羊曰羌,北方从犬曰狄。"

不如诸夏之亡 亡,同"无"。不如,不像之义,程颐注:"夷狄且有君长,不如诸夏之僭乱,反无上下之分也。"另有一说,"不如"是比不上之义,北宋邢昺注:"言夷狄虽有君长,而无礼义,中国虽偶无君而礼义不废。"两说均通,但从本篇"八佾舞于庭"、"三家者以《雍》彻"等章节来看,本章的重点也应是批判僭礼，故以程颐注为宜。

【译文】

孔子说："野蛮的部族还有君主观念呢，不像中原各国，反倒没了上下之分。"

【评述】

本章孔子所言，主要是批评诸侯各国践踏礼制，从而引发社会的各种动荡。在某种意义上说，正是因为各国对传统文化的亵渎，礼崩乐坏才导致了社会的混乱与失序。固然，传统文化中也难免有糟粕，毕竟时代在发展，但其中的人文精华，却不会因时代的变迁而失色。譬如，现在有些中国人，常津津乐道于西方国家的排队不加塞、公共场所不喧哗，以为那才是文明。殊不知，早在几千年前，孔子就已提出了"己所不欲，勿施于人"的人文理念。故而，与其说有些中国人不文明，倒不如说他们没有继承和弘扬传统文化。

3.6 季氏旅于泰山。子谓冉有曰："女弗能救与？"对曰："不能。"子曰："呜呼！曾谓泰山不如林放乎？"

【注释】

季氏旅于泰山 季氏，代称，此指季康子，鲁国正卿。旅，祭祀，祭山。周礼规定，天子享有祭祀天下的名山大川之权，诸侯只能祭祀本国境内的名山大川，大夫不得祭祀名山大川。季康子只是鲁国大夫，并无祭祀名山之权，祭祀泰山属于僭礼。

冉有　名求，字子有，孔子的学生，以擅长政事入列孔门十哲，比孔子小二十九岁。在季氏旅于泰山时，冉有任季氏的家宰。

弗能救　救，止，劝阻之义。

曾谓泰山不若林放乎　曾，诘问词，难道。

【译文】

季氏要去祭祀泰山。孔子对冉有说："你就不能劝阻吗？"冉有回道："不能。"孔子说："哎！难道泰山神还不如林放懂礼，会接受非礼的祭祀吗？"

【评述】

季康子祭祀泰山，固然是为了祈福纳祥，但依礼却是非礼之祭。若按孔子"非其鬼而祭之，谄也"的说法，季氏旅于泰山，便属谄祭——谄祭失德，劳而无功。《礼记·曲礼》有云："非其所祭而祭之，名曰淫祀，淫祀无福。"

3.7　子曰："君子无所争。必也射乎！揖让而升，下而饮。其争也君子。"

【注释】

必也射乎 射,古代的射礼。依射礼,君子当争,故而必争。

揖让而升 揖,作揖。让,通"攘",让与揖都是拱手之义,用以表达敬意。

【译文】

孔子说:"君子没有什么可争的。如果有的话,那一定是比箭吧!先向对方作揖施礼,然后上场比箭,比完箭后下来喝酒。这才是君子之争。"

【评述】

儒家虽然倡导宽容,但也绝非不争。概括来说,在争与不争的问题上,儒家所奉行的原则,就是不做无谓之争、当争必争与争必有方,此之谓君子之争。

首先,儒家不屑于没有价值的无谓之争。孔子所讲的"君子和而不同"、"中人以下,不可以语上",以及"贤者辟地、辟色、辟颜"等,其实都蕴含着"不做无谓之争"的理念。本质上,君子的不做无谓之争,实乃不做小人之争——唯其格局广大,故而不争小。其次,儒家在核心利益上,秉承的态度则是当争必争,最具代表性的一句话,便是"知其不可而为之"。在儒家看来,当争不争绝非君子之道,正如陆陇其《松阳讲义》所批评的那样:"世间有一等人,惟知隐默自守,不与人争,而是非可否亦置不论,此所谓谨厚之士,非君子也。有一等人,惟知阿然媚世,将是非可否故意含糊,自谓无争,此所谓乡愿,非君子也。又有一等人,激为高论,托于万物一体,谓在己在人,初无有异,无所容争,亦非君子也。"陆陇其所列的这三种人,貌似宽容、大度与圆熟,其实不然——唯其当争不争,故非君子,有道是"当仁,不让于师"。最后,儒家强调争必有方,用孔子的话说,便是"暴虎冯河,死而无悔者,吾不与也。必也临事而惧,好谋而成者也"。

总而言之,儒家崇尚君子之争,不做小人之争。正所谓"天行健,君子以自强不息;地势坤,君子以厚德载物"。

3.8 子夏问曰:"'巧笑倩兮,美目盼兮,素以为绚兮。'何谓也?"子曰:"绘事后素。"曰:"礼后乎?"子曰:"起予者商也,始可与言《诗》已矣。"

【注释】

巧笑倩兮,美目盼兮,素以为绚兮 前两句出自《诗经·卫风》,第三句出处不详,可能是逸诗。巧,美好。倩,面颊长得好看。盼,黑白分明有神采。古注曰:"素,画之质也。绚,画之饰也。"

绘事后素 绘,绘画。后素,"后于素"之义,指先准备好白色的画底,然后再绘画。

礼后乎 礼,复礼,践行礼。对于如何才能践行礼,文中未作说明,译文根据孔子所讲的"人而不仁,如礼何?",将本句解作先要有仁德,然后才能践行礼。

【译文】

子夏问道:"《诗经》上说,'迷人的笑脸真美啊,黑白分明的眼睛有神采啊,在质朴上点缀绚丽啊。'这句诗是什么意思?"孔子说:"先有白底,然后再绘画。"子夏道:"就像先要有仁德,然后才能践行礼吗?"孔子听后,夸奖说:"卜商,你的回答对我很有启发啊,我现在可以同你讨论《诗经》了。"

【评述】

本章,子夏将孔子所说的"绘事后素",发挥为先仁后礼,故而引来孔子的夸奖。仁与礼,是孔子道德学说的核心内容,仁就是内在的人性,重点在德;礼就是外在的人文,重点在道。实际上,对于一个人的修养来说,仁与礼相辅相成,礼以仁为本,仁以礼为用;仁然后能礼,礼然后归仁。

3.9 子曰:"夏礼,吾能言之,杞不足征也;殷礼,吾能言之,宋不足征也。文献不足故也。足,则吾能征之矣。"

【注释】

杞、宋不足征 杞,杞国。征,通"证",佐证。周武王灭商建周后,封夏禹的后裔于杞地,故址位于今河南省杞县,建杞国;封商汤的后裔于商丘,故址位于今河南省商丘,建宋国。

文献 献，通"贤"，贤士，有贤能的人。朱熹注："文，典籍。献，贤也。"本章中的文献，指文化典籍和贤能之士，与现代汉语中文献只指典籍不同。

【译文】

孔子说："夏朝的礼，我能讲出来，但在夏朝后代的杞国却不足以佐证。殷朝的礼，我也能讲出来，但在殷朝后代的宋国却不足以佐证。这是因为他们的典籍和贤士都不充足啊，如果充足的话，我就能佐证了。"

【评述】

一个民族的文化传承，不但需要保存完备的文献典籍，还要有贤达之士投身其中，代代接力，薪火相传。否则，就会因为文献与贤士不足，重蹈"杞不征夏、宋不征殷"的覆辙。本章，对于现在的中国人来说，仍然具有很强的警示意义，值得深思。

3.10 子曰："禘自既灌而往者，吾不欲观之矣。"

【注释】

禘自既灌而往者 禘，也称吉禘，是天子在太庙举行的祭祖仪式，极为隆重。古注曰："禘，王者之大祭也。王者禘其祖之所自出，以其祖配之。"鲁国是周朝元勋周公旦的封国，周成王为表彰周公辅政所立下的丰功伟绩，特许鲁国世世代代用"天子礼乐"祭祀周公，故有禘祭之礼。灌，禘祭开始后，第一次献酒降神的仪式。

【译文】

孔子说："禘祭的仪式，在第一次献酒后，我就不想看了。"

【评述】

禘祭是天子为祭祀祖先而举办的吉祭，旨在追念祖先，弘扬孝道。灌礼，是禘祭开始后的献酒仪式，庄重虔诚，表达的是对祖先的敬仰与怀念之情，僭礼的色彩尚不浓厚。但接下来的仪式，鲁君所行均系天子之礼，明显有违礼制。故而，自既灌而往者，孔子不欲观。

3.11 或问禘之说。子曰："不知也。知其说者之于天下也，其如示诸斯乎！"指其掌。

【注释】

示诸斯乎 示，通"视"，观察之义。诸，"之于"的合音字。斯，代词，指下文的掌。示诸斯，示之于掌，是"了如指掌"的意思。另有一说，示通"置"，摆、放之义，即置物于掌，有如探囊取物，轻而易举。两说均通，但治理天下属于道，用"了如指掌"的比喻似乎更为恰当，故以前说为宜。

【译文】

有人向孔子请教关于禘祭的理论。孔子说："我不知道啊。知道的人对于治理天下，应该就像看它一样清楚吧！"一边说，一边指自己的手掌。

【评述】

本章，孔子对于别人的问禘，先推说不知，接着却又说"知其说者之于天下也，其如示诸斯乎"，可见孔子对禘礼并非真的不知，只是不愿讲罢了。其中的原因，大概就像《庄子·齐物论》中所说的那样，"六合之外，存而不论；六合之内，论而不议"吧——有时候，看破不说破，知人不评人，才是真正的智慧。

3.12 祭如在，祭神如神在。子曰："吾不与祭，如不祭。"

【注释】

祭如在 如在，就像真在那里一样，孔安国注："事死如事生也。"

【译文】

孔子祭祀祖先的时候,就像祖先真在那里一样;祭祀神的时候,就像神真在那里一样。孔子说:"如果我不亲自参加祭祀,就如同没有祭祀。"

【评述】

祭祀,贵在真诚,表达的是敬畏,净化的是心灵。实际上,祭祀的意义,不仅是为祈福纳祥,也是一个自我反省与感悟的过程。有些人,以为奉上些钱财花果,神明便会额外地予以庇佑,让自己心想事成,升官发财……这种心思,不过是把世俗行贿的把戏,转用于神明罢了,怎么能骗得了神明呢?人们为了追求美好的生活,拜神祈福本也无可厚非,但若自己不修身进德,完全把期望寄托在神明的护佑上,恐怕终归也只是枉然。《坛经》有云:"自修性是功,自修身是德。"

3.13 王孙贾问曰:"与其媚于奥,宁媚于灶,何谓也?"子曰:"不然;获罪于天,无所祷也。"

【注释】

王孙贾 卫国大夫,以擅长军事著称,有治军之才。

与其媚于奥,宁媚于灶 媚,亲顺,巴结。奥,奥神,宅神之主,是最尊贵的宅神。灶,灶神,俗称灶王爷,是负责饮食的普通宅神。灶神虽然不如奥神尊贵,却掌管着具体的事务,握有实权。"与其媚于奥,宁媚于灶"应是当时的俗语,王孙贾引用这句话,是暗示身在卫国的孔子,与其巴结卫国的国君,还不如巴结像他这种掌握实权的人。另有一说,王孙贾的本意是向孔子请教,他是应该巴结卫君,还是巴结像南子、弥子瑕那样的卫国权臣呢?但像王孙贾那样的高官,应在孔子适卫之前就已完成了政治站队,不大可能请教如此低级的问题,故以前说为宜。

获罪于天,无所祷也 获罪于天,得罪了上天,指做了伤天害理的事。祷,祈求神灵保佑,《说文解字》曰:"祷,告事求福也。"

【译文】

王孙贾问:"俗语说'与其巴结尊贵的奥神,还不如巴结管事的灶神',这话是什么意思?"孔子道:"这话说得不对;如果做了伤天害理的事,祈祷谁都没有用。"

【评述】

人在江湖,必然有远近亲疏,有时也难免政治站队。但无论如何,为人处事都应立身中正,唯义是从,有道是"人之生也直,罔之生也幸而免"。事实上,奴颜婢膝换不来尊严,趋炎附势挺不起脊梁,降损人格即便能得到富贵,恐怕也难以长久。倘若不问是非,迷失自我,甚至还会以悲剧收场——"获罪于天,无所祷也"。故而,做人应光明磊落,既不媚奥,也不媚灶。

3.14 子曰:"周监于二代,郁郁乎文哉!吾从周。"

【注释】

监于二代 监,通"鉴",参照,借鉴之义。二代,指夏代和商代。

郁郁乎文哉!吾从周 郁郁,繁盛的样子,丰富多彩之义。文,此指礼乐制度。从,赞同。

【译文】

孔子说:"周朝借鉴夏、商两代而制定的礼乐制度,多么丰富多彩呀!我赞同周朝的礼乐制度。"

【评述】

孔子认为,周朝的礼乐制度,正是因为借鉴了夏、商两代的历史经验,在继承上有创新,在创新上有继承,才得以细致完备、丰富多彩——郁郁乎文哉!由此可见,孔子在对待传统文化的态度上,既不泥古,也不激进,而是一位务实的改革主义者。

3.15 子入太庙,每事问。或曰:"孰谓鄹人之子知礼乎?入太庙,每事问。"子闻之,曰:"是礼也。"

【注释】

子入太庙,每事问 太庙,祖庙,指鲁国始封君周公之庙,

《周礼》曰："王者始受命，诸侯始封之君，皆为太祖。"孔子三十岁时，曾任鲁国太庙的助祭，"每事问"指对祭祀的礼乐、仪式、器物陈设等事，逐一询问。

鄹人之子 鄹，鄹邑，鲁国的小邑，位于今山东省曲阜地区。孔子的父亲叔梁纥，曾做过鄹邑大夫，故称孔子为"鄹人之子"，但语气中略带不屑。

是礼也 一般的注本，均将本句解作肯定的语气，即孔子每事问恰恰是礼的表现。钱穆的《论语新解》，则将本句解作反问的语气，也，通"邪"，反问词——鲁国太庙的礼仪陈设用的是天子规格，与《周礼》的规定明显不符，故而孔子用"每事问"的方式，婉转地指出其僭越了礼制。比较而言，钱穆注似乎更具信服力，译文从此。

【译文】

孔子进入周公庙，对每件事都逐一询问。有人便说："谁说叔梁纥的儿子懂得礼啊？他到了太庙，事事都问。"孔子听到这话，说："太庙中的那些礼仪陈设，是礼吗？"

3.16 子曰："射不主皮，为力不同科，古之道也。"

【注释】

射不主皮 射，有军射与礼射之分，此指礼射。皮，皮革，贴在箭靶上的皮革。射不主皮，指比箭的重点不在于射穿箭靶，

79

而在射中。古注曰:"中可以学而能,力不可以强而至。"

力不同科 科,等级。力不同科,指人的力气不在同一水平。

【译文】

孔子说:"比箭的重点在于射中而非射穿,这是因为每个人的力气不同,自古就是这个规矩。"

【评述】

本章的启示意义在于:为人处事之道,贵在战略上务本,战术上务实。务本,就是要致力于主题,抓住关键,既不舍本逐末,也不画蛇添足,是谓"射不主皮"。务实,就是要自知、自省、自量,实事求是,既不恃才傲物,也不强求所难,是谓"力不同科"。

3.17 子贡欲去告朔之饩羊。子曰:"赐也!尔爱其羊,我爱其礼。"

【注释】

告朔 朔,读 shuò,朔日,农历的每月初一。周礼规定,天子在每年的冬季,遣使把来年十二个月的朔日颁告诸侯,诸侯在接到历书后，要将其供奉在太庙。在每月的月末，主事官员提前将下月的朔日告知国君，国君在朔日当天，要到太庙行朝庙之礼，是为告朔。依礼，诸侯到太庙告朔时，要杀一只活羊祭祀。

饩羊 饩，读 xì，杀而未烹的生牲，古注曰："系养曰牢，杀而未烹曰饩，杀而烹熟曰飨。"羊，六牲之一。古代祭祀用的牲畜，共有牛、马、羊、豕、犬、鸡六种，是为"六牲"。

尔爱其羊，我爱其礼 爱，爱惜。据《春秋》记载，自鲁文公开始，告朔之礼便流于形式，只是照例杀一只活羊，送到太庙了事，鲁君并不亲自到太庙行礼了。子贡认为，既然告朔之礼已经荒废，饩羊献祭也就没什么意义了，不如取消。孔子却认为，尽管"饩羊"徒有形式，但至少还能让人们知道有告朔之礼，倘若惜羊不送，告朔之礼也就彻底废弃了，更为可惜。

【译文】

子贡想把每月初一杀活羊献祭的事取消。孔子说："赐呀！你爱惜的是羊，我爱惜的却是它所象征的礼。"

【评述】

有些事情，尽管只是走走样子，但总比没有强。有形式在，保不准慢慢就有了内容，倘若连形式都没有了，那也就彻底放弃了向好的可能。故而，孔子说："尔爱其羊，我爱其礼。"

3.18　子曰："事君尽礼，人以为谄也。"

【译文】

孔子说："只不过完全地按照礼来事奉君上，别人却以为是讨好呢。"

【评述】

有时候，烦琐的礼仪确实会让人反感。汉代史官司马谈，在《论六家要旨》中，就批评说："累世不能通其学，当年不能究其礼。"但是，讲究礼仪还是必要的，如果没有了礼仪，便也乱了章法。只是，礼仪的运用要把握好限度，不然的话，礼多人也怪。

3.19　定公问："君使臣，臣事君，如之何？"孔子对曰："君使臣以礼，臣事君以忠。"

【注释】

定公　鲁定公，姓姬，名宋，鲁昭公之弟。公元前517年，鲁国正卿季平子，因斗鸡与大夫郈昭伯发生冲突，惹得鲁昭公大怒，发兵讨伐季平子，却遭到了孟孙、叔孙、季孙三家的联合抵抗，致使鲁昭公兵败，被迫逃往国外。七年后，鲁昭公死于晋国的乾侯，其弟姬宋继位，是为鲁定公。孔子任鲁国大司寇、相鲁与齐会于夹谷、堕三都，乃至去鲁适卫踏上周游之旅，均发生在鲁定公任内。

【译文】

鲁定公问道:"君指使臣,臣事奉君,各自要怎么做呢?"孔子说:"君要依礼指使臣,臣要忠心事奉君。"

【评述】

从本章来看,孔子所谓的忠君,并非无条件的愚忠——只有君使臣以礼,臣才事君以忠。君使臣以礼,就是君对臣要以礼相待,对臣既要有章法,也应有必要的尊重,臣有敬而君有让,不可粗暴任性。否则,君无礼便属无道之君,按照孔子"有道则见,无道则隐"的主张,臣就应辞职不干。相应地,如果君待臣以礼,臣就要尽心竭力地事奉君,在其位谋其政,鞠躬尽瘁,不辱君命。

3.20 子曰:"《关雎》,乐而不淫,哀而不伤。"

【注释】

关雎 《关雎》是《诗经·国风》的首篇,描写了青年男子对心仪女子的爱慕之情,是《诗经》中非常著名的一首情诗。诗曰:"关关雎鸠,在河之洲。窈窕淑女,君子好逑。参差荇菜,左右流之。窈窕淑女,寤寐求之。求之不得,寤寐思服。悠哉悠哉,辗转反侧。参差荇菜,左右采之。窈窕淑女,琴瑟友之。

参差荇菜,左右芼之。窈窕淑女,钟鼓乐之。"

乐而不淫,哀而不伤 淫,失当曰淫,如淫祀、淫雨等,此为放荡、不节制之义。哀,悲哀,忧愁。伤,伤害。朱熹注:"淫者,乐之过而失其正者也。伤者,哀之过而害于和者也。"

【译文】

孔子说:"《关雎》这首诗,快乐但不放荡,哀愁却不痛苦。"

【评述】

《礼记》有云:"何谓人情?喜、怒、哀、惧、爱、恶、欲,七者弗学而能。"故而,喜怒哀乐乃人之常情,人有各种情志欲望,本也无可厚非。但是,倘若情欲过度,从养生的角度讲,就会使人阴阳失调,气血不周,损害健康;从道德的角度讲,就会使人乱性伤德,萎靡消极,偏离正道。因此,一个人的情志欲望,贵在适度,以"乐而不淫,哀而不伤"为佳。

3.21 哀公问社于宰我。宰我对曰:"夏后氏以松,殷人以柏,周人以栗,曰,使民战栗。"子闻之,曰:"成事不说,遂事不谏,既往不咎。"

【注释】

哀公问社 哀公,鲁定公之子,鲁哀公问社时,孔子正周游列国,身在国外。社,土神曰社,谷神曰稷,古人出于对土地和粮食的崇拜,常用"社稷"代称国家。本章的社,指供奉于社庙内的土神牌位。

宰我 姓姬,宰氏,名予,字子我,孔子的学生,以擅长言辞入列孔门十哲,比孔子小二十九岁。

成事不说,遂事不谏,既往不咎 说,解说,解释。遂,读suì,完成。谏,劝谏,劝阻。咎,责备,追究。孔子说这句话的原因,是察觉到鲁哀公问社的真实意图在于整治三桓,但鲁国的政局积重难返,故而委婉地劝诫鲁哀公,不可轻举妄动。

【译文】

鲁哀公问宰我:"土神牌位用的是什么木料?"宰我回答:"夏代用松木,殷代用柏木,周代用栗木,意思是让人民畏惧战栗。"孔子听到这事,说:"过去的事不要再提了,做完的事不要劝谏了,既然已经过去,就不要追究了。"

【评述】

过去的事情,既然木已成舟,无论再怎么辩解、不甘或者后悔,往往都无济于事了。因此,对于既往,应本着该放就放的态度,既不可沉浸其中,也不必辗转反侧,此之谓"成事不说,遂事不谏,既往不咎"。当然,正如刘向《战国策》所言:"前事不忘,后事之师。"对于过去的事情,固然

85

没必要时刻挂在嘴边，但应认真地总结经验，吸取教训，这也是"不忘"的要义所在。唯其如此，方能吃一堑长一智；前车之鉴，也才能真正地成为后事之师。

3.22 子曰："管仲之器小哉！"或曰："管仲俭乎？"曰："管氏有三归，官事不摄。焉得俭？""然则管仲知礼乎？"曰："邦君树塞门，管氏亦树塞门。邦君为两君之好，有反坫，管氏亦有反坫。管氏而知礼，孰不知礼？"

【注释】

管仲之器 管仲，名夷吾，齐桓公的宰相，因辅佐齐国称霸诸侯有功，被齐桓公尊称为"仲父"。器，器量，器度，用以比喻人的胸襟。

三归 归，家宅、府第之义，三归指多所家宅，古注曰："家有三处，则钟鼓帷帐具从，美女充陈亦必三处如一，足见其奢。"在《史记·礼书》中，也有"周衰，礼废乐坏，大小相逾，管仲之家，兼备三归"的记载。对于"三归"的含义，另有以下几种注解：（一）归曰女嫁，指管仲娶了多房妻妾。（二）归曰库藏，指管仲有多处储藏财货的仓库。（三）归曰采邑，指管仲有多处采邑。（四）归曰市租，指齐桓公特许管仲收取了大量的市租……这些注说，或属管仲僭礼，或属管仲贪婪，用答"管仲俭乎"，似乎答非所问，故以前说为宜。

官事不摄 官,房舍。官的本义是房舍,后来才引申为职业。摄,兼任,指管仲的多所府第都是专人值守,彼此不相兼差。

树塞门 树,动词,建立之义。塞,遮蔽,指大门内的影壁,用以间隔内外的视线。

反坫 坫,读 diàn,放置酒杯的土台,类似于现在的茶几。反,通"返",指将酒杯放回。古注曰:"反坫,反爵之坫,在两楹之间。"

【译文】

孔子说:"管仲的器量太小啦!"有人便问:"他很节俭吗?"孔子道:"他有多处家宅,每处都有专人值守,彼此不相兼差,怎么能说节俭呢?"那人又问:"管仲懂礼吗?"孔子说:"国君的官门内立了影壁,他家的大门内也立了影壁。国君为招待外国的君主,在堂上设有专门放置酒杯的土台,他家堂上也设有这样的土台。如果他懂礼,还有谁不懂礼呢?"

【评述】

孔子品人论事,向来秉承客观而公正的态度,用《大学》中的话说,便是:"好而知其恶,恶而知其美。"以管仲为例,孔子虽然批评他器小不知礼,但也并未因此而否定他的优点。对于管仲相齐,孔子就称赞说:"桓公九合诸侯,不以兵车,管仲之力也。"事实上,齐桓公重用管仲,又何尝不是如此呢?管仲之贪,早已尽人皆知,但其私德与大才相比,终究是瑕不掩瑜。倘若齐桓公不能知人善用，而是求全责备，便也失去了管仲之才——诚如陈寿《三国志》所言："若必廉士而后可用，则齐桓其何以霸世？"

3.23　子语鲁大师乐，曰："乐其可知也。始作，翕如也；从之，纯如也，皦如也，绎如也，以成。"

【注释】

语鲁大师乐　语，告诉。大，同"太"，太师是乐官之长。

始作，翕如也；从之，纯如也，皦如也，绎如也　翕，合。从，通"纵"，放开。纯，和谐。皦，读 jiǎo，清晰。绎，连续，流畅。

【译文】

孔子为鲁国乐队的领队讲解音乐，说："合奏的技巧是能够掌握的。开始演奏时，各种乐器先要合好节拍，然后再交互展开，和谐、清晰而又流畅地演奏，直至曲终。"

【评述】

孔子酷爱音乐，对音乐有很高的造诣。在《论语》书中，就多有孔子与音乐的相关记述。除本章的音乐讲解外，还有孔子整理乐章的"乐正，《雅》《颂》各得其所"，品评音乐的"师挚之始，《关雎》之乱，洋洋乎盈耳"，痴迷音乐的"在齐闻《韶》，三月不知肉味"，以及"与人歌而善，必使反之，而后和之"等章节，涉及了音乐的方方面面。

3.24 仪封人请见，曰："君子之至于斯也，吾未尝不得见也。"从者见之。出曰："二三子何患于丧乎？天下无道也久矣，天将以夫子为木铎。"

【注释】

仪封人请见 仪，地名，卫国的边邑。封人，官职名，负责典守边疆的官员。见，读 xiàn，请求会见之义。按照程树德《论语集释》的说法，本章的"仪封人请见"，发生在孔子去鲁之初，仪邑是孔子踏出国门的第一站。

从者见之 从者，指孔子的随行弟子。见，使动用法，使孔子接见之义，古注曰："谓通使得见。"

何患于丧乎 丧，流亡，古注曰："丧，谓失位去国。"

天将以夫子为木铎 木铎，铜制木舌的大铃。古时官方发布政令，常用它来摇铃聚众。

【译文】

孔子到了卫国的仪邑，驻守当地的边防官求见，说："所有来到我这里的君子，我还从没有不见面的。"孔子的弟子请求孔子接见了他。他与孔子会见完出来，对孔子的弟子们说："诸位对流亡在外有什么可忧虑的呢？天下黑暗的日子太久

89

了，这是上天让你们跟随夫子去宣扬大道啊。"

3.25　子谓《韶》，"尽美矣，又尽善也"。谓《武》，"尽美矣，未尽善也"。

【注释】

《韶》、《武》《韶》，舜帝的乐名。《武》，周武王的乐名。舜的帝位来自禅让，故曰尽善尽美。周武王的帝位来自征伐，故曰尽美未尽善。

【译文】

孔子评价《韶》，说："乐美极了，内容也极好。"评价《武》，说："乐美极了，但内容还不够好。"

3.26　子曰："居上不宽，为礼不敬，临丧不哀，吾何以观之哉？"

【译文】

孔子说："居于上位不宽容大量，举行礼仪不严肃认真，参加丧礼不悲伤哀戚。这样的人，我怎么看得上呢？"

【八佾篇】第三 （共二十六章）

【评述】

　　本章孔子所列之人，居上不宽者，势必苛求完备，刚愎自用，色厉内荏，失之于德。为礼不敬者，势必缺乏自律，不讲规矩，鲁莽放任，失之于道。临丧不哀者，势必缺乏恻隐与同情之心，薄情寡义，失之于仁。对于无德、失道和不仁的人，孔子自然耻与为伍，故曰："吾何以观之哉？"

【里仁篇】第四

（共二十六章）

4.1 子曰："里仁为美。择不处仁，焉得知？"

【注释】

里仁为美 里，动词，居住之义，《说文解字》曰："里，居也。"
焉得知 知，通"智"，聪明，明智之义。《论语》书中，孔子常将仁智并称，乃因仁者必智，不智则不足以称仁。"仁"而不智，故有"愚仁"之谓。

【译文】

孔子说："住在有仁德的地方才好。住处不选在有仁德的地方，怎么能算明智呢？"

【评述】

里仁之美，美在能养德保家。有道是"近朱者赤，近墨者黑"，居住在一个社会风气低俗的环境里，耳闻目染，难免在潜移默化中沾染上坏毛病，无益于修身进德。中国历史上，

【里仁篇】第四（共二十六章）

最著名的择邻而居，当数孟母三迁的故事了。孟母为给少年孟子提供一个良好的成长环境，煞费苦心，两迁三地，直至搬到学馆旁才定居下来，成为了"里仁"的千古美谈。

4.2　子曰："不仁者不可以久处约，不可以长处乐。仁者安仁，知者利仁。"

【注释】

久处约　约，约束、节制之义，《说文解字》曰："约，缠束也。"处约，自律之义。旧注将"约"字解作穷困，但可以久于穷困者未必仁，仁者也不必能久困。仁与不仁的区别，关键在于能否坚守道德的底线，而非能否忍受穷困，故以前说为宜。

知者利仁　利，追求之义，朱熹注："利，犹贪也，盖深知笃好而必欲得之。"

【译文】

孔子说："不仁的人不可能长久地自律，也不可能长久地快乐。仁德的人安于仁，聪明的人追求仁。"

【评述】

仁者之德，贵在修身克己，严于自律，故能久处约。仁者之道，重在有所为有所不为，乐而不淫，故能长处乐。仁者得益于仁，故而安仁。智者知仁有益，故而求仁。《孟子》

93

有云:"天子不仁,不保四海;诸侯不仁,不保社稷;卿大夫不仁,不保宗庙;士庶人不仁,不保四体。"

4.3 子曰:"唯仁者能好人,能恶人。"

【注释】

好人、恶人　好,喜爱,喜欢。恶,厌恶,憎恶。

【译文】

孔子说:"只有仁德的人,才能公正地喜爱一个人,或是憎恶一个人。"

【评述】

《庄子》有云:"天下之人,各为其所欲焉以自为方。"每个人,都有自己喜欢的人,也必然有自己厌恶的人,此乃人之常情。但是,普通人的好恶常常出于偏私,喜欢起来百看不厌,憎恶起来一无是处。仁者却不然,好恶皆出自公正之心,好而知其恶,恶而知其美,正如《后汉书·孝明八王传注》所言:"唯仁者能好人,能恶人——贵仁者所好恶得其中也。"

4.4 子曰:"苟志于仁矣,无恶也。"

【注释】

苟志于仁,无恶也 苟,如果,假使。恶,为恶,指主动做坏事,古注曰:"其心诚在于仁,则必无为恶之事。"

【译文】

孔子说:"如果下决心追求仁德,就不会做坏事了。"

4.5 子曰:"富与贵,是人之所欲也;不以其道得之,不处也。贫与贱,是人之所恶也;不以其道得之,不去也。君子去仁,恶乎成名?君子无终食之间违仁,造次必于是,颠沛必于是。"

【注释】

富与贵 富,钱财多曰富。贵,社会地位高曰贵。
不处也、不去也 处,接受,占据之义。去,摆脱,消除之义。
恶乎成名 恶,通"乌",疑问词,何以、怎么样的意思。
造次必于是,颠沛必于是 造次,匆忙、仓促之义。颠沛,困顿、受挫折之义。

【译文】

孔子说："发财和做官，是人人都想要的，但不能用不正当的方法得到它。贫穷与卑贱，是人人都嫌弃的，但不能用不正当的方法摆脱它。君子如果抛弃了仁德，那还怎么成就他的名声呢？君子在吃顿饭那么短的时间，也不会背离仁德。无论是仓促的时候，还是困顿的时候，君子都始终与仁德同在。"

【评述】

实际上，用不正当方法得来的富贵，往往也会以不正当的方式失去，难以长久。只有用正当方法得来的富贵，才能够安稳。故而，君子虽然渴望富贵，但不会用不正当的手段攫取它，而是见得思义，当取则取，不当取则不取，有道是"君子爱财，取之有道"。正因如此，君子始终与仁德同在，无论是终食之间，还是造次、颠沛之时，概莫能外。《中庸》有云："道也者，不可须臾离也，可离非道也。是故君子戒慎乎其所不睹，恐惧乎其所不闻。莫见乎隐，莫显乎微，故君子慎其独也。"

4.6 子曰："我未见好仁者，恶不仁者。好仁者，无以尚之；恶不仁者，其为仁矣，不使不仁者加乎其身。有能一日用其力于仁矣乎？我未见力不足者。盖有之矣，我未之见也。"

【里仁篇】第四 （共二十六章）

【注释】

无以尚之 尚，上，高尚，孔安国注："无以尚之，难复加也。"

不使不仁者加乎其身 加，施加。本句的意思是说，不让不仁德发生在自己身上，亦即不做不仁德的事。

【译文】

孔子说："我没有见到爱好仁德的人，也没有见到讨厌恶不仁的人。爱好仁德的人，那是最好不过了；厌恶不仁的人，就不会做不仁德的事。有谁在一天里全都致力于仁德呢？我没有见过力量不够的人。或许真有这样的人，但我没见过。"

【评述】

对于仁德的追求，在己不在人，求仁得仁，不求不得。《大学》中说，好仁要"如好好色"，就是要像喜好美色那样喜好仁德；恶不仁要"如恶恶臭"，就是要像厌恶腐臭那样厌恶不仁。一个人，只有发自内心地好仁恶不仁，才能够成就自己的仁德。但是，如果把对仁德的喜好仅仅停留在口头上，知而不行，或者以力不足为借口浅尝辄止，都将与仁德无缘。

4.7 子曰："人之过也，各于其党。观过，斯知仁矣。"

97

【注释】

各于其党 党，类，类别。各于其党，各归于其党，指人的错误分属不同的类型。

斯知仁矣 仁，通"人"，《后汉书·吴祐传》引用本章时，写的就是"人"字。先秦时期的书籍，是以笔墨或刻刀为工具，撰写在丝绢、木片或者竹片上，即帛书和简牍编连的简书。那时的文字，各国用的还是烦琐的大篆文，也没有统一的书写规范，直到秦始皇统一中国，推行"书同文"的政策以后，中国才通行小篆和隶书。因此，在誊写先秦古籍的过程中，对于形状相仿的字，就很容易出现错抄的情况。春秋时期大篆体的"人"字，又与隶书的"仁"字颇为相似，故将"人"字误写成"仁"，便也在所难免了。

【译文】

孔子说："人的错误，分属不同的类型。考察一个人的错误，就能知道他是哪种人了。"

【评述】

观过，也是识人的一种重要方法。人人都会犯错误，但不同的人，所犯错误的性质却不一样。君子之过，不失忠厚公正之德，其过也君子。小人之过，不离自私刻薄的本性，其过也小人。因此，可以根据一个人所犯的错误，反推其人品，借以识人。

【里仁篇】第四（共二十六章）

4.8　子曰："朝闻道，夕死可矣。"

【注释】

朝闻道　闻，听闻，得知之义。道，真理，古注曰："道者，事物当然之理。"

【译文】

孔子说："即便早晨得知真理，当晚就要死去，都可以。"

【评述】

在儒家看来，一个人如果糊里糊涂地活一辈子，终其一生都不能闻道的话，那将是非常遗憾的事。然而，大道难知，闻之不易，即便孜孜以求，却也未必能得。故而，孔子有"朝闻道，夕死可矣"之叹。

4.9　子曰："士志于道，而耻恶衣恶食者，未足与议也。"

【注释】

士志于道　士，原指分封制中最底层的贵族，《左传》曰："王臣公，公臣大夫，大夫臣士，士臣皂。"春秋时期，有一定社会地位和才艺专长的人，也被称作士，如学士、勇士、方士、策士等。《论语》书中，士指知识分子，是读书人的泛称。秦汉

99

以后，士则列归于民，位居"士、农、工、商"四民之首，专指脱离生产劳动的读书人。

未足与议 议，交谈，指探讨学问。程颐注："志于道而心役乎外，何足与议也？"

【译文】

孔子说："一个读书人立志求道，却又以穿破衣吃粗饭为耻，那就不值得同他交谈了。"

【评述】

一个读书人，理当胸怀远大的理想，奋发有为，而不应把心思全部放在穿衣吃饭上。否则，如果以穿破衣吃粗食为耻，又势必以穿美衣吃美食为荣，从而沉沦于世俗的虚荣之中，止步不前。这样的人，道德与学问必定乏善可陈，与之论道，自然也就话不投机半句多了。

4.10 子曰："君子之于天下也，无适也，无莫也，义之与比。"

【注释】

无适、无莫 适，可以，可行。莫，不可以，不可行。一说，适通"敌"，莫通"慕"，无适无慕是既不排斥也不羡慕之义，与前说的含义大体相同。

义之与比 比，读 bì，亲近。义之与比，唯义是从的意思。

【译文】

孔子说："君子对于任何事情，没有什么可以，也没有什么不可以，只要合理就做。"

【评述】

君子之道，奉行的根本原则就是唯义是从。任何事情，只要合理便无不可，虽千万人吾往矣；不合理便无可，任尔东西南北风，我自岿然不动。唯其如此，君子的为人处事，既有原则性，又有灵活性，不放任，不刻板，也不自限其身。

4.11 子曰："君子怀德，小人怀土；君子怀刑，小人怀惠。"

【注释】

怀德、怀土 怀，想，思念。德，道德。土，乡土。
怀刑、怀惠 刑，古代称法律制度为刑。惠，恩惠。

【译文】

孔子说："君子想的是道德，小人想的是乡土；君子想的是法度，小人想的是私利。"

101

【评述】

君子想的是法度,故能自律。小人想的是私利,故而忘义。

4.12 子曰:"放于利而行,多怨。"

【注释】

放于利而行　放,通"仿",依据、按照之义。

【译文】

孔子说:"一切都依据自己的利益行事,就会招致很多的怨恨。"

【评述】

自利乃人的天性,本也无可厚非。但是,只有合乎道义的自利,才能算真正的自利;不合乎道义的自利,只能算自私。君子先义后利,当取则取,不当取则不取,自利终能成其利。小人见利忘义,放于利而行,不但多怨,自私也未必能自利,甚至反倒要付出更大的代价。概言之,君子自利,小人自私。

4.13 子曰:"能以礼让为国乎?何有?不能以礼让为国,如礼何?"

【注释】

礼让为国 让,谦让,古注曰:"让者,礼之实,礼之所自生也。"礼让是依礼之让,不是刻意地示弱,更非懦弱者的遮羞布。

何有 有何难,不难之义,刘宝楠《论语正义》注:"何有,不难之词。"

如礼何 包咸注:"如礼何者,言不能用礼也。"

【译文】

孔子说:"能用礼让治理国家吗?这有什么难呢?如果不能用礼让治理国家,又怎么用礼呢?"

【评述】

礼是人与人交往的规范,虽然重在敬畏,但也要互动——致以恭敬,馈以谦让。有敬有让,方能使彼此各得其所,心心相印,正所谓"礼主敬畏,在揖让中周旋"。反之,如果没有互动,只有敬而没有让,或者只有让而没有敬,就势必会失和,当敬不敬则招侮辱,当让不让则生怨恨。实际上,礼让不仅是谦逊的美德,也是为人处世之道:用于治国,可以赢得民心;用于处世,则可广结善缘。

4.14 子曰:"不患无位,患所以立。不患莫己知,求为可知也。"

【注释】

求为可知也 求,追求,求取。为,作为。求为,追求与作为,指取得成绩。

【译文】

孔子说:"不要怕没有职位,要怕没有任职的本领。不要怕没人知道自己,做出成绩就有人知道了。"

【评述】

一个人只有修身蓄才,练就经世济用的真本领,那才是立足社会的硬道理。否则,如果把精力全部放在追名逐利上,德之不修,学之不讲,闻义不能徙,不善不能改,即便能侥幸得逞,恐怕也难以长久,甚至还会反受其害。《易传·系辞》有云:"德薄而位尊,知小而谋大,力少而任中,鲜不及矣!"

4.15 子曰:"参乎!吾道一以贯之。"曾子曰:"唯。"子出,门人问曰:"何谓也?"曾子曰:"夫子之道,忠恕而已矣。"

【里仁篇】第四 （共二十六章）

【注释】

吾道一以贯之 道，原则，指做人的原则。一，始终，自始至终。贯，贯穿，如绳穿物之义。

忠恕 忠，尽己之谓忠。恕，推己之谓恕，推己及人之义。古注曰："恕，忖也，忖度其义于人。"曾参在《大学》中，将"恕道"发挥为絜矩之道——以"推己度人"作为处理人际关系的准则。

【译文】

孔子说："曾参啊！我做人的原则一以贯之。"曾参回道："是啊。"孔子出去后，其他学生问："老师说的是什么意思？"曾参说："老师做人的原则，无非是尽心尽力和推己及人罢了。"

【评述】

忠恕之道，是孔子做人的基本原则，忠在扬善，恕在止恶。忠，就是尽心尽力，实实在在地为人处事，重在扬己之善。恕，不是宽恕别人之义，而是推己及人的意思，用《卫灵公篇》第二十四章孔子自己的话说，便是"己所不欲，勿施于人"——重在约束自己。实质上，忠和恕，都是以"内求诸己"为理念的修身之道。

4.16 子曰:"君子喻于义,小人喻于利。"

【注释】

喻于义 喻,明白,懂得。喻于义,懂得道义,讲道理的意思。

【译文】

孔子说:"君子讲道理,小人讲利益。"

【评述】

有些注本,将本章解作"君子重义轻利",乃至于"君子只讲义,不讲利",均属误读。实际上,君子并非不重利,只不过见得思义,当取则取、不当取则不取罢了。然而,小人却是见利忘义,唯利是图,无论当与不当,能取则取,殊不知"不义之财,后必有灾"。君子与小人的义利观之所以迥然不同,根本原因,就在于君子有德有才,格局广大,其德足以怀远,其才足以博见,故能见利思义。小人却是有才无德,格局狭小,即便有博见之才,唯其无怀远之德,也只能鼠目寸光,急功近利。简言之,君子见利思义,故能喻于义;小人见利忘义,故而只可喻于利,不能喻于义。

4.17 子曰:"见贤思齐焉,见不贤而内自省也。"

【译文】

孔子说:"看见贤能的人,要想着像他一样;看见不贤的人,要反省自己有没有他那样的毛病。"

【评述】

《诗经》中说:"他山之石,可以攻玉。"在人际交往中,固然要亲贤远佞,但无论别人贤与不贤,都可以用来辅助自己的修养。如果遇见贤能的人,就要以他为学习的榜样,努力追赶;如果遇见不贤的人,就要以他为反面的教材,引以为戒。若用《荀子·修身篇》中的话说,这也便是"见善,修然必以自存也;见不善,愀然必以自省也"。实际上,不仅儒家的孔子和荀子,道家的老子也认为,借鉴他人的贤与不贤反攻自身,是修身之道的重要方法。《道德经》有云:"善人者,不善人之师;不善人者,善人之资。不贵其师,不爱其资,虽智大迷。"

4.18 子曰:"事父母几谏,见志不从,又敬不违,劳而不怨。"

【注释】

几谏 几,读 jī,轻微,引申为委婉、婉转之义。谏,劝告,规劝。古注曰:"父母有过,下气怡色,柔声以谏。"

见志不从，又敬不违　志，意见。从，听从，接受。又，仍然。违，冒犯，背逆。

劳而不怨　劳，忧愁之义。

【译文】

孔子说："侍奉父母，他们有过错要委婉地规劝，如果不听从，仍要恭敬而不冒犯他们。心里虽然忧愁，但不抱怨。"

【评述】

孝道，自古就是中国人的传统美德，在中国传统文化中占有重要的地位。自本章起，连续四章都是孔子关于孝道的论述，概括来说，就是"几谏、不远游、无改父道、知父母之年"。在《为政篇》里，也有连续四章是孔子论孝道，讲的是"无违、唯疾之忧、敬养、色难"。如果说《为政篇》的四章是讲孝道的基本原则，那么本篇的四章，则是讲孝道的具体做法。譬如，当与父母发生分歧时，处理的原则是《为政篇》里的"无违"，具体的做法则是本篇的"几谏"。诚然，孔子的有些观点，例如"父母在，不远游"，现在看来似乎已不合时宜，但若从"常回家看看，不使父母过分思念和担忧"的角度解读，不也因应时代的步伐，依然焕发着勃勃生机么？

【里仁篇】第四 |（共二十六章）

4.19　子曰："父母在，不远游，游必有方。"

【注释】

游必有方　游，出门。方，方位，地址。

【译文】

孔子说："父母在世，不出远门，出远门一定要有确定的去处。"

4.20　子曰："三年无改于父之道，可谓孝矣。"

本章重出，见《学而篇》第十一章。

4.21　子曰："父母之年，不可不知也。一则以喜，一则以惧。"

【注释】

一则以喜，一则以惧　惧，恐惧，忧虑。朱熹注："常知父母之年，则既喜其寿，又惧其衰。"

【译文】

孔子说:"父母的年纪,不可以不知道。一方面因为他们高寿而欢喜,一方面因为他们衰老而忧虑。"

4.22 子曰:"古者言之不出,耻躬之不逮也。"

【注释】

耻躬之不逮 躬,身体,指亲身实践。逮,读dài,及,赶上。

【译文】

孔子说:"古人不轻易说话的原因,是怕自己做不到。"

【评述】

在《为政篇》中,子贡问如何才能成为君子,孔子回答说"先行其言而后从之"。究其原因,大概就是君子"耻躬之不逮"吧——先说后做,做不到就会失信于人,甚至还会给人留下笑柄。因此,君子要敏于事而讷于言,先做后说。

4.23　子曰："以约失之者鲜矣。"

【注释】

以约　约，约束，自律之义。古注曰："约者，束也。内束其心，外束其身，谨言慎行，审密周详，谦恭自牧，皆所谓约。"

【译文】

孔子说："因自律而犯过失的情况，是很少的。"

【评述】

古往今来，凡有大成就者必能自律，自律乃成功的前提。故而，在中国传统文化中，无论儒家、道家，还是佛家，无不强调自律的重要作用——儒家讲自律，认为只有自律，方能克己复礼，不自律便无以修养。道家讲自律，认为只有自律，方能清心寡欲，不自律便无以修炼。佛家讲自律，认为只有自律，方能持戒精进，不自律便无以修行。

4.24　子曰："君子欲讷于言而敏于行。"

【注释】

讷于言而敏于行　讷，迟钝，指言语迟钝。敏，勤敏，指行动勤敏。北宋谢良佐注："放言易，故欲讷；力行难，故欲敏。"

111

【译文】

孔子说:"君子要谨慎地说话,勤敏地做事。"

【评述】

慎言,是儒家修身之道的重要内容。在《论语》书中,多有孔子关于慎言的教诲,诸如"讷于言而敏于行"、"敏于事而慎于言"、"先行其言而后从之"、"君子耻其言而过其行",以及"仁者,其言也讱"等,可谓谆谆告诫,不厌其烦。本章可与《先进篇》第十四章合读,以便准确地理解慎言的要义。

4.25 子曰:"德不孤,必有邻。"

【注释】

德不孤,必有邻 孤,孤单。邻,亲近,古注曰:"邻,犹亲也。邻者,如居之有邻,非有心招致也。"

【译文】

孔子说:"有道德的人不会孤单,一定有人与他亲近。"

【评述】

大概有人会问,自己讲忠、信、仁、义,如果别人不讲道德，那自己岂不吃亏？或许，这也正是孔子说"德不孤，必有邻"的原因所在。

首先，一个人只有讲道德，才能使自己安身立命，趋利避害。讲道德的人，人们自然愿意与他亲近，也必然会有越来越多的朋友，有谁愿意同不讲道德的人打交道呢？譬如忠信，就像孔子所说的那样，言不忠信，行不笃敬，虽州里，行乎哉？又譬如孝道，不讲孝道的人，必也不能感恩与回报他人之善。不懂感恩的人，大概也就没有下次的恩惠了。一言以蔽之，人之生也直，罔之生也幸而免。

其次，讲道德的要义是不为恶。一个人，只要不做伤天害理的事，守住做人的底线，就可以说是有道德了。损己利人固然高尚，也值得歌颂，但不能与道德等同。在儒家的道德学说里，判断道德与否的标准是义，合义就道德，否则便不道德——合义的损人利己，未必不道德；不合义的损己利人，也未必道德。比如，对人诚实的要义是不去坑骗别人，而非什么都向人坦白。如果不管对方是好人坏人，问什么就说什么，那只能算幼稚，怎么能算道德呢？在《阳货篇》，孔子面对阳货的连连追问，不也虚与委蛇地说"诺，吾将仕矣"吗？

最后，讲道德必要行中庸之道。人们提到儒家的道德学说，往往罗列出善良、正直、忠实、诚信、仁厚等一大堆概念。殊不知，离开中庸之道讲道德，就如同盲人摸象，往往似是而非。在泓水之战中，那个自诩仁德的宋襄公，固执地坚持等楚军过河以后再攻击的做法，与其说道德，不如说愚蠢。须知，对不道德的人讲道德，本身就已不道德。孔子有云，以德报怨，何以报德？

总而言之，道德是一门学问，既有人文的光辉和美好，也蕴含着深邃的哲理与智慧。讲道德，不但必有邻，而且能趋利避害，实乃自利之道。《劝学》中说："物类之起，必有所始。荣辱之来，必象其德。"

4.26　子游曰："事君数，斯辱矣；朋友数，斯疏矣。"

【注释】

事君数　数，读 shuò，屡屡，多次，引申为烦琐之义。

【译文】

子游说："与君上相处，烦琐了就会招致侮辱；与朋友相处，烦琐了就会被疏远。"

【评述】

在人际关系中，地位有上下之分，交情有亲疏之别，故而曰君曰友。但无论是君臣之情，还是朋友之谊，关系再好终归还是情分，有道是"礼定本分，乐通人情"——情分必要以本分为基，失本分便失情分，切不可本末倒置。倘若烦琐无度乱了本分，势必会求荣反辱，求亲反疏。因此，在人际交往中，只有守护好彼此的个体独立与人格尊严，有节有度，才能够不辱不疏。

【公冶长篇】第五

（共二十七章）

5.1 子谓公冶长，"可妻也。虽在缧绁之中，非其罪也"。以其子妻之。子谓南容，"邦有道，不废；邦无道，免于刑戮"。以其兄之子妻之。

【注释】

公冶长 复姓公冶，名长，孔子的学生，鲁国人，一说是齐国人。据说，公冶长懂鸟语，鲁君不信，以惑乱之罪将他逮捕入狱。不久，公冶长在狱中又告诉人们，天上飞着的黄雀在鸣叫"齐国要攻打鲁国了"，后来果然应验，于是鲁君放了他，并任为大夫。

虽在缧绁之中 缧，读 léi，黑色的大绳。绁，读 xiè，捆绑。古时用黑色的大绳捆绑罪犯，故用缧绁代指监狱。

以其子妻之 子，古时儿女均称子，此指女儿。

南容 南宫适，字子容，孔子的学生。

邦有道，不废；邦无道，免于刑戮 废，废弃，埋没不用。戮，杀戮，刑戮是刑罚之义。

【译文】

孔子评论公冶长，说："可以把女儿嫁给他。他虽然被关在监狱里，不是他有罪。"后来把自己的女儿嫁给了他。孔子评论南容，说："国家的政治清明，他不会被埋没；国家的政治黑暗，他不会被刑罚。"便把自己的侄女嫁给了他。

【评述】

孔子的择婿标准，首要是人品。公冶长是孔子的学生，孔子对他自然非常了解，能把女儿嫁给他，绝不仅仅是因为"虽在缧绁之中，非其罪"之故。否则的话，没有"缧绁"经历的人岂不更好？实际上，孔子相中的是公冶长的人品——对婚姻来说，好人品是一切美好的前提。至于南容，孔子看重的则是他为人处世的智慧，达能兼济天下，穷能独善其身，言行修谨，足以保家。

5.2 子谓子贱，"君子哉若人！鲁无君子者，斯焉取斯？"

【注释】

子谓子贱 子贱，姓宓，宓通"伏"，名不齐，字子贱，鲁国人，孔子的学生，比孔子小四十九岁。

君子哉若人 若人，指宓子贱，古注曰："若人者，若此人也。"

斯焉取斯 第一个"斯"指子贱,第二个"斯"指品德。取,取法,学取。东汉包咸注:"如鲁无君子,子贱安得此行而学行之?"

【译文】

孔子评价宓子贱,说:"这个人是君子啊!假如鲁国没有君子,他是从哪里学来的品德呢?"

【评述】

俗话说:"一方水土,养一方人。"在人的成长过程中,社会环境具有非常重要的影响。例如,孟母三迁,迁到了学馆旁,孟子因里仁之美,得以成圣成贤。鲁国多君子,生于斯长于斯的宓子贱,则在潜移默化之中,得以成为谦谦君子。《晏子春秋》有云:"橘生淮南则为橘,生于淮北则为枳,叶徒相似,其实味不同。所以然者何?水土异也。"

5.3 子贡问曰:"赐也何如?"子曰:"女,器也。"曰:"何器也?"曰:"瑚琏也。"

【注释】

赐也何如 赐,子贡自称。在中国传统的礼仪文化中,称呼别人时,对地位或辈分高于自己的人,只能称其字,直呼其名是一种很不礼貌的表现。对地位或辈分与自己平等的人，可以称其名，也可以称其字，但往往称其字，以示尊重。只有对地位或辈分低于自己的人，才可以直称其名。自称的时候，在地位或辈分高于自己的人面前，只可自称名。在地位或辈分不高于自己的人面前，虽然可以自称字，但也往往自称名，以示谦虚。

瑚琏　瑚琏是古代宗庙里盛放黍稷的礼器，夏代曰瑚，商代曰琏，周代曰簠簋，竹制玉饰，华美贵重。黍稷，泛指五谷，即黍、稷、麦、稻、菽（豆）等五类农作物。因本章之故，人们常用"瑚琏之器"比喻堪当大任的栋梁之材。

【译文】

子贡问："您觉得我是一个怎样的人？"孔子说："你啊，好比一个器物。"子贡问："什么器物？"孔子说："宗庙里的瑚琏。"

【评述】

大概是因为上章的孔子赞子贱，故有本章的子贡之问。孔子评价子贡，有褒有贬，在夸奖子贡人品高雅的同时，却也指出了子贡的不足，那就是发展还不够全面，正所谓"君子不器"。或因受此教诲，子贡得以发奋自勉，终能有后来的成就——他不但做过鲁国、卫国的宰相，还办过学经过商，在学业、商业、政治等许多方面都卓有建树。

5.4 或曰:"雍也仁而不佞。"子曰:"焉用佞?御人以口给,屡憎于人。不知其仁,焉用佞?"

【注释】

雍也仁而不佞 雍,冉雍,字仲弓,鲁国人,孔子的学生,比孔子小二十岁。佞,能言善说曰佞,有口才之义。

御人以口给 御,应对,应答。给,供给。口给,口中言辞随时供给,滔滔不绝。

不知其仁 冉雍是孔子的学生,孔子对他不可能不了解,说"不知其仁",只是委婉地否认罢了,并非真的不知。

【译文】

有人说:"冉雍这个人有仁德,却没有口才。"孔子道:"何必要有口才呢?强嘴利舌的人,往往让人讨厌。我不知道冉雍有没有仁德,但何必要有口才呢?"

【评述】

能言善辩,固然是天赐美才,但用起来却有"善佞"与"恶佞"之分。一个人在口齿伶俐的同时,若能言简意赅,入情入理地言辞谈吐,便是善佞;倘若巧言狡辩,颠倒黑白,则属恶佞了。善佞与恶佞的区别,主要在于德——善佞有德,言不悖理;恶佞无德,强词夺理。恶佞之中,尤以尖酸刻薄为甚,似乎说得越恶毒越有水平,殊不知言苛者福薄。当然,即便有再好的口才,凡事也应想明白了再说,在没有想明白之前,切不可乱说。实际上,许多事情,真若想明白了,往往也就没必要说了。

5.5 子使漆雕开仕。对曰:"吾斯之未能信。"子说。

【注释】

漆雕开 复姓漆雕,名开,孔子的学生。孔子时任鲁国大司寇,故使漆雕开为仕。

吾斯之未能信 本句是"吾未能信斯"的倒装形式,"之"是表倒装关系的虚词。信,信心。漆雕开说自己没有信心,不过是委婉地拒绝罢了,真正的原因,是他有更大的志向,不想小试。孔子见漆雕开追求高远,不急功近利,故而非常欣慰。

【译文】

孔子让漆雕开去做官。他答道:"我对做官这事还没有信心。"孔子听了很高兴。

【评述】

古往今来,凡成就大事业者,无不追求高远。一个人,唯其志高,故能心有定力,矢志不移,不畏艰苦与寂寞;唯其望远,故能高瞻远瞩,格局广大,不鼠目寸光,也不急功近利。在《诫子书》中,诸葛亮有云:"夫君子之行,静以修身,俭以养德。非淡泊无以明志,非宁静无以致远。"

5.6 子曰:"道不行,乘桴浮于海。从我者,其由与?"子路闻之喜。子曰:"由也好勇过我,无所取材。"

【注释】

乘桴浮于海 桴,读 fú,小木筏,用木头编成的排,大者曰筏,小者曰桴。孔子说"乘桴浮于海",固然是牢骚话,却也描绘出了退隐自然的诗意境界。后世陶渊明的"采菊东篱下,悠然见南山"、苏东坡的"小舟从此逝,江海寄余生",均与此一脉相承。

无所取材 材,通"哉",感叹词,指好勇没有任何可取之处,是孔子对子路的批评。另有两说:(一)材通"裁",指子路不能裁度事理,但孔子曾称赞子路"千乘之国可使治其赋",若按此说,岂不自相矛盾?(二)材是木料之义,指找不到制作木筏的材料,但鲁地林木繁茂,此说也难以为信。

【译文】

孔子说:"如果我的主张行不通,我就坐个小木筏到海上漂流去,跟随我的恐怕只有仲由吧?"子路听了这话,不禁沾沾自喜。孔子见状,说道:"仲由比我还喜欢冒险,这可没有什么可取之处。"

【评述】

鲁国濒临大海,孔子对"无风三尺浪"的海性不可能不了解。故而,孔子说坐个小木筏到海上去,显然是抒发不满的牢骚话罢了,又因子路行事鲁莽,于是顺带揶揄了一下子路。岂料子路竟然听不出孔子的本意,反倒以为老师在夸奖自己,不禁喜形于色,这也进一步印证了子路的鲁莽,最终招致了孔子的教诲。其实,真正的勇敢必然是谋而后动,不经思虑的暴虎冯河之类,看起来似乎勇气可嘉,实际上却是愚蠢至极,绝非勇敢。《孟子》有云:"夫抚剑疾视曰'彼恶敢当我哉',此匹夫之勇,敌一人者也。"

5.7 孟武伯问:"子路仁乎?"子曰:"不知也。"又问。子曰:"由也,千乘之国,可使治其赋也,不知其仁也。""求也何如?"子曰:"求也,千室之邑,百乘之家,可使为之宰也,不知其仁也。""赤也何如?"子曰:"赤也,束带立于朝,可使与宾客言也,不知其仁也。"

【注释】

治其赋 赋,兵赋,古代按田赋出兵役,故称兵役为赋。治赋,掌管兵役工作。

不知其仁也 不知,并非真的不知,只是委婉地否认罢了。

千室之邑,百乘之家 邑,古代的行政区划,秦代以后称为县。诸侯的采地曰公邑,卿大夫的采地曰采邑,但无论公邑还是采邑,若境内有先君宗庙,虽小曰都。千室之邑,指卿大夫的采邑。乘,兵车,古注曰:"诸侯千乘,卿大夫百乘。"家,大夫的封地曰家。

宰 总管，相当于后来的县长。古注曰："宰，邑士也，邑长家臣之通号。"

束带 古人平常将衣带松缓地系于腰间，若遇重大场合，则将衣带紧束于胸口，以示严肃，是为"束带"。有些注本将"束带"解作礼服，不够准确。

宾客 古时的宾、客两字，单用时含义相同，对文则异，贵者曰宾，常人曰客。

【译文】

孟武伯问："子路有仁德吗？"孔子说："不知道。"孟武伯又问。孔子说："仲由这个人呢，一个拥有千辆兵车的大国，让他去掌管兵役工作，那是没问题的。至于他有没有仁德，我不知道。"孟武伯问："冉求怎么样？"孔子说："冉求呀，一个拥有千户的大邑，或者一个拥有百辆兵车的大夫之家，让他去当总管，那是没问题的。至于他有没有仁德，我不知道。"孟武伯问："公西赤怎么样？"孔子说："公西赤呀，让他束起大带，在朝堂上接待外宾，那是没问题的。至于他有没有仁德，我不知道。"

【评述】

在孔子看来，仁是一个很高的道德标准，不能简单地将"仁"与才干混同。故而，尽管子路能治军，冉求善管理，公西赤懂外交，他们都有各自独特的专长，但孔子仍不肯轻易赞许为仁。事实上，有才未必有德，德比才重要得多，有德无才起码不会做坏事；有才无德却不然，一旦为恶，后果可能超乎想象。正因如此，在中国传统的用人观念里，首先是德，其次是才。司马光在《资治通鉴·周纪》中说："夫才与德异，而世俗莫之能辨，通谓之贤，此所以失人也。夫聪察强毅之谓才，正直中和之谓德。才者，德之资也；德者，才之帅也。云梦之竹，天下之劲也，然而不矫揉，不羽括，则不能以入坚；棠溪之金，天下之利也，然而不熔范，不砥砺，则不能以击强。是故，才德全尽谓之圣人，才德兼亡谓之愚人，德胜才谓之君子，才胜德谓之小人。凡取人之术，苟不得圣人、君子而与之，与其得小人，不若得愚人。何则？君子挟才以为善，小人挟才以为恶。挟才以为善者，善无不至矣；挟才以为恶者，恶亦无不至矣。"

5.8 子谓子贡曰："女与回也孰愈？"对曰："赐也何敢望回？回也闻一以知十，赐也闻一以知二。"子曰："弗如也；吾与女弗如也。"

【注释】

孰愈 孰，谁，哪一个。愈，胜，强。

吾与女 与，连词，和。一说，"与"是赞同之义，虽然也能说得通，但不如前说意深。前说不但有慰勉子贡之意，还体现了孔子的谦虚之德。

【译文】

孔子问子贡:"你和颜回比,哪一个强些?"子贡答道:"我哪敢和颜回比呢?他听到一件事,可以推知十件事,我听到一件事,也就推知两件事。"孔子说:"是不如他,我和你都不如他。"

【评述】

谦虚使人进步,骄傲使人落后。子贡能在学业、商业、政治等多个方面卓有建树,一个重要的原因,就在于他有谦逊的美德。然而,社会上却总有这样一些人,学有小成便以为无所不知,发点小财便以为富可敌国,有点小权便以为独步天下……这些人,其所以为之小,终因其为小,斗筲之人断难成瑚琏之器。《尚书》有云:"满招损,谦受益。"

5.9 宰予昼寝。子曰:"**朽木不可雕也,粪土之墙不可圬也;于予与何诛?**"子曰:"**始吾于人也,听其言而信其行;今吾于人也,听其言而观其行。于予与改是。**"

【注释】

粪土之墙不可圬 圬,木制的瓦工工具,用以修整墙面,此为动词,修整、修正之义。一说,圬是粉刷之义,虽然也能说得通，但本句是比喻难以雕塑成才，圬似乎也不是粉刷的工具，故以前说为宜。

于予与何诛 与，通"欤"，语气词。诛，责备，批评。

子曰 本章的第二个"子曰"，是孔子在另外场合对宰予昼寝所发表的言论，古注曰："非一日之言也。"

【译文】

宰予在白天睡大觉。孔子说："腐烂的木头无法雕琢，粪土垒的墙没法修整。对于宰予，我还能责备什么呢？"后来，孔子又提起这事，说："以前我对人，听了他的话便相信他的行为；现在我对人，听了他的话，还要观察他的行为。这是宰予使我改变的。"

【评述】

本章孔子所言，讲的是待人之道——如何识人与交人。识人，不能仅听其言，还必须要观其行。社会中人有好有坏，鱼龙混杂，尤其不乏道貌岸然的伪君子。这种人，说时慷慨激昂，情真意切，满口的忠信仁义，做时却又不吝背信弃义，说得有多高尚，做得就能有多卑鄙。倘若听其言便信其行，势必会上当受骗，那时就悔之晚矣。故而，识别一个人，不能仅听他怎么说，关键还要看他怎么做，切莫轻率。交人，则不要试图改变一个不能自正的人。一个人若有悟性，几句忠告就能使他醒悟，否则说得再多，终不过对牛弹琴；一个人若能自立，拉一把就能使他站起，否则帮扶再多，烂泥终归还是烂泥……不能自正的人，就如同朽木的不可雕，粪土之墙的不可圬,皆因本质使然,与雕圬的技艺无关。既然如此,对于不能自正的人,又何必做无谓的徒劳与幻想呢?《孟子》有云:"自暴者,不可与有言也;自弃者,不可与有为也。"

5.10 子曰:"吾未见刚者。"或对曰:"申枨。"子曰:"枨也欲,焉得刚?"

【注释】

吾未见刚者 刚,刚强,不屈从,能胜物曰刚。程颐注:"刚则不屈于欲。"

申枨 枨,读 chéng,申枨是孔子的学生。一说,申枨是《史记·仲尼弟子列传》中所说的"申党",难考其详。

【译文】

孔子说:"我还未曾见过刚强不屈的人。"有人道:"申枨就是这样的人。"孔子说:"申枨啊,他欲望太多,怎么能刚强不屈呢?"

【评述】

刚德,也就是人们平常所谓的有骨气,用孟子的话说,便是"贫贱不能移,富贵不能淫,威武不能屈,此之谓大丈夫"。自古以来,刚德就是一种令人钦佩的品德,一个没有刚德的人，必也不能自律、自立与自强。固然，刚者倔强，但刚德的倔强，却与顽固有着本质的区别——刚德因大义而坚贞不屈，顽固则因偏执而不可理喻。一个人，总是要有点骨气的，有道是"人不可有傲气，但不能无傲骨"。

5.11 子贡曰："我不欲人之加诸我也，吾亦欲无加诸人。"子曰："赐也，非尔所及也。"

【注释】

加诸我 加，霸凌于人曰加，欺负、欺侮之义。古注曰："加，陵也。"

【译文】

子贡说："我不想别人欺负我，我也不想欺负别人。"孔子说："赐啊，这不是你能做到的。"

【评述】

本章子贡所言，"欲无加诸人"是内求诸己，可以做得到。但是，"不欲人之加诸我"，却属外求诸人，别人不会以自己的欲与不欲为转移，绝非自己所能左右。故而，孔子曰："非尔所及也。"

5.12 子贡曰:"夫子之文章,可得而闻也;夫子之言性与天道,不可得而闻也。"

【注释】

夫子之文章 文章,学问之义,指诗、书、礼、乐等各方面的学问。在《红楼梦》里,有一副"世事洞明皆学问,人情练达即文章"的对联,其中的文章,就是学问的意思。现代汉语中,文章则是指文学作品,与古义不同。

性与天道 性,天命、命运之义,《大学》有曰:"天命之谓性,率性之谓道,修道之谓教。"天道,阴阳变化之道,指人的吉凶祸福。

【译文】

子贡说:"老师在诗书礼乐等方面的学问,我们听得到。老师对于命运与吉凶的言论,我们听不到。"

【评述】

在《论语》书中,孔子提及性与天道的次数很少,至于详细的阐述,更是无迹可寻。其中的原委,大概就像前儒所评论的那样,性与天道深微难悟,容易让人偏离正道,实非大众之学。故而,孔子在日常的教学实践中,四教以"文、行、忠、信",不言性与天道,也不语怪力乱神,旨在使弟子们端心正意,以免误入歧途。孔子之后的墨子、荀子等人,虽然也曾试图阐述性与天道,但除了引发旷日持久的争辩外,始终难有令人信服的说法,这也进一步印证了孔子的远见卓识。

5.13 子路有闻，未之能行，唯恐有闻。

【注释】

唯恐有闻 有，通"又"，孔安国注："前所闻未及行，恐后有闻不得并行也。"

【译文】

子路听到一个道理，如果还没能践行，就只怕又听到下一个道理。

【评述】

修养之道，贵在躬行。一个人，只有以"闻而必行"的精神，锐意进取，才能够不断地取得进步，积小善为大善，积跬步而至千里。否则，如果仅仅停留在闻的阶段，知而不行，那么闻与不闻，又有什么区别呢？

5.14 子贡问曰："孔文子何以谓之'文'也？"子曰："敏而好学，不耻下问，是以谓之'文'也。"

【注释】

孔文子 孔圉，圉读 yǔ，卫国大夫，文是他的谥号。周代的《谥法》规定，凡有"经纬天地，道德博厚，学勤好问，慈惠爱民，愍民惠礼，锡民爵位，不辱社稷"诸德之一者，均可谥号为文。孔圉私德不检，故有子贡之问。

不耻下问 下问，凡问于己下者，诸如能问于不能、年长问于年少等，均可谓"下问"。实际上，不耻下问所体现的，也正是"知之为知之，不知为不知"的学习态度。

【译文】

子贡问道："孔文子凭什么谥为'文'呢？"孔子说："他聪明勤敏，爱好学习，不耻于向不如他的人请教，所以谥他为'文'。"

【评述】

在孔子看来，尽管孔圉私德不检，但他敏而好学、不耻下问，便也无愧于文的谥号。事实上，孔子论人，一贯将私德与事功分开，就事论事。譬如评价管仲，虽然他私德有差，但其造福于民的功劳卓著，孔子仍不吝赞许为仁。然而，自宋明理学以后，人们在品评人物时，却常常将私德与事功混为一谈，甚至暗以私德盖事功，宁肯赞美一个无能的好人，也不愿宽容一个有瑕的英雄。其实，任何人都不可能完美无瑕，也必然有这样或那样的缺点。特别是历史人物，正因其有非常之功，亦必有非常之事。倘若以常人之德论其非常之事，岂非求备于人？

5.15 子谓子产,"有君子之道四焉:其行己也恭,其事上也敬,其养民也惠,其使民也义"。

【注释】

子产 姓姬,公孙氏,名侨,字子产,郑穆公之孙,郑国大夫。子产是春秋时期杰出的政治家和外交家。

其行己也恭 行己,己之所行,为人处世之义。

【译文】

孔子评论子产,说:"他的君子之道表现在四个方面:谦恭地为人处世,认真地事奉君上,慈惠地教养人民,合理地役使百姓。"

【评述】

孔子在《学而篇》第五章说,一个大国领导人,就应"敬业、守信、节俭、亲和与爱民"。如果说上述五条是为君之道的话,那么,本章概括子产的"行恭、敬上、惠民、义民"这四条,便属为臣之道了。其实,无论为君之道,还是为臣之道,终不离做人之道。

5.16 子曰:"晏平仲善与人交,久而敬之。"

【注释】

晏平仲 晏婴,齐国大夫,历经齐灵公、庄公、景公三朝,辅政长达五十余年。晏婴以聪颖机智、能言善辩著称，是一位杰出的政治家与外交家。

【译文】

孔子说："晏平仲善于和人交朋友，交往得越久，朋友越尊敬他。"

【评述】

据《史记》记载，孔子曾深得齐景公的赏识，但在齐景公准备重用孔子时，却遭到了晏婴的谏阻和排挤，致使孔子不得不离齐返鲁。然而，孔子并未因此而否认晏婴的优点，他对晏婴的评价，仍然秉承了"好而知其恶，恶而知其美"的一贯态度，客观而且公正，殊为难得。或许，用孔子自己的话说，这也正是"唯仁者能好人，能恶人"吧。

5.17　子曰："臧文仲居蔡，山节藻棁，何如其知也？"

【注释】

臧文仲　臧孙辰，鲁国大夫，历经鲁庄公、闵公、僖公、文公四朝，素有智者之名，文是他的谥号。

居蔡　蔡，龟名，一种大龟。古人认为龟有灵性，越大越能给人带来福气，故而臧文仲在得到蔡龟之后，如获至宝，专门给它盖了间房子，供其居住。

山节藻棁 节，房柱上的斗拱。棁，读 zhuō，梁上短柱。

【译文】

孔子说："臧文仲专门给大蔡龟盖了间房子，还把斗拱雕刻成山状，短柱上画满藻草。他的智慧，怎么是这样呢？"

【评述】

臧文仲为了追求美好的生活，祈福纳祥，本也无可厚非。但是，他以为只要供奉好蔡龟，便可心想事成，却不过是缘木求鱼、自欺欺人罢了，实乃迷信而非智信。在儒家看来，人的命运由命和运两部分构成——命者，时也，机也，人力所不可控者曰命，由天不由己；运者，求也，为也，可求诸己者曰运，由己不由人。既然命由天定，岂是人力智巧所能左右？有道是"命也者，不知所以然而然者也，人事智巧以举措者不得与焉"。故而，儒家的人生态度是命由天定，故听天命；运由己立，故尽人事。尽人事，就是要内求诸己，修身蓄才，进贤进能。正如曾国藩所言："吾人只有进德、修业两事靠得住。进德，则孝悌仁义是也；修业，则诗文作字是也。此二者由我作主，得尺则我之尺也，得寸则我之寸也。今日进一分德，便算积了一升谷；明日修一分业，又算余了一文钱。德业并增，则家私日起。至于功名富贵，悉由命定，丝毫不能自主。"实际上，一个人只有进德修业，才能够安身立命，也才能得到上天的眷顾，正所谓"自佑者，天必佑之"。反过来，如果为人邪曲，伤天害理，即便天天烧香磕头，恐怕也难逃报应，有道是"获罪于天，无所祷也"。

5.18 子张问曰:"令尹子文三仕为令尹,无喜色;三已之,无愠色。旧令尹之政,必以告新令尹。何如?"子曰:"忠矣。"曰:"仁矣乎?"曰:"未知,焉得仁?""崔子弑齐君,陈文子有马十乘,弃而违之。至于他邦,则曰:'犹吾大夫崔子也。'违之。之一邦,则又曰:'犹吾大夫崔子也。'违之。何如?"子曰:"清矣。"曰:"仁矣乎?"曰:"未知,焉得仁?"

【注释】

子文三仕为令尹,无喜色;三已之 子文,楚国人,斗氏,姓谷名于菟,在《庄子》中,子文被称作孙叔敖。令尹,楚国的官名,相当于宰相之职。已,罢黜,罢免。

崔子弑齐君 崔子,齐国大夫崔杼,子是春秋时期对卿大夫的尊称。弑,以下杀上曰弑。对于崔杼杀齐庄公一事,《左传》记曰:"崔子称疾,不视事。乙亥,公问崔子,遂从姜氏,姜入于室,与崔子自侧户出。公拊楹而歌。侍人贾举止众从者,而入闭门。甲兴,公登台而请,弗许;请盟,弗许;请自刃于庙,弗许。皆曰:'君之臣杼疾病,不能听命。近于公宫,陪臣干掫有淫者,不知二命。'……遂弑之。"从这件事上,也可以看出分封制单级授受的政治缺陷——"不知二命",大夫的士并不听令于诸侯。

陈文子有马十乘,弃而违之 陈文子,姓陈名须无,齐国大夫,文是他的谥号。在崔杼杀死齐庄公后,陈文子弃家出走。乘,四匹马为一乘。十乘,四十匹马,这在当时是很丰厚的一笔财产。弃,舍弃,抛弃。违,离开,离去。

【译文】

子张问:"楚国的子文三次被任命为令尹,每次都没有喜色;三次被罢免,每次也都没有怨气。离任时,他总是把政务清楚地交接给下任。这个人怎么样?"孔子说:"算得上忠诚了。"子张又问:"算不算仁德呢?"孔子说:"不知道,这怎么能算仁德呢?"子张问:"崔杼杀了齐庄公,陈文子连四十匹马的家产都不要了,毅然离开了齐国。他到了一个国家,说:'这里的执政者和我们的崔大夫差不多。'就离开了。到了另一个国家,他又说:'这里的执政者和我们的崔大夫差不多。'还是离开了。这个人怎么样?"孔子说:"算得上清白了。"子张又问:"算不算仁德呢?"孔子说:"不知道,这怎么能算仁德呢?"

【评述】

《庄子》有云:"知足者,不以利自累;审自得者,失之而不惧。"楚国的子文,虽然在宰相的官位上三起三落,但他以"来不可却,去不可止,得失非我"的豁达心态,淡泊名利,起落均无喜忧之色,可谓"审自得者"。齐国的陈文子,为了保全自己的名节,连四十匹马的家产都能舍弃,重义轻利,可谓"知足者"。他们二人,子文不失自我,陈文子爱惜羽毛,都有可圈可点之处。然而,在孔子看来,忠诚与清白虽然难能可贵,但还算不上全德,故而不以仁许。

5.19 季文子三思而后行。子闻之,曰:"再,斯可矣。"

【注释】

季文子 鲁国大夫,季友的后裔,姓姬,名行父,文是他的谥号。

三思 三,多次,并非实指。

【译文】

季文子每件事都考虑好多次才行动。孔子听了,说:"想两次,就可以了。"

【评述】

在儒家看来,任何事情都要有度,正所谓"不偏不倚,过犹不及",是谓中庸之道。以本章为例,孔子虽然主张慎行,但慎行也非畏行,倘若瞻前顾后,优柔寡断,反倒违背了慎行的要义。故而,慎行之道,贵在多谋善断——不多谋则鲁莽操切,不善断则反受其乱。

5.20 子曰:"宁武子,邦有道,则知;邦无道,则愚。其知可及也,其愚不可及也。"

【注释】

宁武子 姓宁名俞,卫国大夫,武是他的谥号。

愚不可及 愚,动词,装傻。本章的愚不可及,是指装傻的水平高,用作成语的"愚不可及",则是指愚蠢无比,两者的含义并不相同。

【译文】

孔子说:"宁武子这个人,国家太平他就聪明,国家不太平他就装傻。他的聪明别人比得上,他那装傻的本事,别人就比不上了。"

【评述】

有些人,总喜欢以聪明自居,且又唯恐天下不知,于是乎处处表现,不甘人后。殊不知,对于成年人来说,让人觉得聪明未必是件好事,至多只能算小聪明,不是大智慧。真正有智慧的人,无不善于审时度势,当显则显,当隐则隐——有时候,装傻恰恰是聪明的表现。现实生活中,吃亏上当的,往往是那些自以为聪明的人,自赏愈高,摔得愈重,聪明反被聪明误。清代名士郑板桥有云:"难得糊涂。"

5.21 子在陈,曰:"归与!归与!吾党之小子狂简,斐然成章,不知所以裁之。"

【注释】

子在陈 陈，陈国。周武王灭商建周后，遍访前代帝王的后人，除夏禹、商汤的后人外，还找到了舜帝的后裔妫满，不但将长女太姬嫁给他，还赐以侯爵，建陈国以祀舜帝。据《史记·孔子世家》记载，孔子及其弟子在陈国时，鲁国遣使来召冉求，从而勾起了孔子的思乡之情，故有"归与"之叹。

吾党之小子狂简 小子，指留在鲁国的年轻弟子。狂，狂放。简，粗浅。朱熹注："狂简，志大而略于事。"

斐然成章 斐然，文采显著之貌。斐然成章，富有文采之义，指弟子们风华正茂。

不知所以裁之 裁，裁剪，裁剪有取有舍，引申为规划之义。不知所以裁之，指年轻弟子们不知道如何规划自己，需要孔子回去教导。

【译文】

孔子在陈国，说："回去吧！回去吧！咱们家里的那些弟子狂放粗浅，风华正茂，还等着我回去教导呢。"

【评述】

有道是："人生的道路虽然漫长，但紧要处常常只有几步，特别是当人年轻的时候。"青年人朝气蓬勃，有理想，有才华，敢想敢干。然而，俗话说"初生牛犊不怕虎"，青年人因为社会阅历尚浅，又处在爱冲动、好逞能的年龄阶段，很容易意气用事，偏离正道。因此，对于青年人来说，如何规划自己，有所为有所不为，就显得尤为重要。

5.22 子曰："伯夷、叔齐不念旧恶，怨是用希。"

【注释】

伯夷、叔齐 伯夷与叔齐，是商朝末期孤竹国的两位公子。据《史记·伯夷列传》记载，在孤竹君死后，伯夷与叔齐两兄弟互让君位，随后又不约而同地逃到了周地。周武王起兵伐纣时，他们二人叩马谏阻，武王克商后，他们耻食周粟，隐居于洛阳的首阳山，以采食野豌豆为生，最终饿死。故而，伯夷和叔齐，以其兄弟让国、叩马谏阻和不食周粟的事迹，成为中国人"礼让、爱国和守节"的千古楷模。

希 同"稀"，稀少之义。

【译文】

孔子说："伯夷、叔齐这兄弟俩不念过去的仇怨，招致的怨恨就很少。"

【评述】

在人与人交往的过程中，难免会产生矛盾，甚至于怨恨。但无论矛盾还是怨恨，只要能总结经验，吸取教训就可以了，过去的就应让它过去，没必要念念不忘。否则，如果总是念着过去的仇怨，且不论别人与其他，单就自身而言，恐怕也会影响自己的情绪，不利于身心健康。因此，有时候，人还是要有点阿Q精神的，不为别的，只为善待自己。

5.23　子曰："孰谓微生高直？或乞醯焉，乞诸其邻而与之。"

【注释】

微生高　复姓微生，名高，鲁国人。古文中的微字与"尾"相通，故而有人认为，微生高就是《史记》里"抱柱守信"的尾生高，难考其详。

醯　读 xī，醋。

【译文】

孔子说："谁说微生高这个人直率？有人向他讨点醋，他不直说没有，反倒向邻居转讨了一点给来人。"

【评述】

在常人看来，微生高乞邻以应求者，理当赞扬才对，却为何招致孔老夫子的批评呢？究其原因，就在于微生高的做法看似高尚，实则用心邪曲，不过是为掠美市恩罢了。在人际交往中，固然要与人为善，但为善应顺便而为，可则予之，不可则辞之，无须委曲求全，惺惺作态。否则，不但有伪善求荣之失，反求于人，又势必会强人所难，甚至以道德绑架。

如此为人，岂能不坏人品？

5.24　子曰："巧言、令色、足恭，左丘明耻之，丘亦耻之。匿怨而友其人，左丘明耻之，丘亦耻之。"

【注释】

左丘明　鲁国太史，据说是《左传》的作者，但存疑。

匿怨而友　匿，隐藏，孔安国注："心内相怨而外诈亲。"

【译文】

孔子说："花言巧语，伪善的表情，十足的恭敬，这个样子，左丘明认为可耻，我也认为可耻。内心怨恨一个人，表面上却假装同他要好，这个做法，左丘明认为可耻，我也认为可耻。"

【评述】

巧言、令色、足恭，一副活脱脱的奴才嘴脸，既没有尊严，也没有人格。这种人，有求于人则不惜奴颜婢膝，极尽奉迎乖巧；得意之后，又势必翻脸无情，刻薄寡恩。故而，对这种人必须高度警惕，严加防范。须知，一个不要自尊的人，绝不会真心地尊重别人；一个不讲人格的人，也绝不会真正地讲道德仁义。至于匿怨而友其人，似应另当别论。譬如，对于政治家来说，"匿怨而友"本属一项常规作业，只因职业使然，无关善恶美丑。否则的话，大概也就没有卧薪尝胆之类的千古美谈了。

5.25 颜渊季路侍。子曰："盍各言尔志？"子路曰："愿车马衣轻裘与朋友共，敝之而无憾。"颜渊曰："愿无伐善，无施劳。"子路曰："愿闻子之志。"子曰："老者安之，朋友信之，少者怀之。"

【注释】

颜渊季路侍 侍，立侍，是孔子坐、弟子立。在《论语》书中，还有侍坐与侍侧两种说法，侍坐是孔子和弟子都坐，侍侧是孔子坐，弟子们或坐或立。

盍 "何不"的合音字。

车马衣轻裘 轻裘，"轻"字应是误衍，当删。裘，用毛皮制作的衣服，属于珍贵之物。

敝之而无憾 敝，坏，破旧。憾，抱怨，怨恨。

愿无伐善，无施劳 伐，自称其能曰伐，夸耀之义。施，表白，宣扬。

少者怀之 怀，关怀，给年轻人以帮助。古注曰："怀，归也；少者归，己施之以恩惠也。"

【译文】

孔子坐着，颜回和子路站在旁边。孔子说："你们何不说说各自的志向呢？"子路说："我愿意把自己的车马衣裘都拿出来和朋友分享，用坏了我也不抱怨。"颜渊说："我愿意不夸耀自己的长处，也不表白自己的功劳。"子路向孔子说道："我们也想听听您的志向。"孔子说："我愿意使老年人安心，让朋友信任，给年轻人以关怀。"

【评述】

本章，子路的"车马衣裘与朋友共"之愿，体现了他重义轻利的侠勇气概，属于任恤之道。颜回的"无伐善，无施劳"之愿，体现了他克己内敛的为人理念，属于谦逊之道。孔子的"老者安之，朋友信之，少者怀之"，则饱含了广济苍生的圣人情怀，属于仁爱之道。总而言之，师徒三人之志，虽然内容不同，各有所表，但均不离道德大义。

5.26 子曰："已矣乎，吾未见能见其过而内自讼者也。"

【注释】

内自讼 讼，争辩是非曲直曰讼，此为责备之义。自讼，自责，即忏悔。

【译文】

孔子说："算了吧！我还从没有见过看到自己有错误就自

我责备的人。"

【评述】

世俗中人,"严以律人,宽以待己"者多,"严以律己,宽以待人"者少。故而,人们对于别人的错误,批评的时候往往不惜口诛笔伐,大张旗鼓。但对于自己的错误,却又常常诿过自解,得过且过,能反省自责者少之又少。可是,人若不能自讼其过,何以改过?不能改过,又何以不贰过?——子曰:"过而不改,是谓过矣。"

5.27 子曰:"十室之邑,必有忠信如丘者焉,不如丘之好学也。"

【译文】

孔子说:"即便在只有十户人家的小地方,也一定有像我这样忠诚可靠的人,只是他们不像我爱好学习罢了。"

【评述】

古往今来,圣贤与普通人最大的区别,就在于是否好学。任何时代,都不乏天资聪颖的人,但聪明且又好学的人却不多。然而,即便是再聪明的人,如果不爱学习,恐怕也不能修身蓄才,无以进贤进德,终将与圣贤无缘。是故,圣贤好学,所以为圣贤;凡夫不好学,所以为凡夫。

【雍也篇】第六

（共二十八章）

6.1 子曰："雍也，可使南面。"仲弓问子桑伯子。子曰："可也，简。"仲弓曰："居敬而行简，以临其民，不亦可乎？居简而行简，无乃大简乎？"子曰："雍之言然。"

【注释】

雍可使南面 雍，冉雍，字仲弓。南面，面朝南，此为做官之义。在中国传统文化中，面朝南的坐向最为尊贵，天子、诸侯和卿大夫听政时，都是坐北朝南的坐向。朱熹注："南面者，人君听治之位。"

子桑伯子 子桑伯，鲁国人，生平不详，但从称其为"子"、下文说他"以临其民"推断，此人应是鲁国的大夫。在《说苑》中，有一段关于他与孔子交往的记载：子桑伯邀请孔子到他家做客，孔子到后，他竟然不穿衣服，也不戴礼帽，"不衣冠而处"地接待孔子。孔子自然很不高兴，敷衍了几句，就告辞了。出来后，孔子说道："其质美而无文，吾欲说而文之！"

有趣的是，后来有人向子桑伯问起此事，他说他这样做，竟然是因为孔子"质美而文繁，吾欲说而去其文"。本章冉雍所言，大概就是针对子桑伯"文繁"之说的回应。

居敬而行简 居，居心。简，简单，不烦琐。敬，认真，敬畏，严谨不苟之义。朱熹注："简，不烦。居敬行简，中有主而自治严，则事不烦而民不扰。居简行简，中无主而自治疏，则无法度可守。"

无乃 不是，岂不是。

【译文】

孔子说："冉雍这个人，可以让他做主政一方的长官。"冉雍向孔子打听子桑伯子，孔子道："还行吧，他行事简单。"冉雍说："如果心存敬畏又能简单行事，这样来治理百姓，不也可以吗？但若想得简单又简单行事，不也太简单了吗？"孔子道："你说得对。"

【评述】

简单，是一种高品质的生活方式，因为它意味着轻松与自在。但是，只有心存敬畏，内自律而外务本，有所为有所不为，方能真正地享有简单。倘若想得简单，且又简单行事，恐怕非但不能简单，反倒会节外生枝，使原本可以简单的事变得复杂，难以轻松自在。因此，为人处世之道，贵在居敬行简，切不可居简行简。

6.2 哀公问："弟子孰为好学？"孔子对曰："有颜回者好学，不迁怒，不贰过，不幸短命死矣。今也则亡，未闻好学者也。"

【注释】

迁怒 迁，移。迁怒，把对甲的恼怒转泄于乙。
贰过 贰，再次，重复。贰过，再次犯同样的错误。

【译文】

鲁哀公问："你的学生中，哪一个好学？"孔子答道："有个叫颜回的人好学，他不拿别人出气，也不再犯同样的错误。不幸他短命死了，现在没有这样的人了，再也没有听说好学的人了。"

【评述】

学以修身，只有爱好学习的人，才能够内求诸己、善于自省。一个人，内求诸己，方能处事理智，怒不过分，也不致殃及无辜，故而不迁怒。善于自省，方能认真地总结经验，吸取教训，吃一堑，长一智，故而不贰过。其实，无论内求还是自省，都需要具有强大的学习能力。否则的话，既不能内求，也不能自省。

6.3　子华使于齐，冉子为其母请粟。子曰："与之釜。"请益。曰："与之庾。"冉子与之粟五秉。子曰："赤之适齐也，乘肥马，衣轻裘。吾闻之也：君子周急不继富。"原思为之宰，与之粟九百，辞。子曰："毋！以与尔邻里乡党乎！"

【注释】

子华使于齐　子华，公西赤，字子华，孔子的学生。使，出使。

冉子为其母请粟　冉子，冉求，字子有。粟，谷子，未去壳的谷粒曰粟，去了壳的谷粒曰米，但有时也将米称为粟。

釜、庾、秉　均为中国古代的量器单位，庾，读 yǔ。先秦时期，诸侯各国的量器标准不一，秦始皇统一中国后，推行"书同文、车同轨、统一度量衡"的政策，中国才逐渐形成了十进制的量度序列：十厘为一作，十作为一抄，十抄为一勺，十勺为一合（读 gě），十合为一升，十升为一斗，十斗为一石。一石原来也称一斛，自从南宋贾似道改五斗为一斛以后，一石就变成两斛了。秦汉时期形成的量器制度，在中国沿用了两千多年，直到民国引进西制以后才废止。春秋时期的釜、庾、秉，按秦汉以后的量制折算，一釜约合三斗二升，一庾约合一斗二升，一秉约合四十斗。一斗粟谷的重量，约为现在的 12.5 斤，若按 70% 的出米率计算，一釜粟就是 28 斤小米，大致相当于一个成年人一个月的口粮。依此类推，一庾粟约为 10 斤小米，一秉粟约为 350 斤小米。孔子说"与之釜"的本意，是想给一个月的口粮，权作接济之用。但冉求却给了二十石，约为 1750

斤小米，几乎是五年的用量，故向招致孔子的教诲。

乘肥马 春秋时期，中原各国的衣着尚处在广袖宽腰、上袄下裙的年代，还骑不了马。直到战国时期，赵武灵王推行"胡服骑射"的国策以后，中原各国才陆续变革服饰，改裙为裤，开始骑马。故而，乘肥马是指坐肥马拉的车，而非骑肥马。

周急不继富 周，救济，救助之义。继，接济，古注曰："继，续其有余。"周急不继富，也就是人们常说的要雪中送炭，不必锦上添花。

原思为之宰 原宪，字思，孔子的学生。宰，主管，总管，相当于现在的县处级官员，古注曰："宰，士也。"

与之粟九百 粟九百，没有写具体的量名，大概釜是当时量制的基本单位，前面已有釜字，古人又有吝字的习惯，故而省写了"釜"字。如前所述，一釜粟约合28斤小米，那么，九百釜粟就是25200斤小米。据统计，自秦汉至清朝，中国历代县级官员的年俸，始终围绕在12000斤小米上下，由此可以大致推算，孔子给了原思双倍的薪俸。

邻里乡党 乡，一万两千五百家为一乡。《周礼》曰："五家为邻，五邻为里，五百家为党，五党为州，五州为乡。"里，也称闾，里巷之义。

【译文】

公西赤出使齐国，冉求为公西赤的母亲向孔子要些小米。孔子说："给她28斤吧。"冉求请求多给点，孔子说："那就再加10斤。"然而，冉求却给了二十石。孔子知道后，对冉求说："公西赤去齐国，坐的是大肥马拉的车，穿的是又轻又暖的皮袍。我听人说：君子救急不添富。"原思出任孔子家的总管，孔子给了他25200斤小米的薪俸，原思推辞说太多，孔子说："别推辞啦！多余的，就送给你的乡亲吧！"

【评述】

孔子为人处事的原则，向来是唯义是从——义者，宜也，合理曰义。公西赤出使齐国，在他暂时不能照顾家里的情况下，孔子送些小米给公西赤的母亲，本属朋友之谊，因此让冉求给一个月的口粮，权作接济之用。但是，冉求所给却远远超过了应有的限度，已非适宜，故而招致了孔子的教诲。事实上，不但见得要思义，施予也要思义，并非多多益善。无论是取得还是施予，如果不合理，都难免会留下后患，这也是俗话说"升米恩、斗米仇"的原因所在。至于原思，孔子是请他为自己做事，属于用人之道——既然用人办事，如果抠抠搜搜小里小气，别人吃都吃不饱，哪来力气干活？有道是"惠则足以使人"，宜多不宜少。故而，孔子给了原思双倍的薪俸，尽管原思推辞，但孔子仍然执意不改，说"毋！以与尔邻里乡党乎"，不过是给原思找个台阶罢了。本章将冉求请粟与原思粟九百两事并记，大概是想从正反两个方面告诫人们：用财之道，当多则多，当少则少，关键要合理。

6.4　子谓仲弓，曰："犁牛之子骍且角，虽欲勿用，山川其舍诸？"

151

【注释】

犁牛 耕牛，干粗重农活的牛。

骍且角 骍，读 xīng，赤色，此指赤色的皮毛。角，周正的角。春秋时期，国之大事在祀与戎，对祭祀用牛的选择极为严苛，周人尚赤，赤色且角正的牛，无疑是上佳的祭牲之选。

【译文】

孔子评价冉雍，说："就算耕牛生的小牛，如果长着赤色的毛和周正的角，即使人们不想用它作祭牲，难道山川之神会舍弃吗？"

【评述】

俗话说："英雄不问出处。"一个人，即便出身寒微，只要他积极进取，练就一身出类拔萃的本领，也自然就会有他出头之日。从古以来，中国历史上就不乏这样的例子，有些人虽然来自寒门白屋，但他们勤奋好学，自强不息，最终取得了骄人的成就，正所谓"寒门生贵子，白屋出公卿"。

6.5 子曰："回也，其心三月不违仁，其余则日月至焉而已矣。"

【注释】

三月不违仁 三月，指时间长，并非实数。下文的"日月"，则指时间短。违，离开。

【译文】

孔子说："颜回呀，他心里总是想着仁德，别人只是偶尔想想罢了。"

【评述】

在《史记·司马相如列传》中，司马迁说："盖世必有非常之人，然后有非常之事；有非常之事，然后有非常之功。"颜回能成为孔子最喜欢的学生，道德与学问超群绝伦，及至有"复圣"之誉，皆因他先有非常之事，然后有非常之功，绝非浪得虚名。

6.6　季康子问："仲由可使从政也与？"子曰："由也果，于从政乎何有？"曰："赐也可使从政也与？"曰："赐也达，于从政乎何有？"曰："求也可使从政也与？"曰："求也艺，于从政乎何有？"

【注释】

可使从政也与　从政，治理政事。季康子是鲁国当权的正卿，他向孔子询问的从政人才，应指独当一面之任。古注曰："从政，谓为大夫。"

何有　有何难，古注曰："何有，言不难也。"

果、达、艺　果，果断。达，通达。艺，有才艺。

【译文】

季康子问："仲由这个人怎么样，可以让他治理政事吗？"孔子说："仲由办事果断，他治理政事有什么难呢？"季康子又问："端木赐呢，可以让他治理政事吗？"孔子说："端木赐通达事理，他治理政事有什么难呢？"季康子接着问："冉求呢，可以让他治理政事吗？"孔子说："冉求多才多艺，他治理政事有什么难呢？"

【评述】

在孔子看来，从政仅仅是术，果、达、艺可也。仁却不然，仁乃大道，难以轻就。故而，本章季康子问的子路、冉求和子贡"可使从政乎"，与《公冶长篇》孟武伯问的子路、冉求和公西赤"仁乎"，虽然所问之人基本相同，但孔子回答的语气却大不一样——答孟武伯的态度谦逊，答季康子的态度则自信飞扬，甚至还带有一点不屑。根本原因，就在于孟武伯所问的是仁，而季康子所问，不过是政罢了。

6.7　季氏使闵子骞为费宰。闵子骞曰："善为我辞焉！如有复我者，则吾必在汶上矣。"

【注释】

闵子骞为费宰　闵子骞，闵损，字子骞，孔子的学生，以德行出众入列孔门十哲,比孔子小十五岁。费,读 bì,鲁国地名,季氏的采邑。

汶上　汶,汶水,即今山东省境内的大汶河,位于齐国之南、鲁国之北。汶上,汶水之北,指齐国。清代学者桂馥,在《札朴》中说:"水以阳为北,凡言某水上者,皆谓水北。"

【译文】

季氏派人来请闵子骞去做费邑的长官。闵子骞说:"请好好地替我辞掉吧!如果再来找我,我就只有逃往齐国了。"

【评述】

儒家弟子虽然追求功名,但也绝不会为了做官而做官,正所谓"道不同,不相为谋"。以本章为例,尽管有季氏之请,但闵子骞却坚辞不受,不因富贵而淫其志,彰显出了崇高的做人气节。《左传》有云:"鸟则择木,木岂能择鸟?"

6.8　伯牛有疾,子问之,自牖执其手,曰:"亡之,命矣夫!斯人也而有斯疾也!斯人也而有斯疾也!"

【注释】

伯牛　冉耕,字伯牛,孔子的学生,以德行出众入列孔门十哲,比孔子小七岁。

自牖执其手　牖,窗户,此指南面的窗户。古注曰:"伯牛有恶疾，不欲见人。"

亡之 之，无实际意义，仅为凑成一个音节之用。

【译文】

冉伯牛病了，孔子去探望他，从窗户外握着他的手，说道："难得活了，这是命啊！这样的人竟有这样的病！这样的人竟有这样的病！"

6.9 子曰："贤哉，回也！一箪食，一瓢饮，在陋巷，人不堪其忧，回也不改其乐。贤哉，回也！"

【注释】

箪食、瓢饮、陋巷 箪，竹碗，圆形的盛饭器具。瓢，用葫芦做的勺。陋巷，简陋的巷子，借指住的房子破。箪、瓢、陋巷，表明颜回的生活条件非常穷苦。

【译文】

孔子说："了不起啊，颜回！一竹碗饭，一瓜瓢水，住在简陋的小巷里，别人愁都愁死了，颜回却依然很快乐。了不起啊，颜回！"

【评述】

儒家讲命运，认为人的命运由命和运两部分组成：命由天定，由天不由己；运由己立，在己不在人。因此，儒家的人生态度是"听天命，尽人事"——既然命不由己，与其怨天尤人，愁眉苦脸，倒不如乐观面对，是为听天命；既然运由己立，就应内求诸己，修身蓄才，进贤进能，是为尽人事。颜回勤奋好学，不迁怒，不贰过，其心三月不违仁……道德与学问超群绝伦，虽然命不济运，但人事已尽，无愧于己，理足而可以无憾矣。故而，颜回不改其乐。

6.10　冉求曰："非不说子之道，力不足也。"子曰："力不足者，中道而废。今女画。"

【注释】

力不足者　者，用作假设的语气词。

中道而废，今女画　废，废止，停下来。女，通"汝"。画，通"划"，停止。

【译文】

冉求说："不是我不喜欢您的学说，是我能力不够。"孔子说："如果真是能力不够，走到半路才会停下来。现在你还没有走，就停下了。"

【评述】

冉求位列孔门十哲，天资不可谓不高；做过季氏的总管，才干不可谓不强。可是，他竟然说自己能力不够，显然是不思进取的托词罢了。实际上，凡言力不足者，皆属心不足，只因志向短浅之故，从而招致了孔子的批评。在孔子看来，君子的追求永无止境，诚如西汉戴圣在《礼记·表记》中所言："向道而行，中道而废，忘身之老也，不知年数之不足，俯焉日有孳孳，毙而后已。"

6.11 子谓子夏曰："女为君子儒，无为小人儒。"

【注释】

君子儒、小人儒 儒，学者，《说文解字》曰："儒，术士之称。"君子儒，有德有才的学者；小人儒，有才无德的学者。

【译文】

孔子对子夏说："你要做有才有德的学者，不要做有才无德的学者。"

【评述】

儒者，人需也。孔子所谓的君子儒，就是要做社会所需要的人——这也便是儒家学说的文化基因。千百年来，一代又一代的儒家弟子，正是以君子儒的精神与追求，先天下之忧而忧，后天下之乐而乐，主动地肩负起社会与时代所赋予的历史使命,积极进取,奋发有为。若用北宋张载的话说,也即是"为天地立心,为生民立命,为往圣继绝学,为万世开太平"。

6.12 子游为武城宰。子曰:"女得人焉尔乎?"曰:"有澹台灭明者,行不由径,非公事,未尝至于偃之室也。"

【注释】

子游为武城宰 武城,鲁国的城邑,位于今山东省德州市武城县。子游任武城宰后,孔子曾前往武城访问,参见《阳货篇》第四章,本章即发生在孔子到访期间。

女得人焉尔乎 得,得到,发现。人,人才。

澹台灭明 澹台是复姓,澹,读 tán。据说,澹台灭明后来被孔子收为徒。

行不由径 径,小路,小而便捷的路。行不由径,也就是俗话说的"不抄小路",比喻为人厚道,不偷奸耍滑。

【译文】

子游做了武城的长官。孔子问:"你在这里发现人才了吗?"子游答道:"有个叫澹台灭明的人,他做事不抄小路;没有公事,从不到我家里来。"

【评述】

本章子游所言,"由径"指爱耍小聪明,惯于偷奸;"至室"也就是现在所说的走后门,善于取巧。一个人,如果爱耍小聪明,总想偷奸耍滑,本已不堪,倘若再加上走后门的套路,大概也就不值一提了。这样的人,怎么能算人才呢?重用这样的人,又怎么能算明智呢?朱熹有云:"持身以灭明为法,则无苟贱之羞;取人以子游为法,则无邪媚之惑。"此外,从本章来看,早在两千多年前,人们就已经谙熟走后门的游戏了,这个玩法并非现在才有,与坐牛车还是乘高铁无关。由此可见,科技改变的只是生活,而非人性。

6.13 子曰:"孟之反不伐,奔而殿,将入门,策其马,曰:'非敢后也,马不进也。'"

【注释】

孟之反不伐　孟之反,名侧,鲁国大夫。据《左传》记载,鲁哀公十一年,齐国攻打鲁国,在鲁军溃败时,孟之反率部在后面抵抗,为掩护鲁军撤退立下了大功。伐,夸耀之义。

奔而殿　奔,败走,溃逃。而,却,转折词。殿,军前曰启,军后曰殿。

非敢后也,马不进也　本句应是孟之反快要进城时,有人夸奖他,他才一边鞭打自己的马,一边答以"非敢后也,马不进也"，借以自谦。否则的话，若是孟之反自言自语，反倒有自夸之嫌了。为此，译文作了补充。

【译文】

孔子说："孟之反不夸功，在抵抗齐国军队的战役中，别人逃跑，他在后面掩护。等他也退回将要进城时，面对别人的夸奖，他却鞭打着自己的马说：'不是我敢殿后，是马不肯快走啊。'"

【评述】

为人处事之道，切忌自夸。一个人，只要有自我夸耀的毛病，再大的功劳也会付诸东流，甚至还会反美不美，惹祸上身。历史上，就不乏战功赫赫的开国功臣，因自夸而殒命；生活里，也不乏做了好事的亲朋好友，因自夸而反目。凡此种种，皆因学问与道德修养不高，不懂谦虚所致。《道德经》有云："不自见故明，不自是故彰，不自伐故有功，不自矜故长。夫唯不争，故天下莫能与之争。古之所谓曲则全者，岂虚言哉！诚全而归之。"

6.14 子曰："不有祝鲍之佞，而有宋朝之美，难乎免于今之世矣！"

【注释】

不有祝鲍之佞 不有，假若没有之义。祝鲍，字子鱼，卫国大夫，有口才，极善外交辞令。祝鮀之佞，借以比喻口才好，此为油嘴滑舌之义。

宋朝 宋国公子，名朝，是个美男子。

【译文】

孔子说："如果没有祝鮀那样的油嘴滑舌，即使有宋朝那样的美貌，在今天这个社会，恐怕也难以避免灾祸了。"

【评述】

本章孔子所言，是慨叹假话、大话与空话之风盛行于世，仗义执言却难以安身自保。然而，正所谓"衰世好谀，好谀亡国"，一个国家如果任由阿谀奉承、假话与空话大行其道，就势必使君子让位，小人得志，正义难以伸张，邪曲却甚嚣尘上，终将误国误民。其实，讲真话才是最大的正能量，往往也才是真正地爱国。

6.15 子曰："谁能出不由户？何莫由斯道也？"

【注释】

出不由户 户，门，房门。《说文解字》曰："户，护也。"

【译文】

孔子说："谁能不经房门就出屋呢？我指的这条路，为什么就没人走呢?"

6.16 子曰:"质胜文则野,文胜质则史。文质彬彬,然后君子。"

【注释】

质胜文则野,文胜质则史 质,朴实,指先天的个性。文,文采,指后天的文化修养。野,粗野。史,通"饰",虚伪,不真实。

文质彬彬 彬彬,相得益彰之义,指人文修养与自身的个性匹配得恰到好处。用作成语的"文质彬彬",则是温雅有礼貌的意思,与本章的含义不同。

【译文】

孔子说:"一个人,朴实胜过文采,就会显得粗野;文采胜过朴实,就会显得虚伪。只有将文采与朴实配合得当,才能成为君子。"

【评述】

本章孔子所言,讲的是修养之道。一个人,如果缺乏文化修养,就会显得粗野;但若缺少了个性,便也成了衣冠木偶,虚伪而不真实。故而,孔子在教学实践中,奉行的教育理念是"有教无类"与"因材施教"——有教无类旨在共性的培养，因材施教重在个性的保护。唯其如此，方能使每个学生在提高文化水平的同时，又不失创造力与灵活性。事实证明，凡有大成就者，无不既有高深的文化造诣，又有鲜明的个性，古往今来，概莫能外。

6.17　子曰："人之生也直，罔之生也幸而免。"

【注释】

人之生也直　也，语气词。直，正直。
罔　诬罔，邪曲，不正直。

【译文】

孔子说："人的生存要正直，不正直的人虽然也能生存，那只是侥幸避免了灾祸。"

【评述】

一个人，要正直地为人处世。正直，不但是人的安身立命之本，也是趋利避害的自利之道。反之，如果不正直，别人就会以其人之道，还治其人之身，若用佛家的话说，便是因果报应——善有善报，恶有恶报。《阿含经》有云："此有故彼有，此生故彼生；此无故彼无，此灭故彼灭。"

6.18 子曰:"知之者不如好之者,好之者不如乐之者。"

【注释】

知之者 之,学习。古注曰:"知之,谓知学问有益也;知之者不如好之者笃,好之者不如乐之者深。"

【译文】

孔子说:"知道学习不如爱好学习,爱好学习不如乐于学习。"

【评述】

在孔子看来,学习有"知道学习、爱好学习和乐于学习"三种境界。知道学习,是因为知道学习有益,故而才愿意学习,但积极性与执着程度不如爱好学习,易于浅尝辄止。爱好学习,虽然积极性与执着程度比知道学习高,却又不如乐于学习,易于中道而废。因此,只有乐于学习、以学为乐,才能持之以恒地投身于学习之中——兴趣只是学习的好老师,乐趣才是最好的老师。

6.19 子曰:"中人以上,可以语上也。中人以下,不可以语上也。"

【注释】

中人以上 中人，中等学识水平的人。人的学识深浅不一，故有上智、中人与下愚之分。

语上 语，告诉，谈论。上，指高深的学问。朱熹注："言教人者，当随其高下而告语之，则其言易入而无躐等之弊也。"

【译文】

孔子说："与中等水平以上的人，可以谈论高深的学问。与中等水平以下的人，不可以谈论高深的学问。"

【评述】

人的智慧与认知水平参差不齐，对事物的判断与观点自然也就不同。故而，不可理喻的本质，往往也并非故意，只因彼此的智力水平不在同一个层级罢了。倘若不明此理，对认知水平低于自己的人，却试图说服或者探讨，就难免会鸡同鸭讲，争吵不休。《庄子》有云："井蛙不可以语于海者，拘于墟也。夏虫不可以语于冰者，笃于时也。曲士不可以语于道者，束于教也。"

6.20 樊迟问知。子曰："务民之义，敬鬼神而远之，可谓知矣。"问仁。曰："仁者先难而后获，可谓仁矣。"

【雍也篇】第六 （共二十八章）

【注释】

务民之义 务，致力于。之，动词，向，往。
敬鬼神而远之 远，疏远，不接近。程颐注："人多信鬼神，惑也。而不信者，又不能敬。能敬能远，可谓知矣。"
先难后获 难，艰苦，辛劳。获，获得，获取。程颐注："先难，克己也。以所难为先而不计所获，仁也。"本章樊迟所问的智与仁，指的是官员的智与仁，亦即为官之道。

【译文】

樊迟问怎样才算智慧。孔子说："致力于引导人民崇尚道义，对鬼神采取既敬畏又疏远的态度，可以说是智慧了。"樊迟又问怎样才算仁德。孔子说："先付出辛劳，然后再获取，可以说是仁德了。"

【评述】

孔子所说的"敬鬼神而远之"，是非常著名的一句话，体现了古老的中国智慧。其实，世界上到底有没有鬼神，是一个难以证伪或证实的问题：不见未必没有，故难证伪；有为何不见，故难证实。因此，对待鬼神的聪明态度，就是敬而远之，不肯定，不否定，也不谈论。推而广之，在人际交往中，谁都难免因性格、习惯以及志向等原因，遇到自己不喜欢的人或事。这种情况实属正常，本也无关善恶，但若为了避免无谓的烦恼与滋扰，不妨借鉴一下"敬而远之"的处理智慧——敬是态度，重在不卑不亢；远是做法，大路朝天，各走一边。

6.21 子曰:"知者乐水,仁者乐山。知者动,仁者静。知者乐,仁者寿。"

【注释】

知者乐水,仁者乐山 乐,读 yào,动词,喜欢,爱好。朱熹注:"知者达于事理而周流无滞,有似于水,故乐水。仁者安于义理而厚重不迁,有似于山,故乐山。"

【译文】

孔子说:"聪明的人喜欢像水那样灵活变通,仁德的人喜欢像山那样厚重不迁。聪明的人持变,仁德的人守静。聪明的人快乐,仁德的人长寿。"

【评述】

有些注本,将"知者乐水,仁者乐山"这句话,解作"聪明的人喜欢水,仁德的人喜爱山"——难道聪明的人就不能爬爬山,仁德的人就不能游游水?这样注解,恐怕是误读了孔子的本意。实际上,孔子是借水的流动多变来比喻智谋,借山的厚重不迁来比喻仁德。智者适变,故能快乐;仁者善养,故能长寿。本章,孔子用自然的山水之美喻智喻仁,读来却也耳目一新,令人浮想联翩,不禁有"鸢飞戾天者,望峰息心;经纶世务者,窥谷忘反"之感。

6.22 子曰:"齐一变,至于鲁。鲁一变,至于道。"

【注释】

齐一变,至于鲁 变,变革,改革。齐国虽霸,但有夸诈之失;鲁国虽弱,犹存周公遗风。故而,在政治上齐国要向鲁国学习,变霸道为王道;鲁国则要复兴周公之道,亦即王者之道。

至于道 道,王道,周公之道。

【译文】

孔子说:"齐国的政治一经变革,就能达到鲁国的水平。鲁国的政治一经变革,就能达到王道的水平。"

【评述】

据史籍记载,在齐鲁开国之初,姜子牙只用三年的时间,就完成了齐地的治理;伯禽却用五年的时间,才完成了鲁地的整治。因此,在他们回朝觐见天子时,周公问姜子牙:"何治之疾也?"姜子牙答道:"尊贤者,先疏后亲,先义后仁,此霸者之迹也。"周公问伯禽:"何治之难也?"伯禽回道:"亲亲者,先内后外,先仁后义,此王者之迹也。"可见,齐鲁两国的政治理念,原本就有明显的不同——齐国奉行"先义后仁"的霸道,鲁国则奉行"先仁后义"的王道。从本章来看,孔子显然更推崇"先仁后义"的治国之道。

6.23 子曰:"觚不觚,觚哉?觚哉?"

【注释】

觚不觚 觚,读 gū,古代盛酒的器具,上圆下方。觚的腹足,原本有四条棱角,后因棱角难做而改成了圆形,仍然叫作觚。

【译文】

孔子说:"觚不像个觚,还是觚吗?还是觚吗?"

【评述】

本章,孔子对"觚不觚"表达了强烈的不满。究其原委,大概就像《子罕篇》第三章"拜下,礼也;今拜乎上,泰也"的原因一样,觚不觚又伤及了礼本吧。实际上,孔子并不是一个泥古守旧的人,对于不损害礼本的改革,他的态度就非常开明,积极地予以支持。例如,同是在《子罕篇》第三章,孔子就赞同将麻冕改成丝冕,说:"麻冕,礼也;今也纯,俭,吾从众。"

6.24 宰我问曰:"仁者,虽告之曰:'井有仁焉。'其从之也?"子曰:"何为其然也?君子可逝也,不可陷也;可欺也,不可罔也。"

【注释】

井有仁焉　仁，通"人"。一说，仁指有仁德的人，但救人岂有先分仁与不仁的道理？如果不认识落井之人，又当如何？故以前说为宜。

其从之也　从，跟随，指跳进井里救人。也，通"邪"，疑问词。古注曰："从，谓随之于井而救之也。"

可逝、不可陷，可欺、不可罔　逝，往，前往，指前去救人。陷，陷于危险。欺，欺骗，指被别人欺骗。罔，读 wǎng，迷惑。

【译文】

宰我问道："一个仁德的人，假如告诉他'有人掉进井里了'，他会跟着跳进井里救人吗？"孔子说："为什么要那样做呢？君子可以去救人，但不能自己也陷于危险；可以被别人欺骗，但不能自己糊涂。"

【评述】

仁者，一定是有智慧的人，不智则不足以称仁——如果连是非善恶都分不清，又何以谈善良与仁德呢？仁者爱人，必也爱自己。一个连自己都不爱的人，又怎么可能真正地爱别人呢？故而，孔子说："君子可逝也，不可陷也；可欺也，不可罔也。"实际上，不唯儒家强调仁者必智，即便以慈悲为本的佛家，也认为慈悲必要以智慧为前提。譬如，在佛教净土宗的寺庙里，大殿上供奉着西方三圣，中间是普度众生的阿弥陀佛，左边是主慈悲的观世音菩萨，右边是主智慧的大势至菩萨。这其实就是在告诫四众弟子：佛家固然要以"慈悲为本，方便为门"，但慈悲和方便必须与智慧同在。否则，就会"慈悲生祸害，方便出下流"。

6.25　子曰："君子博学于文，约之以礼，亦可以弗畔矣夫。"

【注释】

博学于文，约之以礼　文，文化知识。约，约束，检束。之，指"博学于文"中的文，只有学习的内容合乎礼，才不会离经叛道。古注曰："学而不约，必叛道也。"

畔　同"叛"，反叛，背叛。

【译文】

孔子说："君子广泛地学习知识，又能用礼对所学加以检束，也就不会离经叛道了。"

【评述】

爱好学习，固然是一种美德。但是，如果不论好坏什么都学，学了坏的可就有害了。譬如读书，倘若读那些庸俗、粗俗与低俗的坏书，不但无益于修身进德，还容易使人步入歧途，消极沉沦，无疑是有害的。只有读那些富含知识性、学术性与思想性的好书，才能使人进贤进能，提升自我。因此，在"博学于文"的同时，必要约之以礼，这样才不会偏离正道。

6.26 子见南子，子路不说。夫子矢之曰："予所否者，天厌之！天厌之！"

【注释】

南子 卫灵公的夫人，深受卫灵公宠爱，对卫国政治具有重要的影响力，但名声不好。

矢 通"誓"，发誓。

予所否者 所，如果，假如，所……者，是古人惯用的誓言格式。否，不正当，指做了非礼之事。

【译文】

孔子见了南子，子路很不高兴。孔子发誓说："我如果做了不该做的事，就让上天惩罚我！就让上天惩罚我！"

【评述】

南子是卫灵公的夫人，对卫国的政局具有举足轻重的影响力。但是，她的名声很不好，是个不守妇道的人，许多人对她避之唯恐不及。在这种情况下，孔子不惧流言蜚语，敢于只身赴会，不但表现出了身正不怕影子歪的自信与坦荡，也反映了他在处理问题上的灵活性,远非后世假道学的装腔作势可比。至于孔子的发誓自表,不过是因为爱徒的误解而委屈,情不自禁罢了。

6.27 子曰:"中庸之为德也,其至矣乎!民鲜久矣。"

【注释】

中庸 中,不偏之谓中,既不过分,也无不足,恰到好处。"中"的要义,重在权衡,既不可简单地平均,也不能敷衍苟且,而是在限定条件下求取最佳解,亦即合理最大化。庸,用,常用,《说文解字》曰:"庸,用也。"中庸,恰到好处,常用的合理之道。

其至矣乎 至,极也。

【译文】

孔子说:"中庸作为道德的标准,应该是最高的了!人们很久都做不到了。"

【评述】

人们提到道德,往往将其与高尚、奉献乃至损己利人联系在一起,其实不然。道德的立足点,既不是吃亏,也非占便宜,而是合理——合理的最高标准,便是中庸。中庸,就是恰到好处,既不过分,也不缺欠,增一分则长,减一分则短。其实,中庸的本质,也就是中国传统文化里的"和",有制约,有妥协,也有包容,追求的是最佳状态的平衡。需要说明的是,中庸与完美不同,中庸是基于现实的合理最大化,完美却是脱离实际的求全责备,偏执于绝对,同而不和了。当然,中庸也非简单地平均处理,不能把"各打五十大板"误解为中庸,那只不过是"和稀泥"罢了。《孟子》有云:"执中无权,犹执一也。"

6.28　子贡曰:"如有博施于民而能济众,何如?可谓仁乎?"子曰:"何事于仁?必也圣乎!尧舜其犹病诸。夫仁者,己欲立而立人,己欲达而达人。能近取譬,可谓仁之方也已。"

【注释】

博施、济众　施,施予,给予。济,帮助,救济。

尧舜其犹病诸　尧舜,上古时期两位贤明的君王,均系儒家所尊崇的圣人。病,为难,古注曰:"心有所不足也。"

能近取譬,可谓仁之方也已　近,就近,切近。譬,比喻。近取譬,以自身打比方,推己及人之义,也即上文所说的"己欲立而立人,己欲达而达人"。方,近旁之义,有如《诗经》"所谓伊人,在水一方"中"方"的用法。

【译文】

子贡说:"假如有一个人,他广泛地给人民好处,又能救助大众,这个人怎么样?算得上仁德吗?"孔子说:"何止于仁德!那一定是圣德了,恐怕连尧舜都难以做到吧!所谓的仁德,就是自己想站得住,也让别人站得住;自己想发达,也让别人发达。能够推己及人,就可以说是近乎仁德了。"

【评述】

从本章来看,一个人只要能做到推己及人,大致就可以算得上仁德了。究其原因,就在于自利乃人的本性,能够站在别人的处境,为别人着想,其实并不容易。至于博施济众,固然值得赞美,但那是连圣人都难以做到的圣德。然而,正如本章子贡所问一样,人们常在有意无意之中,将仁德的标准拔高,以圣德谓仁德,使人难以企及,结果连仁德都不愿实践了。实际上,孔子所创建的道德学说,最可贵的地方,就在于它根植于现实的社会与生活之中,使每个人都可学可用,平凡里见伟大,既自利又利他——如若刻意地将孔学圣化,以至于曲高和寡,反倒使孔学失去了原本的价值和意义。

【述而篇】第七
（共三十七章）

7.1 子曰："述而不作，信而好古，窃比于我老彭。"

【注释】

述而不作，信而好古 述，阐述，传述旧闻。作，创作，创建新作。信，信服，信奉。

窃比于我老彭 窃，谦辞，私下里。老彭，商朝的大夫，好述古事，素有贤名，在《礼记》中称作"商老彭"。一说，老彭指的是老子和彭祖，但彭祖是长寿的象征，相传他历经舜、禹、夏、商四代，活了八百多年，并不以述事著称，故以前说为宜。

【译文】

孔子说："我阐述但不创作，信奉且喜爱古代的文化，私下里我自比为老彭。"

【评述】

据《史记》记载,孔子删《诗》《书》,定《礼》《乐》,赞《周易》,修《春秋》。他在收集和整理古籍的过程中,不可能没有自己的发明,"述而不作",显然是谦虚的说法。事实上,孔子在阐述古代文化的同时,进行了大量的创作。比如,他为阐释《易经》,专门撰写了《易传》,其中就有许多思想上的升华与创见,极大地拓展了《易经》的内涵和外延,使《易经》由一部神秘的卜筮之书,跃然升腾为一门博大精深的学问。在中华文明的历史进程中,孔子作出了伟大的贡献,是当之无愧的中国文化的代表人物。

7.2 子曰:"默而识之,学而不厌,诲人不倦,何有于我哉?"

【注释】

默而识之,学而不厌 识,读zhì,通"志",记,记住。厌,厌烦,厌弃。

【译文】

孔子说:"默默地记住所学的知识,努力学习而不厌烦,教导别人从不倦怠,这些对我有什么难呢?"

【评述】

本章孔子所言，实质上说了学和教两方面的内容：学要"默而识之，学而不厌"，教要"诲人不倦"。其中，默而识之，就是要有专心致志的学习态度，博闻广记；学而不厌，就是要有积极主动的求知精神，勤奋好学。诲人不倦，则是说教书育人要尽心尽责，爱岗敬业。本章虽然简短，却完全可以作为教师的职业守则之用——自己要不断地充实知识，学而不厌；教育学生要毫不懈怠，诲人不倦。

7.3 子曰："德之不修，学之不讲，闻义不能徙，不善不能改，是吾忧也。"

【注释】

闻义不能徙　徙，迁移，追从。

【译文】

孔子说："品德不培养，学问不讲习，听到义不去追从，有错误不能改正，这些都让我忧虑哩。"

【评述】

对于一个人的修养来说，德必修而后成，不修德则无以言寡尤、行寡悔。学必讲而后明，不讲学则不能明辨是非、去疑解惑。义必徙而后立，不徙义则无以立身立德、趋利避害。过必改而后善，不改过则不能吸取教训、防非止过。因此，孔子所列"修德、讲学、徙义、改过"四项，不但是修身进德的重要内容，也是为人处事的基本功。

7.4 子之燕居，申申如也，夭夭如也。

【注释】

燕居 燕，闲，燕居是闲居、休闲的意思。

申申如也，夭夭如也 申申，形体舒展，舒适安闲之貌。夭夭，神态自在，容色和悦之貌。古注曰："申申，其容舒也。夭夭，其色愉也。"

【译文】

孔子闲居时，形态舒展，神情自在。

【评述】

孔子虽然讲究礼仪，但不生硬呆板。他的言谈举止潇洒自如，既有紧张严肃，又有活泼舒展，张弛皆以时宜为度。故而，在正式场合，他正其衣冠，尊其瞻视，俨然人望而畏之；在闲居时，他则申申如也，夭夭如也，一副轻松自在。

[述而篇]第七 (共三十七章)

7.5 子曰:"甚矣吾衰也!久矣吾不复梦见周公!"

【注释】

周公 姓姬,名旦,系周文王姬昌的第四子、周武王姬发之弟,因其采邑在周,爵位为公,故称周公。周朝建立后,周武王为吸取商朝东夷之乱的历史教训,特将开国功臣周公旦、姜子牙、召公奭分封于鲁、齐、燕三地,一字排开,镇守东方。故而,周公是鲁国的始封君,但因周武王在建周两年后去世,年幼的周成王需要周公留朝辅政,于是派长子伯禽赴鲁。周公在辅政成王期间,主导创建了宗法制度、封建制度、礼乐制度和井田制度,为周朝八百年的统治奠定了坚实的基础。周公致政成王后,退居在今陕西西安附近的丰地养老,三年后去世。在《尚书·大传》中,周公的历史功绩被概括为:"一年救乱,二年克殷,三年践奄,四年建侯卫,五年营成周,六年制礼乐,七年致政成王。"

周公旦是中国古代杰出的政治家,对中国历史产生了非常深远的影响,史称周公。周公是孔子心目中最伟大的圣贤之一,被儒家尊为"元圣"。

【译文】

孔子说:"我衰老得很厉害啊!很久都没有再梦见周公了。"

7.6 子曰:"志于道,据于德,依于仁,游于艺。"

【注释】

志于道 志,向往,追求之义。古注曰:"志,慕也,心之所之之谓。"

据于德,依于仁 据,基于,立足于。依,依从,依靠。古注曰:"据,杖也;依,倚也。"

游于艺 游,游憩,玩物适情之谓,此为娴熟地掌握之义。钱穆《论语新解》注:"人之习于艺,如鱼在水。"艺,六艺,即礼、乐、射、御、书、数六种技艺。

【译文】

孔子说:"你们要心里向往道,为人立于德,处事依从仁,娴熟地掌握六艺。"

【评述】

本章这四句话,大概是孔子向弟子们提出的总要求,类似于现在的校训。其中,"志于道,据于德,依于仁",讲的是思想品德,三者有先后之序,但无轻重之别,互相成辅。"游于艺"则是讲学习知识,要熟练地掌握礼、乐、射、御、书、数等技艺技能。孔子这四句话,前三句旨在立德,后一句重在蓄才,合起来便是德才兼备。其实,本章孔子所言,不也正是现在学校里所倡导的"有理想、有道德、有纪律、有文化"吗?只是提法不同罢了。

7.7 子曰:"自行束脩以上,吾未尝无诲焉。"

【注释】

自行束脩以上　脩,干肉,也称脯。一条干肉叫一脡,十脡为一束,束脩就是十条干肉的意思。春秋时期,束脩属于薄礼,也是最为常用的拜见之礼。束脩以上,就是说必须要有拜师之礼,多则不限。因本章之故,人们常用束脩代称学费,或是给老师的酬金。

【译文】

孔子说:"只要给我的拜见礼不少于十条干肉,我还从来没有不教诲的。"

【评述】

在钱财面前,孔子从不忸怩作态,他尚义,直率,实实在在。概括来说,孔子所奉行的钱财观,就是"必不取不义之财;不义之财,后必有灾。不必让应得之利;应得之利,合情合理"。以本章为例,传授知识,本就属于劳动,收取报酬又有什么不妥呢?《礼记》有云:"往而不来,非礼也;来而不往,非礼也。"自行束脩以上,既是学生求知诚意的体现,也明确了老师的义务。其中,"自行"是讲主动性,指学生的求知要自愿。"束脩"是讲原则性,指老师的教诲要收费。"以上"则是讲灵活性,只要酬劳合理,便也多多益善。此外,束脩之礼,似乎还有一个妙用——孟子不是说"人之患在好为人师"吗?不妨用束脩之礼自检:有束脩,则无好师之患；无束脩，便有好师之嫌。

7.8　子曰："不愤不启，不悱不发。举一隅不以三隅反，则不复也。"

【注释】

不愤不启，不悱不发　愤，愤懑，烦闷，心求通而未得之义。悱，读 fěi，口欲言而未能之貌，想说又说不出来。

举一隅不以三隅反　举，举出。隅，角落，方向。反，推知。举一反三，在东、西、南、北四个方向中，知道一个方向以后，理应根据方位之间的角度，推知另外的三个方向。

【译文】

孔子说："教导学生，不到他百思不得其解，不去开导他；不到他想说却又说不出，不去启发他。告诉他一个方向，如果他不能推知另外的三个方向，就不要再教了。"

【评述】

在孔子看来，学习是一个自我实现的过程。因此，首先要调动学生的积极性，只有将学生的学习态度由"要我学"转变为"我要学"，才能达到事半功倍的教学效果，故曰"不愤不启，不悱不发"。其次，学习还要活学活用，触类旁通。如果学生不能举一反三，那就说明学习的方法有问题，教师应该停下来,帮助学生找出原因,加以改正。否则,也难以达到令人满意的教学效果。

7.9 子食于有丧者之侧,未尝饱也。子于是日哭,则不歌。

【注释】

是日 当日,这一天。

【译文】

孔子在有丧事的人旁边吃饭,从未吃饱过。孔子如果哭泣过,当天就不再唱歌。

【评述】

本章,记述了孔子的恻隐之心。《孟子》有云:"恻隐之心,仁之端也。"

7.10 子谓颜渊曰:"用之则行,舍之则藏,惟我与尔有是夫!"子路曰:"子行三军,则谁与?"子曰:"暴虎冯河,死而无悔者,吾不与也。必也临事而惧,好谋而成者也。"

【注释】

子行三军，则谁与 行，率领，统率。三军，军队，《周礼·司马》曰："凡军制，万有二千五百人为军，王六军，大国三军，次国二军，小国一军。"与，偕同、共事之义。

暴虎冯河 暴，徒手搏曰暴，暴虎指不借助任何武器，徒手与老虎搏斗。冯，通"凭"，徒身涉曰冯，冯河指不借助任何工具，徒身过大河。河，凡水大小皆曰河，此指大河。

临事而惧，好谋而成者也 惧，谨慎。成，成事，完成任务。

【译文】

孔子对颜渊说："用我就干起来，不用我就藏起来，只有我和你能这样吧！"子路对孔子说："您如果统率军队，找谁共事？"孔子说："赤手空拳就敢和老虎搏斗，不借助任何工具就敢渡大河，像这种死了都不知道后悔的人，我是不会同他共事的。我要找的人，一定是遇事谨慎，善于谋略而能成事的人。"

【评述】

本章，子路见孔子夸奖颜回，也想借机炫耀一下自己的勇敢，孰料却碰了一鼻子灰。实践证明，一个人要想成事，仅凭勇敢不行，还必要临事而惧，善于谋略——"暴虎冯河，死而无悔者"，只不过是愚蠢的莽夫，算不上英雄。在《三国演义》中，曹操就有一段关于英雄的精彩论述，他说淮南袁术虽兵粮足备，不过是"冢中枯骨"，非英雄也。河北袁绍虽四世三公，门多故吏，虎踞冀州之地，部下能事者极多，但"色厉胆薄，好谋无断，干大事而惜身，见小利而忘命"，非英雄也。刘表虽名称八俊，威震九州，但"虚名无实"，非英雄也。益州刘璋"虽系宗室，乃守户之犬耳"，何足为英雄！至于张绣、张鲁、韩遂等辈，皆碌碌小人，何足挂齿？他认为："夫英雄者，胸怀大志，腹有良谋，有包藏宇宙之机，吞吐天地之志者也。"

7.11 子曰："富而可求也，虽执鞭之士，吾亦为之。如不可求，从吾所好。"

【注释】

富而可求 富，财富，指发财。而，表示假设的连词，若，如果。

执鞭之士 执鞭，指低贱的职业。根据《周礼》的记载，古时拿皮鞭的人有两种，一种是为天子诸侯等权贵开路的人，一种是守在市场门口维持秩序的人。本章讲的是求财，市场乃财富的聚集之所，故而本章的执鞭之士，应指市场的守门人。

如不可求，从吾所好 既然不是求就可以发财，那就"从吾所好"——为自己所当为，做自己所当做，做好自己，尽人事听天命，自立，自信，自在，坦荡豁达，不负韶华。

【译文】

孔子说:"财富如果求就可以得的话,即便在市场做个拿鞭子的守门人,我也愿意干。如果不是求就可以得,那我还是干我愿意干的事吧。"

【评述】

一个人能否发财,除了自身因素外,还取决于外部条件,有道是"死生有命,富贵在天"。现在有句网络流行语,说"在风口上,猪也能飞起来",大概就是想强调外部条件的重要性吧。但是,这话说得似乎也不太准确,容易误导年轻人。人的成功,固然需要天时地利,却也离不开人和。试想,既然风把猪都能吹起来,雄鹰自然就更不在话下了。问题是,飞上天之后呢?雄鹰可以展翅高飞,猪却要重重地摔下,正如《易经》所言:"德薄而位尊,知小而谋大,力少而任重,鲜不及矣。"因此,无论对于发财还是功名,正确的态度都应是修身蓄才,运以待命——有风了就大展宏图,没有风也可以理足而无憾,不能只做"等风的猪"。

7.12 子之所慎:齐,战,疾。

【注释】

齐 通"斋",斋戒。斋戒是祭祀前的准备活动,包括斋和戒两方面的内容。斋者，齐也，整齐之义，是对自我身心的整理与清洁，如沐浴更衣、心除杂念等。戒者，不为也，禁止之义，是对生活习惯的调整，如不饮酒、不吃荤、不与妻妾同房，暂停各种娱乐活动等。斋戒的目的在于洁净身心，防非远过。

【译文】

对于斋戒、战争和疾病，孔子的态度特别慎重。

【评述】

《左传》有云："国之大事，在祀与戎。"斋戒，事关祭祀的宗旨与意义，不慎重就不能虔诚庄敬，祭如不祭。战争，事关国运和百姓的福祉，不慎重就不能保国安民，甚至还会贻害苍生。疾病，事关个人的生死安危，不慎重就不能健康与养生，岂可儿戏？故而，孔子之慎，乃因兹事体大，不可不慎。

7.13 子在齐闻《韶》，三月不知肉味，曰："不图为乐之至于斯也。"

【注释】

子在齐闻《韶》 闻，听闻，此指学习。《韶》，舜帝时期的乐，孔子对它评价极高，誉其为"尽美矣，又尽善也"。

不图为乐之至于斯 图，料想。为，学习。据《史记·孔子世家》记载，孔子在齐国听到《韶》乐后，对其大为赞赏，特地向齐国的乐师学习《韶》乐，因为过于专注，以致很长时间都尝不出肉味。

【译文】

孔子在齐国学习《韶》乐，很长时间都尝不出肉味，说："想不到学乐竟然到了这种境界。"

【评述】

在学习的态度上，孔子说有"知道学习、爱好学习和乐于学习"三种境界。"三月不知肉味"，应该就是最高的乐学境界了——学能至于斯，造诣必厚矣。

7.14 冉有曰："夫子为卫君乎？"子贡曰："诺；吾将问之。"入，曰："伯夷、叔齐何人也？"曰："古之贤人也。"曰："怨乎？"曰："求仁而得仁，又何怨？"出，曰："夫子不为也。"

【注释】

夫子为卫君乎 为，本意是帮助，此为赞成之义。卫君，卫出公，名辄，系卫灵公之孙、太子蒯聩之子。蒯聩因与卫灵公夫人南子交恶，在刺杀南子事败后逃到了晋国。卫灵公死后，南子等人立蒯聩之子姬辄为国君，是为卫出公。卫出公继位后，流亡在外的蒯聩，本想依靠晋国大夫赵简子的力量，回国夺取君位，但遭到了卫国的顽强抵抗，无功而返。对于卫出公拒不让位的做法，冉有想知道孔子的态度，故问子贡。

伯夷、叔齐 伯夷与叔齐，是互让君位的楷模，见《公冶长篇》第二十二章注。子贡是个聪明人，他若直接问孔子对卫出公的态度，怕孔子不便回答而尴尬，但若知道孔子对伯夷、叔齐的看法，便可闻一知二，推知孔子对卫出公的态度。从这件事上，也可以看出子贡的智慧，难怪孔子誉其为"瑚琏之器"。

【译文】

冉有问道："老师赞成卫君的做法吗？"子贡说："嗯，我去问问。"子贡来到孔子的屋里，问道："您看伯夷、叔齐是什么样的人？"孔子说："古代的贤人。"子贡又问："他们兄弟俩互让君位，难道就没有怨悔吗？"孔子说："他们追求仁德，便得到了仁德，又有什么可怨悔的呢？"子贡出来后，对冉有说："老师不赞成卫君的做法。"

【评述】

在儒家看来，卫出公继承君位，虽属情非得已，但拒父回国，却也有违所谓的春秋大义。故而，"夫子不为也"。

7.15 子曰："饭疏食饮水，曲肱而枕之，乐亦在其中矣。不义而富且贵，于我如浮云。"

【注释】

饭疏食饮水 疏，粗，粗疏。水，凉水，古称凉水为水，热水为汤。

曲肱枕之 肱，胳膊。枕，动词，将头枕在胳膊上面。

于我如浮云 浮云，飘浮的云彩。如浮云，无动于衷之义。

【译文】

孔子说："吃粗饭，喝凉水，弯着胳膊当枕头，也自有它的乐趣。不正当的富与贵，对我来说，就像天边的浮云一样，我一点也不动心。"

【评述】

人们渴望富贵，本也无可非议。但是，诚如孔子所言："富与贵，是人之所欲也；不以其道得之，不处也。"究其原因，就在于用不正当方法得来的富贵，往往也会以不正当的方式失去，甚至还会搭上身家性命。历史上，一桩桩"眼看他起朱楼，眼看他宴宾客，眼看他楼塌了"的惨痛案例，不都是因为出乎不义，然后又反乎不义吗？事实上，不义而富且贵，有如饮鸩止渴，到头来并不划算，反不如"饭疏食饮水，曲肱而枕之"，不但踏实自在，还有一份逍遥的乐趣。《大学》有云："言悖而出者，亦悖而入；货悖而入者，亦悖而出。"

7.16 子曰:"加我数年,五十以学《易》,可以无大过矣。"

【注释】

加我数年,五十以学《易》 加,通"假",给予。学,研究,此为阐释之义,孔子晚年为阐释《易经》,专门撰写了《易传》。

有些注本,将"学"字解作学习,但既然早就知道学《易》可以无大过,为何还要再等几年,非要到五十岁才学?况且,孔子时代的书籍并不多,只不过《诗》、《书》、《礼》、《乐》、《易》等有限的几部。孔子十五岁便立志于学,为何《诗》、《书》、《礼》、《乐》都学了,单独留下《易》不学?不合常理。据《史记》记载,孔子"晚而喜易,序彖、系、象、说卦、文言,读易韦编三绝,曰:假我数年,若是,我于易则彬彬矣"。因此,大概是有人请孔子讲解《易经》,但孔子认为《易》理至深,若欲准确地阐释《易经》,必须要有足够的人生阅历,否则就会有较大的偏差,故有本章所言。

【译文】

孔子说:"给我几年的时间,等我到了五十岁再阐释《易经》,就可以没有大的错误了。"

【评述】

《易经》发端于传说中的天赐祥瑞,历来被视为一部神秘的天书。相传,在远古的洪荒时期,从黄河中奔腾出一匹健硕的龙马，马背上镌刻着神奇的图案，是为河图。后来，又从洛水中浮出一只灵龟，龟背上也负有神秘的画符，是为洛书。中华民族的人文始祖伏羲，在河图洛书的启迪下，仰观天文，俯察地理，近取诸身，远取诸物，经过深邃的观察与思索，创建了八卦学说。这便是《易经》的起源，太极、阴阳、八卦、河图洛书、神龟天马……其后，周文王在被商纣王拘禁于羑里期间，将伏羲八卦相重，演绎成八八六十四卦，并为每卦撰写了卦辞和爻辞，创作了《易经》。《易经》全书不足五千字，用词隐微，充满了警惕与忧患意识。《易经》虽然是一部卜筮之书，但涉及人生、世道、命运等各方面的内容，蕴含着丰富的哲理，素有万经之首的美誉。孔子晚年为阐释《易经》，专门撰写了《易传》，包括《彖传》、《象传》、《文言传》、《系辞传》、《说卦传》、《序卦传》和《杂卦传》，共计七类十篇，统称十翼。因此，广义上的《易经》，既包括伏羲之卦、文王之经，也包括孔子之传，素有"人更三圣，世历三古"之说。

7.17 子所雅言，《诗》、《书》、执礼，皆雅言也。

【注释】

子所雅言 雅言，标准语，普通话之义。春秋时期的普通话，是位于今陕西西安地区的镐京话。

【译文】

孔子有时候也说普通话,朗读《诗》、《书》,主持礼仪,都用普通话。

7.18 叶公问孔子于子路,子路不对。子曰:"女奚不曰,其为人也,发愤忘食,乐以忘忧,不知老之将至云尔。"

【注释】

叶公 叶,地名,旧读 shè,位于今河南省叶县,是楚国大夫沈诸梁的采邑。周武王分封诸侯时,楚国仅仅是子爵国。后来,楚国崛起,楚君向周天子请求进爵遭拒,便一怒之下自封为王,楚国的大夫也随之升格为公,故称沈诸梁为叶公。《左传》曰:"叶公名诸梁,楚大夫,食菜于叶,僭称公。"

子路不对 对,回答。不对,子路因不知怎么回答而未答。

云尔 云,如此。尔,通"耳",而已,罢了。

【译文】

叶公向子路打听孔子的为人,子路没吭声。孔子知道后,对子路说:"你为什么不说,他这个人,用起功来便忘记吃饭,快乐起来便忘记忧愁,从不觉得自己就要老了,如此而已。"

195

【评述】

从孔子的自我描述看,生活中的孔子,是一个勤奋、乐观而又豁达的人。其中,"发愤忘食"是说勤奋刻苦的工作精神,"乐以忘忧"是说乐天安命的生活态度,"不知老之将至",则是说鞠躬尽瘁、死而后已的人生境界。实际上,孔子讲的这三句话,不也正是学习之道吗?——学于未得,便发愤忘食地学习。学有所得,便忘了以前"山重水复疑无路"之忧,尽享"柳暗花明又一村"之乐。学无止境,人要有活到老学到老的学习精神。

7.19 子曰:"我非生而知之者,好古,敏以求之者也。"

【译文】

孔子说:"我不是生来就有知识的人,而是爱好古文化,勤奋学习的人。"

【评述】

孔子是一个非常谦虚的人,尽管他博学多才,但从不以天才自居。尤其可贵的是,他没有故弄玄虚,坦率地说自己"好古,敏以求之者也"。

7.20　子不语怪，力，乱，神。

【注释】

怪，力，乱，神　怪，怪异。力，暴力。乱，叛乱，悖乱。古注曰："怪力乱神，有兴于邪，无益于教，故不言也。"

【译文】

孔子不谈论怪异、暴力、叛乱和鬼神。

【评述】

《庄子·齐物论》中说："六合之外，圣人存而不论；六合之内，圣人论而不议；《春秋》经世，先王之志，圣人议而不辩。故分也者，有不分也；辩也者，有不辩也。"本章所列的怪、力、乱、神，怪异与鬼神，虚无缥缈，无可谈故不谈；暴力与叛乱，血腥恐怖，不足说故不说。在日常生活中，孔子所语，无不以修身养性、尊道崇德为本——语常不语怪，语德不语力，语治不语乱，语人不语神，圣人之道也。

7.21　子曰："三人行，必有我师焉：择其善者而从之，其不善者而改之。"

【译文】

孔子说："三个行人之中，一定有值得我借鉴的人：选取他的优点加以学习,有他那样的缺点就改正。"

【评述】

在孔子看来,学习可以无处不在,随便的几个行人里,也一定有值得自己学习的素材,正所谓"师无常师,学可常学"。实际上,本章孔子所言,表达的仍然是"见贤思齐,见不贤而内自省"的修养理念。其中,"择善而从"就是要见贤思齐,发现别人的优点便加以学习;"不善而改"就是要见不贤而内自省,发现别人的缺点便引以为戒。

7.22 子曰:"天生德于予,桓魋其如予何?"

【注释】

桓魋 宋国的司马,姓向名魋,因系宋桓公之后,故又称桓魋。据《史记·孔子世家》记载,孔子曾公开批评过桓魋,因而得罪了他。孔子和弟子们从曹国来到宋国后,当他们正在大树下习礼时,桓魋派人来伐树,还扬言要派兵杀孔子。弟子们非常恐惧,催促孔子快点逃走,孔子却镇定地说:"天生德于予,桓魋其如予何?"然后才身着微服,潜行而去。

【译文】

孔子说:"上天将道德赋予了我,他桓魋又能把我怎么样?"

【评述】

孔子尊道崇德，立身中正，俯仰无愧，故能有"桓魋其如予何"的底气与自信。概括来说，孔子之道，德行合天，得道多助，本就带有正义的力量。孔子之德，曰仁曰智曰勇，其仁足以克己复礼、内省不疚，不疚故能不忧不惧，是谓"仁者不忧"；其勇足以配天地道义，义无反顾，镇定自若，是谓"勇者不惧"；其智足以权衡变通，理智应对，故而微服潜行，不逞暴虎冯河之勇，是谓"智者不惑"。《孟子》有云："莫非命也，顺受其正，是故知命者不立乎岩墙之下。尽其道而死者，正命也；桎梏而死者，非正命也。"

7.23 子曰："二三子以我为隐乎？吾无隐乎尔。吾无行而不与二三子者，是丘也。"

【注释】

吾无行而不与　与，公开之义，指孔子对弟子们知无不言，言无不尽。朱熹注："诸弟子以夫子之道高深不可及，故疑其有隐，而不知圣人作、止、语、默无非教也。与，犹示也。"

【译文】

孔子说："你们以为我有什么隐瞒吗？我对你们毫无隐瞒。我没有一点不向你们公开，这就是我孔丘的为人。"

7.24　子以四教：文，行，忠，信。

【注释】

文行忠信　文，指诗、书、礼、乐等文化知识。行，行为，言谈举止。忠，忠厚，忠厚待人。信，诚信，诚信处事。

【译文】

孔子从四个方面教育学生：文化知识，言谈举止，忠厚待人，诚信处事。

【评述】

孔子从文、行、忠、信四个方面教育学生，宗旨就是把学生们培养成品学兼优的可用之才。其中，文与行重在蓄才，博之以文，可以丰富学生们的文化知识；约之以礼，可以规范学生们的言谈举止。忠与信旨在立德，忠可以立其节，信可以全其终，有道是"言忠信，行笃敬，虽蛮貊之邦，行矣；言不忠信，行不笃敬，虽州里，行乎哉？"在孔子的教学实践中，文、行、忠、信四教合一，便是德才并育。

7.25　子曰："圣人，吾不得而见之矣；得见君子者，斯可矣。"子曰："善人，吾不得而见之矣；得见有恒者，斯可矣。亡而为有，虚而为盈，约而为泰，难乎有恒矣。"

【注释】

圣人、君子 圣人，具足智慧与道德的人。朱熹注："圣人，神明不测之号；君子，才德出众之名。"

善人、有恒者 善人，德行美善的人。恒，恒定，有恒者指有操守的人。

亡而为有，虚而为盈，约而为泰 亡，通"无"。为，伪装，装作。盈，满，充足。约，穷困，贫穷。

【译文】

孔子说："圣人，我是看不到了；能看到君子，就可以了。"又说："善人，我是看不到了；能看到有操守的人，就可以了。没有却假装有，空虚却假装充实，贫穷却假装富足，这样的人就很难有操守了。"

【评述】

在孔子看来，要想成为圣人，先要成为君子；要想成为善人，先要做有恒者。一个人，如果有"亡而为有，虚而为盈，约而为泰"的毛病，势必会言喜浮夸，说些假话大话；行爱小径，要弄欺瞒伪诈，为人不忠，处事不信，难有操守可言。一个没有操守的人，又怎么能修身进德、克己复礼呢？这样的人，自然也就与德行善美的圣贤无缘了。

7.26　子钓而不纲，弋不射宿。

【注释】

钓而不纲，弋不射宿　纲，渔网的大绳，此指渔网。弋，带有生丝的箭。宿，宿鸟，在巢中栖息的鸟。

【译文】

孔子捕鱼用渔竿不用渔网，射鸟不射巢中的宿鸟。

【评述】

孔子只用渔竿钓鱼，乃因用网捕鱼，可能会把所有的鱼都赶尽杀绝，有不仁之嫌。孔子不射宿鸟，乃因射巢中的宿鸟，不但属于偷袭，还可能伤及巢中的雏鸟，有不义之嫌。自古以来，中华民族就有德及禽兽的优良传统，无论是商汤王的"网开一面"，还是孔子的"钓而不纲"，无不彰显着中国人的宽厚与仁爱之美。

7.27　子曰："盖有不知而作之者，我无是也。多闻，择其善者而从之；多见而识之。知之次也。"

【注释】

不知而作　知，知道，懂得。作，创作，此为穿凿附会之义，古注曰："不知而作，谓妄作穿凿为异端也。"

知之次也　本句是"生而知之者上也,学而知之者次也"的简写,见《季氏篇》第九章。

【译文】

孔子说:"大概有不懂却凭空创作的人,我没这个毛病。多听,选取好的加以采纳;多看,默默地记在心里。这样,就能有仅次于天才的知识了。"

【评述】

俗话说"读万卷书,行万里路",要想成为一个学识渊博的人,就必须多闻多见。多闻,就是不但要听老师讲授,还要在生活实践中学习,读各种无字之书,是谓"读万卷书"。多见,就是不但要博览群书,还要广泛地接触社会,汲取各方面的知识,是谓"行万里路"。只有这样,才能使自己见多识广,知识渊博,不致因孤陋寡闻,给人留下穿凿附会的笑柄。

7.28　互乡难与言,童子见,门人惑。子曰:"与其进也,不与其退也,唯何甚?人洁己以进,与其洁也,不保其往也。"

【注释】

互乡难与言　互乡,地名。言,沟通,交流。

与其进也 与，鼓励，赞成。进，进步，上进。

唯何甚 甚，过分。

与其洁也，不保其往也 洁，清除污秽曰洁，自新之义。保，留，记住之义。

【译文】

互乡那地方的人很难沟通，孔子却接见了互乡的一个年轻人，学生们对此疑惑不解。孔子说："我们鼓励他进步，不赞成他落后，何必做得太过分呢？一个人如果自新求进步，我们就要鼓励他自新，不要总记着他的过去。"

【评述】

《左传》有云："人谁无过，过而能改，善莫大焉。"每个人都难免犯错误，特别是年轻人，尤其如此。在孔子看来，对于犯过错误的人，只要他能主动地改过自新，就要尽可能地给他机会，不要总揪着他的过去不放，更不能一棒子打死。故而，孔子说："与其洁也，不保其往也。"

7.29 子曰："仁远乎哉？我欲仁，斯仁至矣。"

【译文】

孔子说："仁德难道离我们很远吗？只要我想仁德，仁德就来了。"

7.30　陈司败问:"昭公知礼乎?"孔子曰:"知礼。"孔子退,揖巫马期而进之,曰:"吾闻君子不党,君子亦党乎?君取于吴,为同姓,谓之吴孟子。君而知礼,孰不知礼?"巫马期以告。子曰:"丘也幸,苟有过,人必知之。"

【注释】

陈司败　陈,陈国。司败,官职名,司寇的别称。

揖巫马期而进之　揖,作揖。巫马期,孔子的学生,复姓巫马,名施,字子期,比孔子小三十岁。

君子不党　党,相助匿非曰党,偏袒之义。

君取于吴,为同姓,谓之吴孟子　取,通"娶"。鲁昭公娶的夫人是吴国公室之女,吴国公室乃周太王长子泰伯之后,与鲁君同属"姬"姓,违反了《周礼》同姓不婚的规定。按照当时的惯例,对国君夫人的称谓,是其母国名加其姓,故应称鲁昭公的夫人为"吴姬"。但是,这样称谓,也就相当于昭告世人,鲁君违反了礼制,故而改称"吴孟子"。

【译文】

陈司败问:"昭公懂礼吗?"孔子说:"懂礼。"孔子出去后,陈司败向巫马期作了个揖,走近一步,说:"我听说君子不偏袒,难道君子也偏袒吗?昭公娶的夫人来自吴国公室,与昭公是同姓,所以不便叫她吴姬,才改称吴孟子。如果昭公懂礼,那谁不懂礼呢?"巫马期把这话转告给了孔子,孔子说:"我真幸运,如果有错误,别人就一定给指出来。"

【评述】

　　俗话说:"人在江湖,身不由己。"孔子虽然明知鲁昭公娶同姓女违反了礼制,但若直说,势必会损害鲁君的名誉,有违臣道。故而,孔子只得临机权变,"狡猾"地回答说知礼,但这样说却也混淆了视听,甚至让人以非为是,效仿于后。正因如此,在得知陈司败的批评后,孔子甚感欣慰,庆幸自己所言不致误导他人。从孔子说自己"丘也幸,苟有过,人必知之"来看,如果没有陈司败的指正,孔子在事后也会设法补救,以免误导他人。可见,人在有的时候,说些言不由衷的话,圣人也在所难免,只要无伤大雅便好。

7.31　子与人歌而善,必使反之,而后和之。

【注释】

　　必使反之　反,反复,重复。

【译文】

　　孔子同别人一道唱歌,如果唱得好,一定请他再唱一遍,然后和他一起唱。

【评述】

从本章的记述来看,生活中的孔子,不但谦虚好学,而且活泼可爱,可谓性情中人。

7.32　子曰:"文,莫吾犹人也。躬行君子,则吾未之有得。"

【注释】

文,莫吾犹人也　文,学问之义。莫,疑辞,可能、大概的意思。

躬行君子　躬,身,身体。躬行,亲身实践、身体力行之义。

【译文】

孔子说:"在学问上,大概我和别人差不多。若说是身体力行的君子,我还不够格。"

【评述】

躬行,也就是将理论与实践相结合,知行合一。陆游诗曰:"纸上得来终觉浅,绝知此事要躬行。"然而,有的人虽然学问很好,道理都懂,但就是不愿付诸实践,知而不行,终致一事无成。至于孔子本人,他说自己"躬行君子,则吾未之有得",不过是谦辞罢了。实际上,孔子恰恰是一位既有学问,又能知行合一的躬行君子,当之无愧。

7.33　子曰:"若圣与仁,则吾岂敢?抑为之不厌,诲人不倦,则可谓云尔已矣。"公西华曰:"正唯弟子不能学也。"

【注释】

抑为之不厌　抑,表示转折的语气词,不过、只是的意思。

【译文】

孔子说:"如果说我圣与仁,那我怎么敢当?我不过是学习从不厌烦,教导别人从不倦息,如此如此罢了。"公西华道:"这正是我们学不到的。"

【评述】

孔子非常谦虚,从不骄傲自满,更不会以圣人自居。然而,圣人不自以为圣贤,所以为圣贤;凡夫不自以为平庸,所以为凡夫。事实上,孔子因其出类拔萃的道德与学问,早在生前,就已经被人们尊为圣人了。在《孟子·公孙丑》中,记载有子贡对孔子的评论,子贡说:"学不厌,智也;教不倦,仁也。仁且智,夫子既圣矣。"

7.34 子疾病，子路请祷。子曰："有诸？"子路对曰："有之；《诔》曰：'祷尔于上下神祇。'"子曰："丘之祷久矣。"

【注释】

子疾病，子路请祷 疾病，古人称身体不舒服时，轻者曰疾，重者曰病，"疾病"连用，通常指重病。请，祈请。祷，祷告，古注曰："祷者，悔过迁善，以祈神之佑也。"

《诔》曰 诔，应作"讄"，讄是祈祷神灵赐福的祷告词，诔则是哀悼死者的悼词。《说文解字》曰："讄，祷也。"

祷尔于上下神祇 上，指的是天。下，指的是地。天神曰神，地神曰祇。

【译文】

孔子病得很重，子路为他做了祈祷。孔子病好后，问道："有这事吗？"子路回答："有的；《讄文》中说：'替你向天神地祇祷告。'"孔子说："我自己早就祷告过了。"

【评述】

在孔子看来，一个人，只要品行端正，积善行德，就如同天天祈祷一样，神明自然会赐福。否则的话，如果为人邪曲，犯下伤天害理的事，即便天天祈祷也没用，有道是"获罪于天，无所祷也"。孔子为人中正，做事唯义是从，内省不疚，俯仰无愧，故曰"丘之祷久矣"。

7.35　子曰:"奢则不孙,俭则固。与其不孙也,宁固。"

【注释】

奢则不孙　奢,奢华。孙,通"逊",谦逊。古注曰:"奢者常欲胜人一等,故不逊。"

俭则固　俭,俭朴。固,固陋,寒碜。

【译文】

孔子说:"奢华就会显得不谦逊,俭朴就会显得寒碜。与其不谦逊,宁肯寒碜。"

7.36　子曰:"君子坦荡荡,小人长戚戚。"

【注释】

坦荡荡　坦,平坦。荡荡,宽广的样子。程颐注:"君子循理,故常舒泰。小人役于物,故多忧戚。"

【译文】

孔子说:"君子心胸宽广,小人却常常愁眉苦脸。"

【评述】

君子心胸宽广,既不被名牵,也不被利扰,从不纠结于小私小利，格局大，度量也大，故能坦荡荡。小人鼠目寸光，急功近利，蝇营狗苟且又患得患失，格局小，度量也小，故而长戚戚。

7.37　子温而厉，威而不猛，恭而安。

【译文】

孔子温和而又严肃，威严但不凶猛，庄重而安详。

【评述】

对于常人来说，温和就少了严肃，严肃便少了温和；威严就显得凶猛，不凶猛便似乎没了威严；庄重就少了安详，安详却又少了庄重：有此则无彼，有彼则无此，很难兼得。然而，孔子却能将温和与严肃、威严与亲切、庄重与安详，调和得恰到好处，相得益彰。根本原因，就在于孔子的道德修养已经达到了很高的境界，远非常人可比。

【泰伯篇】第八

（共二十一章）

8.1 子曰："泰伯，其可谓至德也已矣。三以天下让，民无得而称焉。"

【注释】

泰伯 也称太伯，系周太王的长子、周文王姬昌的伯父。周太王是周文王的祖父，又称古公亶父、古公或公亶父，姓姬名亶。周太王共有三子，分别为太伯、仲雍和季历，季历就是周文王姬昌的父亲。据说，周太王见姬昌广有圣德，就想打破传长不传幼的惯例，欲将君位传给季历，以便季历将来再传位给姬昌。泰伯知道周太王的心意后，为遂父愿，便偕同仲雍出走江东（吴越），从而使季历顺利地继承了君位。后来，季历传位给姬昌，姬昌又传位给姬发，姬发灭商建周夺得天下，是为周武王。

三以天下让 三，三次。据记载，泰伯主动放弃君位共有三次，出走吴越是一让，周太王死后不返周奔丧是二让，断发纹身示不可用是三让。天下，泰伯让位给季历时，周室只是一个部落，还谈不上"天下"，这是从泰伯让而有周的角度而言。

无得而称 得，古本也作"德"。朱熹注："无得而称，其逊隐微，无迹可见也。"

【译文】

孔子说："泰伯，可以说是品德最高了。他三次让出君位，百姓却找不到实据来称赞他。"

【评述】

《道德经》有云："上德不德，是以有德；下德不失德，是以无德。上德无为而无以为，下德无为而有以为。"泰伯不计较个人的富贵与前程，三让天下，既不自伐其功，也不自夸其名，以至于"民无得而称焉"，堪称上德。

8.2 子曰："恭而无礼则劳，慎而无礼则葸，勇而无礼则乱，直而无礼则绞。君子笃于亲，则民兴于仁；故旧不遗，则民不偷。"

【注释】

劳、葸、乱、绞 劳，劳倦，疲倦。葸，读 xǐ，怯懦，畏惧。乱，惹乱，闯祸。绞，尖刻，刻薄。朱熹注："无礼则无节文，故有四者之弊。"

君子笃于亲 君子，此指在上位的人。笃，深厚。

213

则民不偷　偷，薄，淡薄，此指人情淡薄。

【译文】

孔子说："恭敬不依礼就会劳倦，谨慎不依礼就会怯懦，勇敢不依礼就会闯祸，直率不依礼就会刻薄。在上位的人用深厚的感情对待他的亲族，百姓就会崇尚仁德。在上位的人不遗弃他的老同事、老朋友，百姓就不会人情淡薄。"

【评述】

通常而言，恭敬、谨慎、勇敢、直率是一个人的优点，但若没有礼的节制，优点就可能走偏，甚至会蜕变成缺点——恭敬就会劳倦，谨慎就会怯懦，勇敢就会闯祸，直率就会刻薄。故而，只有用礼对"恭慎勇直"加以规范，依礼而为，方能得其要领，不至于反美不美。《孟子》有云："不以规矩，不能成方圆。"

8.3　曾子有疾，召门弟子曰："启予足！启予手！《诗》云：'战战兢兢，如临深渊，如履薄冰。'而今而后，吾知免夫！小子！"

【注释】

启予足　启，通"视"，观看、观察之义。一说，启是揭开、掀开之义,即曾参让弟子们揭开被子,看看他的手和脚。两说大意相同,均指发肤完好,未受刑罚。

战战兢兢,如临深渊,如履薄冰 本句出自《诗经·小雅·小旻》,意思是说要像临深恐坠、履薄恐陷那样,小心谨慎。战战,恐惧的样子。兢兢,警惕的样子。履,步行。

而今而后,吾知免夫 免,免罪,免受刑罚。曾参为人处事小心翼翼,一贯谨言慎行,唯恐招致祸患。

【译文】

曾参病了,把学生们召集到身边,说:"看看我的脚!看看我的手!《诗经》上说:'要小心谨慎呀,就好像站在深坑边,好像走在薄冰上。'从今以后,我知道自己可以免于刑罚的祸害了!学生们!"

【评述】

在古人看来,保护好自己的身体,也是孝道的表现。《孝经》有云:"身体发肤受之父母,不敢毁伤。"本章曾参所言,就是告诫弟子们,为人处世要谨言慎行,始终保持战战兢兢的态度,如临深渊,如履薄冰。只有这样,才能使自己免遭刑罚,不失孝道。实际上,曾参的这个观点,与孔子所讲的"父母唯其疾之忧",在思想上一脉相承,都是强调自立、自省与自强的做人之道。

8.4　曾子有疾，孟敬子问之。曾子言曰："鸟之将死，其鸣也哀；人之将死，其言也善。君子所贵乎道者三：动容貌，斯远暴慢矣；正颜色，斯近信矣；出辞气，斯远鄙倍矣。笾豆之事，则有司存。"

【注释】

孟敬子问之　孟敬子，鲁国大夫仲孙捷，系孟懿子仲孙何忌之孙，孟武伯仲孙彘之子。问，探望。

君子所贵乎道　君子，此指在上位的人。贵，注重，重视。道，礼节，郑玄注："道，谓礼也。"

动容貌，正颜色，出辞气　动，调动，整理。容貌，仪容仪表。动容貌，指整理仪容仪表，使之庄严。正，端正。颜色，神态表情。正颜色，指端正神态表情，使之真诚。出，出言。辞气，用词和语气。出辞气，指斟酌用词和语气，使之得当。古注曰："动容貌，则人敬其仪。正颜色，人达其诚，信者立也。出辞气，则人乐其义。"

远暴慢　暴，急躁，粗鲁。慢，轻慢，放肆。

远鄙倍　鄙，粗鄙。倍，通"背"，违背，背理之义。

笾豆之事，则有司存　笾，竹质的高脚礼器。豆，木质的用以盛放有汁食物的礼器。有司，掌管具体事务的官吏。

【译文】

曾参病了，孟敬子去看望他。曾参说："鸟要死了，鸣叫的声音是悲哀的；人要死了，说出的话是善意的。君子在礼仪上要注重以下三点：仪表庄严，就可以避免别人的粗鲁与放肆；神情端正，就容易获得别人的信任；斟酌言辞，就可以避免说话的粗野与过失。至于像笾豆之类礼仪上的事，自有管事的人负责。"

【评述】

一个人的礼仪修养，主要表现在"容貌、颜色和辞气"三个方面。其中，容貌就是指仪容仪表，若是不修边幅邋里邋遢，坐没坐相、立没立相，自己不庄重，别人自然不会有敬意，故曰"动容貌"。颜色就是指神态表情，若是嬉皮笑脸没有正形，势必难以获得别人的信任，故曰"正颜色"。辞气就是指说话的用词和语气，若是出言放任信口开河，不注意用词和语气，就难免显得粗野，也容易说错话，故曰"出辞气"。《礼记》有云："君子貌足畏，色足惮，言足信。"

8.5 曾子曰："以能问于不能，以多问于寡；有若无，实若虚；犯而不校——昔者，吾友尝从事于斯矣。"

【注释】

犯而不校　犯，冒犯，触犯。校，计较。
吾友　东汉马融注："友，谓颜渊。"

【译文】

曾参说："有能力却向没能力的人请教，知识多却向知识

217

少的人请教；有学问就像没学问似的，满腹经纶却好像一无所知；被冒犯了也不计较——从前，我的一位朋友就已经这样做了。"

【评述】

实质上，曾参所列的"以能问于不能"等五项，均属谦逊的做人之道。谦逊，自古就是中华民族的传统美德，在万经之首的《易经》里，专门有赞扬谦逊的一卦，这便是谦卦。谦卦，也是《易经》里唯一六爻俱佳的卦，卦象为地山谦，图画所表达的景象是：一个人在仰视了大山的雄伟之后，离山而行渐行渐远，大山最终消失在地平线下，这便形成了"地在上、山在下"的谦卦。谦卦所蕴含的哲理，就是在告诫人们，人不见山只因距离太远，山不显形绝非山不高大。《谦卦》有云："谦谦君子，用涉大川，卑以自牧也。"

8.6 曾子曰："可以托六尺之孤，可以寄百里之命，临大节而不可夺也。君子人与？君子人也。"

【注释】

六尺之孤 六尺，古代的六尺约合现在的一百三十八厘米，此指年幼的儿童。

寄百里之命 寄，寄托，交付。百里，代指国家，《王制》曰："公侯田方百里，伯七十里，子男五十里。"命，命运。

临大节而不可夺也 大节，大的节点，指重大的考验。夺，动摇、屈服之义。

君子人与？君子人也 与，通"欤"，表示设问的语气词。也，表示肯定的语气词。古注曰："君子者，才德出众之名。也，决辞。"

【译文】

曾参说："可以把幼小的孤儿托付他，可以把国家的命运交给他，在重大的考验面前，也休想动摇他。这样的人是君子吗？这样的人是君子啊！"

【评述】

本章曾参所言，可以托六尺之孤者，非仁者不能任。可以寄百里之命者，非智者不能当。临大节而不可夺者，非勇者不能为。一个兼具仁、智、勇三德的人，当然是君子了。

8.7　曾子曰："士不可以不弘毅，任重而道远。仁以为己任，不亦重乎？死而后已，不亦远乎？"

【注释】

弘毅 弘，强，刚强之义，章太炎《广论语骈枝》注："弘，弓声也。弘，同强。"毅，有毅力。弘毅，刚强而有毅力，刚毅之义。

【译文】

曾参说:"读书人不可以不刚毅,因为他使命重大,路途遥远。以推行仁道为己任,不也重大吗?至死方休,不也遥远吗?"

【评述】

读书人,理当如孟子所言,自任以天下之重,胸怀远大的人生抱负。故而,读书人的使命任重而道远。唯其使命重大,就必须刚强,不刚强便不足以任重,正所谓"贫贱不能移,富贵不能淫,威武不能屈"。唯其路途遥远,就必须坚毅,不坚毅便可能半途而废,不足以致远,正所谓"路漫漫其修远兮,吾将上下而求索"。

8.8 子曰:"兴于《诗》,立于礼,成于乐。"

【注释】

兴、立、成 兴,兴起,激发。立,树立,确立。成,养成,陶冶。

【译文】

孔子说:"人的修养,要用《诗》来激发志向,用礼来树立规范,用乐来陶冶情操。"

【评述】

《诗》，能激发人的心志，可以兴，可以观，可以群，可以怨，迩之事父，远之事君，故曰兴于《诗》。礼，能使人树立规范，有道是"圣贤缘人情而制礼，依人性而作仪，人道经纬万端，规矩无所不贯"，不以规矩，便无以成方圆，故曰立于礼。乐，能陶冶人的情操，金石丝竹，五声八音十二律，可以使人动荡血脉，通流精神而正心——"宫"声使人温舒广大，"商"声使人方正好义，"角"声使人恻隐爱人，"徵"声使人好善乐施，"羽"声使人整齐好礼，故曰成于乐。因此，一个人的修养，离不开诗书礼乐，诚如苏轼所言："腹有诗书气自华。"

8.9 子曰："民可使由之，不可使知之。"

【注释】

民可使由之，不可使知之 由，从，服从，听从指挥之义。一说，由乃自由、民主之义；据此，有四种断句方式：（一）"民可，使由之；不可，使知之。"即老百姓具备条件了，就给他们自由，如果不具备，就先教育他们。（二）"民可使，由之；不可使，知之。"即老百姓听话，就给他们自由；如果不听话，就教育他们。（三）"民可使，由之不可，使知之。"即对老百姓只能指使，不可以给他们自由，要让他们明白这个道理。（四）"民可使由之？不可，使知之。"即可以给老百姓自由吗？不可以，要让他们明白这个道理。这些注说，多见于民国之后，似有附会之嫌，本注从前说。

【译文】

孔子说："对老百姓，可以让他们按照指引的道路走，不可以让他们知道为什么。"

【评述】

有人认为，本章孔子所言，表明他具有愚民的思想倾向。然而，孔子是公认的教育大家，他首开私塾教育的先河，收徒设教，四教四不语，毕生致力于教书育人，如果简单地冠以"愚民"二字，怕也有失公允。实际上，在孔子那个年代，对老百姓而言，"跟着走"未必就不是最好的选择。在《论语新解》中，钱穆有云："民性不皆明，有智在中人以下者，故有不可使知者。若每事之前，必先家喻户晓，日用力于语言文字，以务使之知，不惟无效，抑且离析其耳目，荡惑其心思，而天下从此多故。"

8.10 子曰："*好勇疾贫，乱也。人而不仁，疾之已甚，乱也。*"

【注释】

疾之已甚 疾，痛恨，斥责。朱熹注："恶不仁之人而使之无所容，则必致乱。"

【译文】

孔子说："爱好勇敢却又厌恶贫穷，就会生乱。对不仁的人斥责过度，就会生乱。"

【评述】

好勇之人，本来就喜欢逞强斗胜，若兼以嫌贫爱富，势必会为了钱财铤而走险，生发祸乱。不仁之人，礼义廉耻原本就差，如若大加斥责，非但无济于事，反倒容易使他恼羞成怒，激发祸乱。因此，要远离那些好勇疾贫的人，也不可与不仁的人过度纠缠。

8.11 子曰："如有周公之才之美，使骄且吝，其余不足观也已。"

【注释】

使骄且吝 使，只要。骄，骄傲，骄奢。程颐注："骄，气盈。吝，气歉。"一般来说，骄傲的人狂妄但不吝啬，吝啬的人小气但不骄狂。倘若既骄狂且又吝啬，这样的人，也就真的无可救药了。

【译文】

孔子说:"即使有周公那样出色的才能,只要他骄傲且又吝啬,别的方面就不值一提了。"

【评述】

《尚书》有云:"满招损,谦受益。"据《韩诗外传》记载,周公在伯禽赴任鲁国前,谆谆告诫道:"往矣!子无以鲁国骄士。吾,文王之子,武王之弟,成王之叔父也,又相天子,吾于天下亦不轻矣!然一沐三握发,一饭三吐哺,犹恐失天下之士。吾闻德行宽裕,守之以恭者,荣;土地广大,守之以俭者,安;禄位尊盛,守之以卑者,贵;人众兵强,守之以畏者,胜;聪明睿智,守之以愚者,善;博闻强记,守之以浅者,智。夫此六者,皆谦德也。"可见,谦虚不但是一种美德,也属于安身立命之道。

8.12 子曰:"三年学,不至于谷,不易得也。"

【注释】

不至于谷 至,疑通"志",志向。谷,古代以谷米作俸禄,代指做官。

【译文】

孔子说:"读了三年书,还没有做官的念头,这很难得啊。"

【评述】

在《公冶长篇》,孔子让漆雕开去做官,尽管漆雕开以"吾斯之未能信"为由婉拒,孔子却非常高兴。根本原因,就在于漆雕开不急功近利,有更远大的人生抱负。本章也是一样,虽然不知道孔子表扬的是谁,但都是对"淡泊明志、宁静致远"精神的肯定与赞许。

8.13 子曰:"笃信好学,守死善道。危邦不入,乱邦不居。天下有道则见,无道则隐。邦有道,贫且贱焉,耻也。邦无道,富且贵焉,耻也。"

【注释】

笃信好学,守死善道 笃,坚定。善道,正道。朱熹注:"笃,厚而力也。盖守死者,笃信之效;善道者,好学之功。"

危邦不入,乱邦不居 古注曰:"危邦不入,始欲往也;乱邦不居,今欲去也。"

【译文】

孔子说:"要坚定信念,热爱学习,至死不渝地执守正道。不要去有危险的国家,也不要在动乱的国家居住。天下太平就出来做事,天下不太平就隐藏起来。国家的政治清明,贫贱是耻辱。国家的政治黑暗,富贵是耻辱。"

【评述】

本章孔子所言,讲的是为人处世的基本原则。一个人,在做人上,无论什么样的社会环境,都要勤奋好学,坚定不移地执守正道,正所谓"人之生也直,罔之生也幸而免"。在处世上,则应根据社会环境灵活权变,世道好就奋发有为;世道不好就明哲保身,但不可同流合污。

8.14 子曰:"不在其位,不谋其政。"

【译文】

孔子说:"不在那个职位,就不考虑那个职位上的事。"

【评述】

本章孔子所言,旨在强调要做好自己的本职工作,不应把精力浪费在毫无意义的事务上。实际上,孔子这句话也可以反过来理解,那就是"在其位,谋其政"。《中庸》有云:

"君子素其位而行，不愿乎其外。"

8.15 子曰："师挚之始，《关雎》之乱，洋洋乎盈耳哉！"

【注释】

师挚之始，《关雎》之乱 师，太师，乐官之长。挚，名挚，鲁国乐队的领队。始，升歌曰始。乱，乐曲的末章曰乱。

洋洋乎盈耳哉 洋洋，盛大貌，像水波一样不断涌来。

【译文】

孔子说："从太师挚开始演奏，一直到《关雎》结尾，满耳朵都是美妙的音乐呀！"

8.16 子曰："狂而不直，侗而不愿，悾悾而不信，吾不知之矣。"

【注释】

狂而不直，侗而不愿 狂，狂妄，狂傲。侗，读tóng，幼稚，无知。愿，诚实，老实。

悾悾而不信 悾悾，憨傻，傻乎乎的样子。包咸注："悾悾，悫也，宜可信。"

【译文】

孔子说："狂妄却不直率，幼稚却不老实，无能却不诚信，这种人真让我搞不懂。"

【评述】

在人际交往中，难免会遇到这样的人——狂妄无知却爱装腔作势，肤浅幼稚却爱自作聪明，呆头呆脑却喜欢偷奸耍滑。这种人，表面上有多可怜，骨子里就有多可恨，让人交无可交，弃不足惜。苏东坡有云："天之生物，气质不齐。其中材以下，有是德则有是病，有是病必有是德。故马之蹄啮者必善走，其不善者必驯。有是病而无是德，则天下之弃才也。"

8.17 子曰："学如不及，犹恐失之。"

【译文】

孔子说："学习要像追赶什么似的，生怕赶不上，赶上了还唯恐失去。"

【评述】

学习，由己不由人。俗话说："学如逆水行舟，不进则退。"一个人，只有以"时不我待，只争朝夕"的精神，勤奋刻苦，孜孜以求，才能够学有所成。

8.18 子曰："巍巍乎，舜禹之有天下也，而不与焉！"

【注释】

舜禹 舜和禹都是古代圣明的君王，舜因禹治水有功，便将帝位禅让给了禹。禅让，是君王在活着的时候，主动将权力让渡给他人，当事双方为血亲关系的，称为内禅，否则称为外禅。据《史记》记载，三皇五帝时期的权力传承，主要是"选贤与能"的禅让制。但颛顼是黄帝之孙，帝喾是颛顼之侄，尧是帝喾之子，大禹是颛顼的玄孙——所谓的禅让，大概也只是"黄老爷家"的那点儿事罢了。

而不与焉 与，读 yù，参与，此指谋取私利。

【译文】

孔子说："多么崇高啊！舜和禹虽然拥有天下，但他们从不为自己谋取私利。"

【评述】

春秋时期，天下动荡，诸子百家纷纷开门立说，相继提出自己的政治主张。在治国理念上，大体可将诸子分作保守派与革新派两大阵营。其中，保守派的代表有儒家、墨家和道家，他们认为先贤时代是最理想的社会模式，推崇尧舜禹，主张复古。但以法家为代表的革新派却批评说，照搬先王之政来治当世之民，就如同守株待兔，愚不可及。他们认为，"世易时移，变法宜矣"，主张革新。自本章起，连续四章，便是孔子对古代圣明之君的赞扬，包括尧、舜、禹，以及周文王和周武王等先贤。

8.19　子曰："大哉！尧之为君也，巍巍乎！唯天为大，唯尧则之。荡荡乎，民无能名焉。巍巍乎其有成功也！焕乎其有文章！"

【注释】

唯尧则之　则，取法，效法。孔安国注："则，法也；美尧法天而行化也。"

民无能名　名，动词，名状、形容之义。韩愈注："尧仁如天，不可名状其高远。"

焕乎其有文章　焕，光明，光辉。文章，指礼乐法度。相传，尧制定了礼乐法度，确定了历法和节气，极大地推动了中国古代农业文明的发展。

【译文】

孔子说："伟大啊！作为君王的尧，他是多么崇高呀！只有天最大，也只有尧能效法天。他给百姓的浩荡洪恩，百姓简直都无法形容。他所成就的功德多么崇高啊！他所创建的礼乐法度多么光明啊！"

8.20　舜有臣五人而天下治。武王曰："予有乱臣十人。"孔子曰："才难，不其然乎？唐虞之际，于斯为盛。有妇人焉，九人而已。三分天下有其二，以服事殷。周之德，其可谓至德也已矣。"

【注释】

　　予有乱臣十人　乱臣，治国的能臣。《说文解字》曰："乱，治也。"

　　才难　人才难得之义。

　　唐虞之际　唐，尧帝的国号，尧称唐尧。虞，舜帝的国号，舜称虞舜。际，交会。唐虞之际是尧舜时期的意思。

　　有妇人焉　妇人，指周武王的王后邑姜。邑姜是齐太公姜子牙之女、周成王之母，她为周武王治理内宫，颇有贤德。

　　三分天下有其二　据《尚书·禹贡》记载，大禹将天下划分为九个州，即冀州、兖州、青州、徐州、扬州、荆州、豫州、梁州和雍州。周文王时，周室已拥有九州之中的六个州，故曰"三分天下有其二"。

【译文】

　　舜有五位贤臣，便使天下太平。周武王也曾说："我有十位治国的能臣。"孔子因此说道："人才难得，不是这样吗？

在尧舜时期和周武王时代，人才是最茂盛的，但也不过如此。何况在周武王的十位能臣之中，还有一位妇人，实际上只有九位罢了。周文王得到了天下的三分之二，仍然向殷朝称臣。周文王的道德，可说是最高的了。"

8.21 子曰："禹，吾无间然矣。菲饮食而致孝乎鬼神，恶衣服而致美乎黻冕，卑宫室而尽力乎沟洫。禹，吾无间然矣。"

【注释】

吾无间然矣 间，罅隙，此为指责、批评之义。无间然，无可非议的意思。

菲饮食而致孝乎鬼神 菲，薄，不丰盛。乎，于。

黻冕 黻，读 fú，祭祀时穿的礼服。冕，祭祀时戴的礼帽，原先所有的礼帽都叫冕，自宋朝以后，冕才成为帝王之冠的专称。

沟洫 洫，读 xù，田间的水渠。沟洫，指农田的水利设施。

【译文】

孔子说："对于大禹，我没有什么可批评的了。他自己吃得很节俭，却用丰盛的祭品祭祀鬼神。他自己穿得很寒酸，却把祭祀的礼服礼帽做得很华美。他自己住得很简陋，却竭尽财力兴修水利设施。对于大禹，我没有什么可批评的了。"

【子罕篇】第九

（共三十章）

9.1　子罕言利，与命与仁。

【注释】

子罕言利　罕，稀少。《论语》书中，孔子谈论利益的次数确实很少，只有区区六次，但这并非孔子认为钱财不重要。恰恰相反，孔子说："富而可求也，虽执鞭之士，吾亦为之。"

与命与仁　与，动词，赞许、赞同之义。一说，"与"是连词，本章不作断句，即"子罕言利与命与仁"。但若这样的话，按照《论语》的行文风格，本章就应像"子不语怪力乱神"、"子以四教文行忠信"那样，无须再多用两个"与"字，而应直接写作"子罕言利命仁"。况且，在《论语》书中，孔子共有九次谈到命，八十次谈到仁，六十四次谈到道，三十次谈到德，谈论道与德的次数比仁更少，何以单说罕言仁，却不说罕言道与德？因此，应从孔子相信天命、推崇仁道的角度，将"与"字解作赞许之义。

【译文】

孔子很少谈论利益,他相信天命,推崇仁道。

【评述】

《史记》有云:"天下熙熙皆为利来,天下攘攘皆为利往。"孔子从不讳言他对财富的渴望,坦言说"富与贵,是人之所欲也",但强调先义后利、见得思义。孔子罕言利,乃因君子爱财取之有道,多言未必多利,反倒容易招怨。事实上,孔子罕言利也并非不言利,他说的最著名的一句话,就是"自行束脩以上,吾未尝无诲焉"。他所奉行的利益观,概括来说,便是"必不取不义之财,不必让应得之利"。至于天命,无疑孔子是相信的。他的命运观,就是将命运看作命和运两部分,秉持的人生态度是"命不由己,故听天命;运由己立,故尽人事"。当然,孔子的命运观绝非迷信的宿命论,这从他不语怪力乱神、敬鬼神而远之,以及批评臧文仲"居蔡"等言行中,不难予以佐证。仁,是孔子所推崇的道德理念,也是孔子学说的核心内容。在儒家学派里,向来有孔仁、曾孝、孟义、荀礼之说。

9.2 达巷党人曰:"大哉孔子!博学而无所成名。"子闻之,谓门弟子曰:"吾何执?执御乎?执射乎?吾执御矣。"

【注释】

达巷党 党,乡。达巷,乡名。一说,"达"是乡名,无关主旨,不必细究。

博学而无所成名 名,名称,称呼。无所成名,指孔子各方面的学问都很好,以至于用任何一项专长来称呼他,都有贬低之嫌,故有"大哉孔子"之叹。

吾执御矣 执,干,从事。御,驾车。六艺之中,御与射最为低贱,御又粗于射,故而孔子谦逊地说"吾执御矣"。

【译文】

达巷乡的一个人说:"孔子真伟大啊!他博学多才,以至于无法用某项专长来称呼他。"孔子听到这话,对学生们说:"那我专门干什么好呢?赶车呢?还是射箭呢?我还是赶车好了。"

【评述】

孔子博学多才,固然得益于他的天资聪颖。但根本原因,还在于他十有五而志于学的坚定志向,学而思、思而学的正确方法,默而识之、学而不厌的学习态度,以及他发愤忘食、乐以忘忧的学习精神。尤其可贵的是,在别人的盛赞面前,孔子依然保持着清醒的头脑,谦逊地说"吾何执?吾执御矣"。无疑,每个人都希望自己成为通才,有道是"君子不器",但通才必须以专才为前提,精而后博。否则的话,如果片面地追求所谓的无所不知无所不能,乃至于为了博学而博学，势必会流于空泛，大而无成。

9.3 子曰："麻冕，礼也；今也纯，俭，吾从众。拜下，礼也；今拜乎上，泰也。虽违众，吾从下。"

【注释】

麻冕 冕，礼帽。古时候，男子成年的标志，是二十岁时举行的戴礼帽仪式，称为"冠礼"，也叫成年礼。冠礼之后，男子就可以戴礼帽了。女子成年的标志，则是十五岁时举行的笄礼，笄读 jī，簪子。

今也纯 纯，丝线，《说文解字》曰："纯，丝也。"礼帽改用丝线织造，比用麻线的成本低。

拜下 周礼，臣觐见君，先要在堂下磕头，曰拜下；然后到堂上再磕头，曰拜上。春秋时期，人们渐渐省略了拜下之礼，直接到堂上磕头，只有拜上礼了。

泰 傲慢，倨傲。

【译文】

孔子说："用麻线织礼帽，是礼制规定的；现在改用丝线，这样俭省些，我同意大家的做法。臣见君，先要在堂下磕头，然后到堂上再磕头，这也是礼制规定的；现在只是到堂上磕头，这样就显得很傲慢。因此，虽然反对了大家，我也主张要有堂下拜。"

【评述】

本章，孔子在麻冕与拜礼的问题上，采取了截然不同的态度。究其原因，就在于虽然礼制规定用麻线织冕，但若改用丝线，既不伤礼本又能俭省费用，故而孔子采取了赞成的态度，体现了灵活性。拜礼旨在表达敬意，如若废弃拜下之礼，仅在堂上磕头就显得很倨傲，损害了拜礼的本旨，故而孔子坚持要有拜下礼，体现的则是原则性。事实上，对于传统文化，既要有继承也要有创新，无论是泥古不化的守旧，还是平地起高楼的创新，恐怕均非正确之途。正如打理树木，一方面要裁剪掉不合时宜的枝杈，这样才能枝繁叶茂；另一方面则要深根固本，本固方能枝荣。

9.4 子绝四：*毋意，毋必，毋固，毋我。*

【译文】

孔子杜绝了四种毛病：不臆测，不武断，不固执，不自以为是。

【评述】

本章，概括了孔子做人的四种美德。其中，毋意谓贤德，孔子胸怀坦荡，不逆诈，不亿不信，抑亦先觉，故能毋意。毋必谓明德，孔子慎思审问，浸润之谮、肤受之愬不行焉，既明且远，故能毋必。毋固谓智德，孔子博学多才，众恶之必察焉，众好之必察焉，智者不惑，故能毋固。毋我谓谦德，孔子谦谦君子，见贤思齐，见不贤而内自省，卑以自牧，故能毋我。

9.5　子畏于匡，曰："文王既没，文不在兹乎？天之将丧斯文也，后死者不得与于斯文也；天之未丧斯文也，匡人其如予何？"

【注释】

畏于匡　畏，拘禁、囚禁之义。匡，卫国的地名，一说位于今河南省长垣县西南，难考其详。据《史记》记载，鲁国的阳货曾带人抢掠过匡地，因孔子的相貌与阳货很像，且又说着一口山东话，故而匡人误把孔子当成阳货，囚禁了他和弟子们。后来，孔子派人去找卫国大夫宁武子求援，在他的帮助下，孔子一行才得以脱险。

文不在兹乎　文，文化，指周文王的文化遗产，如礼乐制度等。兹，此，孔子自称。

不得与于斯文也　与，读 yù，参与，此为掌握、得到之义。

【译文】

孔子在匡地被拘禁，说："周文王已经不在了，他的文化遗产不都在我这里吗？如果上天想消灭这些文化，就不会让我得到了它；如果上天不想消灭这些文化，匡人又能把我怎么样？"

【评述】

在《论语》书中，孔子遇险的记录共有三次，除本章的匡地之险外，还有宋国的桓魋发难和陈蔡之厄。在每次遇险的危急关头，孔子总是镇定自若，从容应对。其中的两次遇险，孔子都提到了"天"，且都发出了"其如予何"的铮铮宣言。孔子能有如此气概，一则因为孔子立身中正，俯仰无愧，有德行合天的自信。二则因为孔子"听天命，尽人事"的处世态度——命不由己，故听天命，听天命则乐天安命，泰然处之；运由己立，故尽人事，尽人事则积极应对，权变筹措。以本章的匡地之险为例，孔子说"其如予何"，便是听天命；派人赴卫都求援，终致脱险，便是尽人事。

9.6　太宰问于子贡曰："夫子圣者与？何其多能也？"子贡曰："固天纵之将圣，又多能也。"子闻之，曰："太宰知我乎？吾少也贱，故多能鄙事。君子多乎哉？不多也。"牢曰："子云'吾不试，故艺'。"

【注释】

太宰　官名，宰相，辅佐君主的官员。一说，是吴国太宰，难考其详。

固天纵之将圣 纵，纵任，放任，朱熹注："纵，犹肆，言不为限量也。"因本章之故，人们常尊称孔子为"天纵圣人"。

又多能也 又多能，太宰以多能为圣，但子贡认为圣在智与仁，"多能"不过是锦上添花罢了，故言"又"以兼之。

吾少也贱，故多能鄙事 贱，贫贱，穷苦。鄙，粗浅。孔子十有五而志于学，学习的内容，与当时王公贵族的子弟一样，都是六经六艺。故而，"鄙事"乃孔子自谦的说法。

君子多乎哉？不多也 君子，与上面的"圣者"相应。君子的智慧与道德次于圣人，孔子不接言圣人而改言君子，是不想以圣人自比，退而言其次。本句的意思是说，即便按照君子的标准，自己的"多能"都不算多，更不要说圣人了。

牢曰 牢，孔子的学生，姓琴名牢，字子开。琴牢所言，应是《论语》辑录到本章时，琴牢又想起了孔子以前说过的这句话，述以记之。在邢昺的《论语注疏》中，琴牢所言单列一章，《四书集注》则将琴牢所言并在本章，本书采用后者的分章方式。

吾不试 试，用，任用，古注曰："试，用也。"孔子虽然也曾在二十多岁时做过季氏的委吏、乘田，三十岁时做过鲁国太庙的助祭，但均属短暂的小用，还谈不上做官。孔子出任鲁国中都宰、大司寇，都已是五十岁以后的事了。故而，本注将"不试"译作年轻时没有做官。

【译文】

太宰向子贡问道："孔夫子是圣人吧？为什么他有那么多的才艺呢？"子贡回答说："本来就是上天要使他成为圣人，

又让他多才多艺。"孔子听到这话,说:"太宰了解我吗?我小时候穷苦,所以才学了许多粗浅的技艺。这些技艺,即便对君子来说算多吗?不多啊。"琴牢说:"孔子说过'我年轻时没做官,所以才学了许多的技艺'。"

【评述】

谦虚,是孔子一以贯之的美德。对于太宰的"多能"之问,孔子解释说因为自己小时候贫贱,所以才学得了许多粗浅的技艺。但小时候贫贱的人很多,立志于学、学而有成的人却少之又少,这显然是孔子的自谦之词。尤为可贵的是,尽管人们多次当面称赞孔子为圣人,但他从不以圣人自居。或许,正是因为他不自以为圣,方能成为圣人吧。《道德经》有云:"大道氾兮,其可左右。万物恃之以生而不辞,功成而不有。衣被万物而不为主,可名于小;万物归焉而不为主,可名为大。以其终不自为大,故能成其大。"

9.7 子曰:"吾有知乎哉?无知也。有鄙夫问于我,空空如也。我叩其两端而竭焉。"

【注释】

吾有知乎哉 知,知识。对于本句,旧注通常译作"我有知识吗",但从下文"空空如也,我叩其两端而竭焉"来看,不如译作"我难道就无所不知吗",更为恰当。

鄙夫 见识浅薄的人，人老粗。

叩其两端而竭焉 叩，叩问，推敲。叩其两端，从正反两个方面反复地推敲。竭，尽，归结，水落石出之义。

【译文】

孔子说："我难道就无所不知吗？不是的。有个大老粗来问我，我开始也是一无所知，但我从他那个问题的正反两面去推敲，渐渐就知道了。"

【评述】

本章，孔子以现身说法的方式，阐述了知识并非天生就有，只能在不断求索的过程中，学而知之。实际上，世界上本就没有天才，凡自认为无所不知的人，往往一无所知；凡自诩为无所不能的人，往往也一无所能。一个人，只有本着"知之为知之，不知为不知"的务实态度，孜孜以求，日积月累，才能从无知变有知，逐渐成为一个知识渊博的人。

9.8 子曰："凤鸟不至，河不出图，吾已矣夫！"

【注释】

凤鸟不至 凤，凤凰，雄性为凤，雌性为凰，是神话传说中的百鸟之王。凤凰与龙一样，都是中国古人在采集几种动物特征的基础上，创生出的文化图腾。《援神契》曰："凤象，麟前鹿后,蛇颈鱼尾,龙文龟背,燕颔鸡喙,五色备举。"古人认为,凤鸟现身是太平盛世的祥瑞之兆,朱熹注:"凤,灵鸟,舜时来仪,文王时鸣于岐山。"

河不出图 河,黄河。相传,在远古的洪荒时期,从黄河中奔腾出一匹健硕的龙马,马背上镌刻着神奇的图案,是为"河图"。古人认为,黄河出图也是太平盛世的祥瑞之兆。

【译义】

孔子说:"凤鸟不来了,黄河也不出图了,我是看不到太平盛世了。"

【评述】

为了实现自己的政治理想,孔子周游列国。在长达十四年的时间里,他和弟子们不辞辛苦,颠沛流离,历尽磨难。在周游期间,孔子师徒虽然先后到过卫、曹、宋、郑、陈、蔡、楚等多个国家,但终因曲高和寡,壮志难酬。故而,孔子借凤鸟与河图的神话传说,慨叹盛世无望,表达了自己无奈的心情。

9.9 子见齐衰者、冕衣裳者与瞽者,见之,虽少,必作;过之,必趋。

【注释】

子见齐衰者 齐衰，读 zī cuī，古代的丧服。
冕衣裳者与瞽者 冕，礼帽。衣裳，上衣曰衣，下衣曰裳，裳非裤，类似于现在的裙。朱熹注："冕，冠也。冕而衣裳，贵者之盛服也。"瞽，眼瞎。
作、趋 作，起立，从座席上站起来。趋，快步走。

【译文】

孔子看到穿丧服的人、穿戴礼服礼帽的人以及盲人，如果是来见他的，即便来人很年轻，他也一定从座席上站起来；如果是他从这些人旁边路过，一定快走几步。

9.10 颜渊喟然叹曰："仰之弥高，钻之弥坚。瞻之在前，忽焉在后。夫子循循然善诱人，博我以文，约我以礼，欲罢不能。既竭吾才，如有所立卓尔。虽欲从之，末由也已。"

【注释】

仰之弥高，钻之弥坚 仰，抬头看。钻，钻研。弥，更加，愈发。坚，刚，坚硬，指越钻研越觉得吃力。朱熹注："仰弥高，不可及；钻弥坚，不可入。"
瞻之在前，忽焉在后 瞻，观看，看上去。忽，恍惚，不可捉摸之义。

循循然善诱 循循，依次，逐渐。诱，引导。

博我以文，约我以礼 文，文化，知识。本句的含义，与《雍也篇》第二十五章中的"博学于文，约之以礼"不同，本句是指孔子四教中的文与行，"博学于文，约之以礼"则是专指文。

如有所立卓尔。虽欲从之，末由也已 卓，高大，高超，《说文解字》曰："卓，高也。"颜渊说自己"如有所立卓尔"，一则表明孔子教得好，二则与下句"虽欲从之，末由也已"互文，借以反衬孔子的学问高。

【译文】

颜渊感慨地说："老师的学问，越抬头看，越觉得高；越用力钻研，越觉得深奥。看上去好像在前面，忽然又在后面了。老师善于一步步地引导，用文化丰富我的知识，用礼节约束我的行为，使我想停下来都不可能。我已用尽我的才力，在学问上似乎也有所建树。虽然我还想追上老师的学问，却找不到路径了。"

【评述】

孔子是中国文化的代表人物，他所创建的儒家学说，是中华民族最可宝贵的一笔精神财富。孔子的学问，正像颜渊所赞誉的那样，虽然"仰之弥高，钻之弥坚"，但又平易近人，实用可学，使人越学越爱学，欲罢不能。在《史记·孔子世家》中，司马迁对孔子给予了高度评价——太史公曰：

诗有之："高山仰止，景行行止。"虽不能至，然心向往之。余读孔氏书，想见其为人。适鲁，观仲尼庙堂车服礼器，诸生以时习礼其家，余低回留之不能去云。天下君王至于贤人众矣，当时则荣，没则已焉。孔子布衣，传十余世，学者宗之。自天子王侯，中国言六艺者折中于夫子，可谓至圣矣！

9.11　子疾病，子路使门人为臣。病间，曰："久矣哉，由之行诈也！无臣而为有臣，吾谁欺？欺天乎？且予与其死于臣之手也，无宁死于二三子之手乎！且予纵不得大葬，予死于道路乎？"

【注释】

子路使门人为臣　门人，孔子的学生们。臣，家臣，指大夫的属臣，包括家宰、邑宰、家司马、家宗人、家士等。春秋时期，大夫的丧礼由家臣操办，孔子曾任鲁国大司寇，子路见孔子病危，故而想让同学们充当家臣，为孔子举办葬礼。但《周礼》规定："大夫退，葬以士礼；致仕，以大夫礼葬。"孔子属于主动辞官，只可用士礼，不能用大夫之礼。

病间　间，空隙。病间，病情好转之义。

由之行诈也　诈，骗，欺骗。行诈，骗人，干骗人的勾当。

无宁　无，发语词，没有实际意义。无宁，宁可，古注曰："无宁，宁也。"

且予纵不得大葬　大葬，隆重的葬礼。

【译文】

孔子病得很重,子路便指派孔子的学生们充当家臣,为孔子准备后事。孔子的病情好转后,知道了这事,说:"仲由干的这个骗人勾当,都这么久了呀!没有家臣却冒充有,我骗谁呢?欺骗上天吗?我与其死在家臣手里,宁愿死在你们这些学生手里!即使没有隆重的葬礼,难道我会死在路上吗?"

9.12 子贡曰:"有美玉于斯,韫椟而藏诸?求善贾而沽诸?"子曰:"沽之哉!沽之哉!我待贾者也。"

【注释】

有美玉于斯 玉,石之美者。美玉,高贵纯洁之玉,用以比喻杰出的人才。

韫椟而藏 韫,读 yùn,收藏,贮藏。椟,读 dú,木匣,木柜。

善贾而沽 贾,读 gǔ,商人,指坐店经营的人。古时对商人的称谓,行曰商,止曰贾,素有"行商坐贾"之说。沽,卖。

【译文】

子贡问道:"这里有块美玉,是把它放在柜子里藏起来呢?还是找个识货的商人卖掉?"孔子说:"卖掉!卖掉!我就是在等待买主哩。"

【评述】

儒学是入世的文化，奉行的人生路径是修身、齐家、治国、平天下，主张在社会现实中成就自身的价值，有道是"学得文武艺，货与帝王家"。当然，在儒家看来，美玉也应"善贾而沽"，买主不仅要礼贤下士，给出的价码还要足够合理——物美，岂能价廉？至于成交的方式，无论是毛遂自荐，还是三顾茅庐，那就无可无不可了。

9.13 子欲居九夷。或曰："陋，如之何？"子曰："君子居之，何陋之有？"

【注释】

子欲居九夷 九夷，未开化的野蛮地区。一说指淮夷，是淮水与泗水之间的少数民族地区，皇侃注："九夷，淮夷，孔子在陈蔡，相去不远，所以有欲居九夷之言。"一说指朝鲜，刘宝楠《论语正义》注："子欲居九夷，与乘桴浮海，皆谓朝鲜。"

何陋之有 陋，鄙陋，文化落后之义。朱熹注："君子所居则化，何陋之有？"

【译文】

孔子想去九夷居住。有人说："那地方太落后了，怎么去那儿呢?"孔子道:"君子住在那里,还会落后吗?"

【评述】

孔子说的"君子居之,何陋之有?"这句话,极富自信与情怀,常被后人引作自励的座右铭。唐代诗人刘禹锡,就将这句话进行了演绎与发挥,写下了托物言志的千古名篇《陋室铭》:山不在高,有仙则名。水不在深,有龙则灵。斯是陋室,惟吾德馨。苔痕上阶绿,草色入帘青。谈笑有鸿儒,往来无白丁。可以调素琴,阅金经。无丝竹之乱耳,无案牍之劳形。南阳诸葛庐,西蜀子云亭。孔子云:"何陋之有?"

9.14　子曰:"吾自卫反鲁,然后乐正,《雅》、《颂》各得其所。"

【注释】

自卫反鲁　反,通"返"。鲁哀公十一年,孔子应鲁国大夫季康子之召,从卫国返回鲁国,结束了长达十四年的周游之旅,孔子时年六十八岁。

然后乐正　乐,乐章。正,校正。孔子在周游列国期间,对《诗》、《书》、《礼》、《乐》等古籍进行了多方考证,返回鲁国后,删《诗》、《书》,定《礼》、《乐》,使乐章得正。

各得其所　根据每个乐章的特点,按照《雅》和《颂》的分类进行归纳。乐章是能入乐的诗,故而,诗和乐都用《雅》

和《颂》来分类。

【译文】

孔子说:"我从卫国回到鲁国后,对乐章进行了校正,并按照《雅》和《颂》的分类作了归纳。"

9.15 子曰:"出则事公卿,入则事父兄,丧事不敢不勉,不为酒困,何有于我哉?"

【注释】

入则事父兄 父兄,长者之义。古文中的"父兄",一般只有"兄"的含义。

丧事不敢不勉,不为酒困 勉,努力,尽礼之义。困,困扰。邢昺注:"若有丧事,则不敢不勉力以从礼也,未尝为酒乱其性也。"

【译文】

孔子说:"在外面就事奉公卿,回到家便事奉父兄,有丧事不敢不尽礼,不嗜酒贪杯,这些对我有什么难呢?"

【评述】

从本章孔子的自述来看,日常生活中的孔子,应该是一个上进、仁厚、自觉且又自律的人。显然,如果没有勤奋上进、兢兢业业的工作态度，便难以任公卿之事。没有感恩与回报的仁厚之心，恐怕也难以入则事父兄。不自觉便不能自勉，不自律方为酒困。

9.16 子在川上曰："逝者如斯夫！不舍昼夜。"

【注释】

不舍昼夜 舍，驻留，停留。昼夜，白天和黑夜。

【译文】

孔子站在河岸上，感叹道："时光就像河水一样流走！日夜不停。"

【评述】

《庄子》有云："人生天地之间，若白驹之过隙，忽然而已。"在历史的长河中，人的一生不过是匆匆一瞬，弹指一挥间。正因如此，人就更应该珍惜时光，活好自己，活成自己，有所作为。一个人，不管成功、失败，富贵、贫贱，喜悦、忧伤、伟大、平凡……只有追求过，努力过，内省不疚，自己对得起自己，才能够不愧一生。

9.17 子曰:"吾未见好德如好色者也。"

【译文】

孔子说:"我还没有见过像好色那样爱好道德的人。"

【评述】

在《孟子》中,告子说:"食色,性也。仁,内也,非外也;义,外也,非内也。"人的好色出于先天的本能,好德则需要后天的修养,好色容易,好德却难。然而,好色能使人伤身伐性,其害不小;好德却可以使人安身立命,趋利避害,受益无穷。故而,君子应修身进德,贤贤易色。

9.18 子曰:"譬如为山,未成一篑,止,吾止也。譬如平地,虽覆一篑,进,吾往也。"

【注释】

未成一篑 篑,土筐,土笼。

【译文】

孔子说:"好比堆土山,只差一筐土就堆成了,如果停下来,是我自己要停下来。又好比平土地,虽然只倒了一筐土,如果继续前进,也是我自己要前进。"

【评述】

　　修身之道,由己而不由人,贵在持之以恒。一个人的修行,如果没有坚定的意志,就不能攻坚克难,也不能矢志不移,甚至还会自寻借口,半途而废。因此,若欲修成正果,就必要以锲而不舍的精神,百折不挠,孜孜以求。正所谓:"有志者事竟成,破釜沉舟,百二秦关终归楚;苦心人天不负,卧薪尝胆,三千越甲可吞吴。"

9.19　子曰:"语之而不惰者,其回也与!"

【注释】

　　语之而不惰者　语,言语,说话。惰,懈怠。

【译文】

　　孔子说:"听我说话始终都不懈怠的人,大概只有颜回吧!"

【评述】

　　在孔门的三千弟子中,颜回是孔子最喜爱的学生。《论语》书中,多有孔子赞扬颜回的记录,如终日不违、不迁怒不贰过、三月不违仁等。本章,则是表扬颜回专注的学习态度——默而识之,学而不厌。当然,从颜回专注的学习态度上，却也间接地反映了孔子师徒的心有灵犀：一个教得津津乐道，一个学得聚精会神，二者相得益彰。

9.20 子谓颜渊，曰："惜乎！吾见其进也，未见其止也。"

【译文】

孔子说到颜渊，感叹道："可惜啊！我只看到他不断进步，从未见他停下过。"

9.21 子曰："苗而不秀者有矣夫！秀而不实者有矣夫！"

【注释】

苗、秀、实 在植物成长的过程中，种子破土而出曰苗，开花吐穗曰秀，秀而成果曰实。

【译文】

孔子说："种子发了苗，却不开花吐穗的有吧！开花吐穗了，却不结果的有吧！"

【评述】

历史上，方仲永可谓"苗而不秀"的代表。他天资聪颖，小小年纪便展露出超常的才华，但因恃才傲物，不思进取，终致毫无建树。王安石在《伤仲永》中说："仲永之通悟，受之天也。其受之天也，贤于材人远矣。卒之为众人，则其受于人者不至也。"战国时期的赵括，则属"秀而不实"的典型。他熟读兵法，讲起军事来头头是道，却不过是纸上谈兵，终致一败涂地。司马迁在《廉颇蔺相如列传》中说："赵括自少时学兵法，言兵事，以天下莫能当，括军败，数十万之众遂降秦，秦悉坑之。"晚清时期的曾国藩，虽然少年时没有方仲永的聪颖，青年时也没有赵括那样的盛名。但是，他严于律己，锲而不舍，以"大处着眼，小处着手"的精神，钝学累功，最终却成为了内圣外王的一代贤达。

9.22　子曰："后生可畏，焉知来者之不如今也？四十、五十而无闻焉，斯亦不足畏也已。"

【注释】

后生可畏　后生，年轻人。畏，敬畏，不轻视。后生可畏，指年轻人的前途不可限量，其势可畏。

无闻　闻，名声，声望。无闻，一说无闻于道，一说无闻于世，均系没有建树。

【译文】

孔子说:"不要小看年轻人,怎能断定他们的将来就不如现在的人呢?一个人到了四五十岁,如果还没有什么名望,也就不值得敬畏了。"

【评述】

本章孔子所言,既是对年轻人的殷切期望,也是对年轻人的谆谆告诫——年轻人朝气蓬勃,精力旺盛,若能勤学奋发,积基树本,将来一定可以大有作为,前途不可限量,有道是"青出于蓝而胜于蓝"。反之,若是辜负韶华,虚度光阴,只能是"少壮不努力,老大徒伤悲",那时就悔之晚矣。

9.23 子曰:"法语之言,能无从乎?改之为贵。巽与之言,能无说乎?绎之为贵。说而不绎,从而不改,吾末如之何也已矣。"

【注释】

法语之言 法,校正,匡正。法语,正言,忠告。
巽与之言 巽,读 xùn,恭顺。与,赞许。巽与,恭维、奉承之义。
说而不绎 说,同"悦",高兴。绎,本意是从蚕茧中抽丝,此为分辨之义。

【译文】

孔子说:"忠告之言,听了能不接受吗?贵在改正。奉承之言,听了能不高兴吗?贵在分辨。盲目高兴却不分辨,表面接受却不改正,我对这种人真是无可奈何了。"

【评述】

"闻过则怒,闻誉则喜",大概是世人的通病。然而,忠告之言,虽然不顺耳,却可以使人防非止过、趋利避害,有道是"良药苦口利于病,忠言逆耳利于行"。奉承之言,虽然让人欢喜,却可以使人陶醉其中、忘乎所以,正所谓"捧杀往往比棒杀更有杀伤力"。因此,对于别人的忠告,要本着"有则改之,无则加勉"的态度,虚心接受,贵在改正。对于别人的恭维,则要保持清醒的头脑,反省不足,贵在分辨。

9.24　子曰:"主忠信,毋友不如己者,过则勿惮改。"

本章重出,见《学而篇》第八章。

9.25　子曰:"三军可夺帅也,匹夫不可夺志也。"

【注释】

三军可夺帅也 三军，大军，大部队，见《述而篇》第十章注。夺，剥夺，使之屈服。古注曰："三军之勇在人，匹夫之志在己；三军虽众，人心不一，故可夺其帅；匹夫虽微，苟守其志，不可夺也。"

匹夫 匹，匹配。匹夫，可匹配之夫，泛指普通男子，此为小民之义，也就是人们平常所说的小老百姓，与上文的三军之帅相对。古注曰："士大夫以上有妾媵，庶人贱，但夫妇相匹配而已，故曰匹夫。"

【译文】

孔子说："可以剥夺三军统帅的权力，却不能剥夺一个小民的志向。"

【评述】

孔子所说的"三军可夺帅也，匹夫不可夺志也"这句话，极富骨气，充满了人格的力量，常被人们引作明志的格言。一个人，即便是身份低微的小民百姓，精神也足可以高贵，富贵不能淫，贫贱不能移，威武不能屈。在中国传统文化中，"有骨气"向来是令人钦佩的品德。无论是屈原的"亦余心之所善兮，虽九死其犹未悔"，还是《后汉书》中的"志士不饮盗泉之水，廉者不受嗟来之食"，宣扬的都是这种高贵的精神气节。不管怎么说，做人总是要有点骨气的——若无铮铮傲骨，何来顶天立地？

9.26 子曰："衣敝缊袍，与衣狐貉者立，而不耻者，其由也与？'不忮不求，何用不臧？'"子路终身诵之。子曰："是道也，何足以臧？"

【注释】

敝缊袍、狐貉 敝，坏，破旧。缊，旧絮，丝绵絮。春秋时期，中国还没有种植棉花，只有丝绵。狐貉，用狐、貉的毛皮做的皮衣，华美贵重。

不忮不求，何用不臧 这两句诗，出自诗经的《雄雉篇》。忮，读zhì，害，嫉妒。求，贪，贪求，渎慕。臧，善，好。

【译文】

孔子说："穿着破旧的丝绵袍，与穿着狐貉皮袍的人站在一起，却不觉得惭愧的人，大概只有仲由吧！《诗经》上说：'不嫉妒，不贪求，有什么不好呢？'"子路听后，便时常念诵这两句诗。于是，孔子只得又对子路说："你这个样子，怎么能算好呢？"

【评述】

本章记录了孔子对子路说的两次话，一次赞扬，一次批评。子路为人豁达，对世俗的虚荣不以为然，自信而不自卑。故而，孔子引用《诗经》中的两句诗，对他给予了赞扬。但子路听后，却沾沾自喜起来，时常念诵孔子表扬他的这两句诗，引以为傲，借以自赏。故而，又招致了孔子的批评。从本章来看，子路对孔子"巽与之言，能无说乎？绎之为贵"

的教诲，大概没听懂。

9.27 子曰："岁寒，然后知松柏之后凋也。"

【注释】

凋　读 diāo，凋谢，凋落。

【译文】

孔子说："天冷了，才知道松柏的树叶不凋谢。"

【评述】

沧海横流，方显英雄本色。一个人是不是君子，不能仅凭他说得好不好听来判断，还必须要用事实加以检验，有道是"不遇盘根错节，不足以鉴利器；不到重大关节，不足以别操守"。实际上，越是说得冠冕堂皇、信誓旦旦的人，往往越靠不住。《道德经》有云："信言不美，美言不信。"

9.28 子曰："知者不惑，仁者不忧，勇者不惧。"

【译文】

孔子说："智慧的人不迷惑，仁德的人不忧愁，勇敢的人不畏惧。"

【评述】

智者,见多识广通达事理,遇事不致迷惑失措,故曰知者不惑。仁者,克己复礼唯义是从,内省不疚不忧不惧,故曰仁者不忧。勇者,气节足以配天地道义,义无反顾一往无前,故曰勇者不惧。

9.29 子曰:"可与共学,未可与适道;可与适道,未可与立;可与立,未可与权。"

【注释】

适道 适,往,赴。适道,指采用同样的方法。
未可与权 权,权变,灵活变通之义。

【译文】

孔子说:"可以在一起学习,未必能用同样的方法。可以用同样的方法,未必能有同样的成绩。可以有同样的成绩,未必能有同样的灵活性。"

【评述】

本章孔子所言,大概就是告诫人们不要迷信所谓的"成功学"吧。现实社会中,总有人喜欢鼓吹成功学,号称只要如何如何，便能成为某某那样的成功人士。殊不知，成功需要天时、地利、人和，人和都不可能复制，何况天时与地利？不过是照猫画虎反类犬罢了。别人的成功，固然值得研究与学习，但需要借鉴的，往往是他们做人的经验，比如自律、好学、有主见等。自古及今，还没有只靠模仿别人就能成功的案例，更不要指望那些杜撰出来的成功秘籍了。因此，对于成功的追求，还是要像儒家所倡导的那样——修身蓄才，运以待命，才是最明智的做法。

9.30 "唐棣之华，偏其反而。岂不尔思？室是远而。"子曰："未之思也，夫何远之有？"

【注释】

唐棣之华 唐棣，属于蔷薇科的一种乔木。华，通"花"，古注曰："唐棣之花，先开后合。"

偏其反而 偏，通"翩"。反，通"翻"。偏其反而，指唐棣花翩翩地摇动。

岂不尔思，室是远而 室，居室，此为动词，住的意思。

【译文】

有一首诗说："唐棣树的花，翩翩地摇摆着。难道我不想念你？只因我住得太远了。"孔子说："还是不想念，真想念又有什么可远的呢？"

【评述】

在许多问题上,人们有思想认识往往并不难,但难在知行合一。知而不行的主要原因,又以下不了决心居多,虽然口号喊得震天响,但就是不愿付诸行动,每每却又得过且过,不答自解。这种做法,就像本章诗中所描述的那样:一边诉说着思念之情,一边又借口路途遥远,不过是自欺欺人罢了。故而,孔子批评说:"未之思也,夫何远之有?"

【乡党篇】第十

（共二十四章）

10.1 孔子于乡党，恂恂如也，似不能言者。其在宗庙朝廷，便便言，唯谨尔。

【注释】

恂恂 恂，读 xún，恂恂，恭顺信实之貌，谦恭之义。

其在宗庙朝廷 宗庙，天子诸侯祭祀祖先的场所，古注曰："宗者，尊也；庙者，貌也，象先祖之尊貌也。"朝，见，见君之地曰朝。廷，宫廷，《广雅》曰："廷，宫也。"周制，在诸侯的宫中，库门之外的区域称作外朝，是诸侯与百官议政的场所。库门与寝门之间的区域称作治朝，是诸侯办公的场所。寝门之内的区域称作燕朝，是诸侯休息的场所。寝门，也称内门或路门。

便便 便，读 pián。便便，清晰流畅之义，古注曰："便便，辩也。"

【译文】

孔子在家乡,总是谦恭的样子,好像不能说话似的。孔子在宗庙或朝廷上,说起话来却清晰流畅,只是不随便开口。

【评述】

在中国传统的乡土观念中,一个人,无论在外面的事业做得有多大,地位有多显赫,当他回到故乡时,都要谦恭低调,以示不忘本。故而,孔子"于乡党,恂恂如也,似不能言者"。但在宗庙或朝廷上,孔子却神采飞扬,说起话来清晰流畅,与他在家乡的表现判若两人。两相对照,一抑一扬,生动地展现了孔子良好的品行与修养。

10.2 朝,与下大夫言,侃侃如也;与上大夫言,訚訚如也。君在,踧踖如也,与与如也。

【注释】

下大夫 周制,卿和大夫均称为大夫,分而言之,卿指上大夫,余为下大夫。《周礼》曰:"诸侯三卿,司徒、司马、司寇。司徒下二大夫,一小司徒,一小宰。司空下二大夫,一小司空,一小司寇。司马下唯一大夫,小司马也。"司徒相当于宰相,司马掌管兵马军事,司空负责工程基建。例如,在孔子当时的鲁国,季孙为司徒,叔孙为司马,孟孙为司空,是为三卿,均为上大夫。

侃侃、訚訚 侃侃，和乐之貌，和颜悦色之义。訚，读yín，中正之貌，正直而恭敬。一般来说，常人对上级易于媚笑，难有严肃；对下属则易于严肃，难有笑脸。孔子却恰恰相反，表现出了良好的道德修养。

踧踖、与与 踧踖，读 cù jí，恭敬不宁之貌，敬畏之义。与与，威仪适中之貌，稳重之义。

【译文】

在朝廷上，孔子同下大夫说话，是和颜悦色的样子；同上大夫说话，是正直而恭敬的样子。在国君面前，孔子是敬畏的样子，稳重的样子。

10.3 君召使摈，色勃如也，足躩如也。揖所与立，左右手，衣前后，襜如也。趋进，翼如也。宾退，必复命曰："宾不顾矣。"

【注释】

使摈，色勃如 摈，通"宾"，动词，接待宾客之义。勃，变色貌，指脸色变得庄重。

足躩如也 躩，读 jué，快，快速，皇侃注："躩，速貌也，不暇闲步。"

所与立，左右手 所与立，指同孔子一道站着的人。左右手，指分别向左、右两边的人揖手。

襜如 襜，读 chān，衣服齐整之义。

趋近、翼如 趋，快步走，以示恭敬。翼如，像鸟儿舒展开翅膀的样子，姿态轻盈。

宾不顾矣 顾，回头，回头看，指客人已经走远了。

【译文】

国君命孔子去接待外宾，他的脸色是庄重的样子，脚步也快起来。他向两旁的人们行礼，向左向右地拱手，衣裳前后俯仰，始终整齐不乱。他快步向前时，就像鸟儿舒展了翅膀，姿态轻盈。客人走后，他一定向国君回复说："客人已经走远了。"

10.4 入公门，鞠躬如也，如不容。立不中门，行不履阈。过位，色勃如也，足躩如也，其言似不足者。摄齐升堂，鞠躬如也，屏气似不息者。出，降一等，逞颜色，怡怡如也。没阶，趋进，翼如也。复其位，踧踖如也。

【注释】

鞠躬如也，如不容 鞠躬，敛身，曲身之义。不容，容不下，古注曰："公门高大而若不容，敬之至也。"

立不中门，行不履阈 中门，大门的中间。依礼，国君由大门的中间出入，臣走两侧。阈，读 yù，门槛。

过位 位，设在外朝的国君座位，臣到内朝见君时，从旁路过。

摄齐升堂 摄，抠，提起。齐，读 zī，衣裳的下摆。摄齐，抠起衣裳的下摆，使其悬空，以免踩上把自己绊倒。堂，殿堂，国君的治朝之所。

降一等，逞颜色 等，台阶。逞，放开，舒展。逞颜色，舒气解颜之义。

复其位 复，复转，指从治朝退出，再次路过外朝的国君座位。

【译文】

孔子一进朝廷的大门，就改作敛身低首的样子，好像容不下他似的。他从不站在门的中间，走路也不踩门槛。经过外朝的国君座位时，他的脸色变得很庄重，脚步也快起来，说话的声音很轻，好像气力不足似的。他提起衣裳的下摆走上朝堂，敛身低首，憋住气好像不呼吸似的。他退朝出来，每走下一个台阶，神态就舒展些，一副怡然自得的样子。走完台阶，他便快步向前，就像鸟儿舒展了翅膀，姿态轻盈。再次经过外朝的国君座位时，他依然是敬畏的样子。

10.5 执圭，鞠躬如也，如不胜。上如揖，下如授。勃如战色，足蹜蹜如有循。享礼，有容色。私觌，愉愉如也。

【乡党篇】第十 （共二十四章）

【注释】

执圭 圭，玉制的礼器，上为圆形或尖形，下为方形。依据持圭者的身份与圭的用途，圭有不同的尺寸，也有不同的名称。例如，天子授予诸侯的信圭，公爵曰桓圭长九寸，侯爵曰信圭长七寸，伯爵曰躬圭长七寸，子爵曰谷璧长五寸，男爵曰蒲璧长五寸。国君派遣使臣聘问他国，则要授之以命圭，命圭的长度比国君的信圭短 寸。

鞠躬如也，如不胜 鞠躬，敛身，微朝前倾。郑玄注："鞠躬者，上如揖，下如授，敬慎之至。"胜，读 shēng，拿得住之义。

战色 严肃且紧张的样子，古注曰："战色，战而色惧也。"

蹜蹜如有循 蹜，读 sù，蹜蹜，脚步细碎且紧凑之义。如有循，好像按照画好的路线走似的。

享礼，有容色 享，献，敬献。使臣初至，先要向到访国的国君行聘礼，聘是问候的意思，聘礼也称问候礼。聘礼之后，使臣要向国君行享礼，将带来的礼物敬献给国君，享礼也称献礼。有容色，满脸和气，《礼记·聘礼》曰："及享，发气焉盈容。"

私觌，愉愉如也 觌，读 dí，相见，会见。

【译文】

孔子出使外国，举行典礼时，他手持玉圭，身体微朝前倾，好像拿不动似的。向上举好像在作揖，向下放好像在交给别人。他的脸色庄严得像在作战，走起路来脚步细碎而紧凑，好像沿着画好的路线走似的。献礼的时候，他满脸和气。他以私人的身份与外国君臣会见，是轻松愉快的样子。

10.6 君子不以绀緅饰，红紫不以为亵服。当暑，袗绤绤。必表而出之，缁衣，羔裘；素衣，麑裘；黄衣，狐裘。亵裘长，短右袂。必有寝衣，长一身有半。狐貉之厚以居。去丧，无所不佩。非帷裳，必杀之。羔裘玄冠不以吊。吉月，必朝服而朝。

【注释】

君子不以绀緅饰 君子，此指孔子。本章所记内容，不但孔子自己这样做，他还经常教导别人也这样做，故以君子记之。绀，读gàn，紫玄色，略带红的黑色。緅，读zōu，绛色，偏红的黑色。饰，衣领或衣袖的镶边。绀、緅都与黑色接近，黑色是祭祀用礼服的颜色，若用绀緅色镶边，就有点像祭服了，故不用。

红紫不以为亵服 中国古人认为，万物的本性可归纳为水、木、金、火、土五类，是为五行。五行对应着五个方位和五种颜色，即东方木青色，南方火赤色，西方金白色，北方水黑色，中央土黄色。五行对应的"青、赤、白、黑、黄"这五种颜色，称作正色。其他的颜色，是由正色相杂而成，故称杂色或间色。红与紫属于杂色，杂色不正，故不用。亵，读xiè，居家穿的便服。便服尚且不用杂色，正服就更不会用了。

袗绤绤 袗，读 zhěn，单衣。绤，读 chī，细葛布。绤，读 xì，粗葛布。

缁衣，羔裘；素衣，麑裘；黄衣，狐裘 缁，读 zī，黑色。麑，读 ní，白色的小鹿。古时的皮衣，毛向外，穿时要在外面加穿罩衣，罩衣的颜色与毛色一致才好看。故而，黑罩衣配羔裘，白罩衣配麑裘，黄罩衣配狐裘。

亵裘长，短右袂 裘，皮衣。袂，读 mèi，袖子。亵裘是居家穿的皮衣，做得长些利于保暖，右袖短些便于干活。一说，"短右袂"是把右袖卷起来，并非刻意裁短，也说得通。

寝衣 小卧被，古时大被曰衾，小被曰衣。

狐貉之厚以居 居，坐。狐貉的皮厚，毛长且密，用它制作的褥垫，既温暖又舒适。

无所不佩 佩，配饰，如佩玉等。古人有佩玉的风尚，素有"君子无故，玉不去身"之说。

非帷裳，必杀之 帷裳，下衣。帷裳由整幅布做成，不加裁剪，多余的布做成褶叠，类似于现在的百褶裙。古注曰："帷裳，下裳，其制正幅如帷，无杀缝，故名帷裳。"杀，裁剪。

羔裘玄冠不以吊 玄冠，黑色的礼帽。羔裘玄冠均为黑色，黑色是祭祀用吉服的颜色，故而不穿戴羔裘玄冠去吊丧。

吉月 对于"吉月"的解释，共有以下三说：（一）正月初一；（二）每月初一；（三）"吉"字误，本应作"告"。告月，是指每月的月底，由司历官将下月初一的日期告知国君。本注根据程树德《论语集释》的说法，将"吉月"解作正月初一。

【译文】

孔子的衣服,不用紫玄色或绛色镶边,居家穿的便服也不用红色和紫色。夏天,穿细葛布或粗葛布做的单衣。冬天,一定在皮袄外面穿大过皮袄的罩衣,黑色的罩衣配羊皮袄,白色的罩衣配鹿皮袄,黄色的罩衣配狐皮袄。在家里穿的皮袄做得稍长,但右袖裁得短些。睡觉一定要有小被,小被的长度是身长的一倍半。冬天的坐垫,用狐貉的厚毛皮。不在丧礼期间,什么饰物都可以佩戴。下裳除了礼服用整幅布外,其余的一定加以裁剪。吊丧不穿黑羊皮袄,也不戴黑色的礼帽。大年初一,一定穿着上朝的礼服去朝贺。

10.7 齐,必有明衣,布。齐必变食,居必迁坐。

【注释】

齐,必有明衣,布 齐,通"斋",斋戒,见《述而篇》第十二章注。明衣,干净的衣裳。布,春秋时期,中国还没有种植棉花,这里的"布",是指麻或生丝织的布。

齐必变食,居必迁坐 变食,改变饮食习惯,主要是不饮酒、不吃荤等。荤,不是肉食的意思。荤字从草,是指具有辛臭气味的蔬菜,如葱、蒜、韭菜等,这些蔬菜容易使人昏神伐性,故不食。《说文解字》曰:"荤,臭菜也。"迁坐,迁往别的卧室居住,不与妻妾同房。本章中的明衣,属于斋戒中的

"斋",变食与迁坐,则属斋戒中的"戒"。

【译文】

孔子在斋戒期间,沐浴后一定穿干净的衣裳,而且是布做的。斋戒期间,孔子一定改变饮食,一定搬到别的地方住。

10.8 食不厌精,脍不厌细。食饐而餲,鱼馁而肉败,不食。色恶,不食。臭恶,不食。失饪,不食。不时,不食。割不正,不食。不得其酱,不食。肉虽多,不使胜食气。唯酒无量,不及乱。沽酒市脯不食。不撤姜食,不多食。

【注释】

食不厌精,脍不厌细 食,粮食,指稻米、黍、粱等主食。精,精细,把稻谷、谷子等舂得很精细。舂,读 chōng,在石臼里用杵捣去谷粒的皮壳。脍,细切的肉。朱熹注:"食精能养人,脍粗则能害人。"

食饐而餲,鱼馁而肉败 饐,读 yì,馊臭。餲,读 ài,变味。馁,腐烂,鱼腐曰馁,肉腐曰败。

色恶、臭恶、失饪 色恶,颜色失常之义,指食物变质。臭恶,气味难闻之义。失饪,没有把握好烹调的火候,使生熟失节。

不时 时,饭点。一说,时指时令,不时是不合时令的食物，如五谷不成、果实未熟之类。两说均通，本注从前说。

割不正，不食。不得其酱，不食 古人屠宰牲畜有固定的程序，不按程序分解，则曰"割不正"。肉食要用相宜的酱料佐餐，例如鱼肉配芥末酱、羊肉配麻酱等，没有与肉食相宜的调味酱，则曰"不得其酱"。

不使胜食气 胜，多，超过。气，通"氣"，指稻米、高粱等主食。古人认为，吃的肉食超过粮食，就会对身体造成伤害，影响健康。

沽酒市脯 沽，买。市，买。脯，肉干。从市场上买来的酒和干肉，来历不明，故而不吃。朱熹注："沽市皆买也，恐不精洁，或伤人也。"

【译文】

孔子在饮食上，粮食不嫌舂得精，肉食不嫌切得细。霉烂发臭的粮食，腐烂的鱼和肉，都不吃。食物变色了，不吃。气味难闻了，不吃。烹饪不当了，不吃。不到该吃饭的时候，不吃。不按正规方法切的肉，不吃。肉食没有相宜的调味酱，不吃。席上的肉食虽多，吃得却不超过主食。只有酒不限量，但不喝醉。从市场上买来的酒和肉干，不吃。姜不撤除，但不多吃。

10.9 **祭于公，不宿肉。祭肉不出三日。出三日，不食之矣。**

【注释】

祭于公，不宿肉 祭于公，指参加国家举行的祭祀。依礼，诸侯、大夫和士都有助君祭祀的义务，并要敬献祭肉。助祭完毕后，臣下要将自己所献的祭肉，连同君上赐予的祭肉一并带回。祭肉虽然是祭祀当日所宰杀牲畜的肉，但次日还要再举行一次"绎祭"。因此，当祭肉拿回时，至少已经存放两日一夜了。不宿肉，就是不让拿回的祭肉再过夜存放，尽快予以处置，也即下文说的"祭肉不出三日"。

【译文】

孔子参加国家的祭祀，带回的祭肉不过夜存放。祭肉的保存不能超过三天。超过三天，就不吃了。

10.10 **食不语，寝不言。**

【译文】

孔子吃饭的时候不说话，入睡的时候不交谈。

10.11 **虽疏食菜羹，瓜祭，必齐如也。**

【注释】

瓜祭 古人用餐前，先从食物中取出少许，放在食器之间，用以祭祀发明饮食的先贤，以示感谢，《左传》称作泛祭。一说，瓜是"必"字的误文。

【译文】

即便只有粗饭和菜汤，孔子在餐前也一定祭一祭，一定像斋戒后那样虔诚。

10.12 *席不正，不坐。*

【注释】

席不正 春秋时期，中国人还没有发明椅子和凳子，那时的座，就是铺在地上的席子。坐的含义，也与现在不同，是指两膝着席，臀部压在脚踝上，与跪相似但不直身。若是臀部着地，两腿前伸，也即现在的"坐"，因形似簸箕，故称箕踞。若是脚板着地，耸起两膝，臀部向下但不贴地，也即现在的"蹲"，则称蹲踞。坐和蹲都是游牧民族的习惯，故将箕踞和蹲踞统称为夷踞。古人认为，夷踞待客是粗鲁无礼的表现，尤以箕踞为甚，礼曰"坐无箕"——大概是因为古人的下衣穿的是裳，裳类裙而非裤，容易走光而不雅吧。正，端正，古注曰："夫子于席不正者，必正之而后坐。圣人心安于正，故于位之不正者，虽小不处。"

【译文】

坐席摆得不端正，孔子不坐。

10.13 **乡人饮酒，杖者出，斯出矣。乡人傩，朝服而立于阼阶。**

【注释】

乡人饮酒，杖者出 乡人饮酒，指乡人举办的饮酒礼，是乡亲们的聚餐活动。杖者，拄拐杖的人，指老年人。乡人以年龄的大小为序，年长为尊，《礼记》曰："少长以齿。"

乡人傩 傩，读 nuó，古人驱逐疫鬼的迷信活动。

阼阶 阼，读 zuò。阼阶，东边的台阶，是主人迎送宾客时所立的位置，孔安国注："恐惊先祖，故朝服而立于庙之阼阶。"

【译文】

在乡人举办的饮酒礼结束后，孔子总是等老年人都走了，他才走。在乡人举行驱逐疫鬼的仪式时，孔子就穿着朝服，站在东边的台阶上。

10.14 问人于他邦，再拜而送之。

【注释】

问人 问，问好，问候。古时问候他人，常伴有礼物相赠。
再拜而送之 再拜，拜两次，一拜受托者，以示感谢；一拜被问者，以示诚意。

【译文】

孔子托人给外国的朋友问好，为受托者送行时，总是拜两次。

10.15 康子馈药，拜而受之。曰："丘未达，不敢尝。"

【注释】

丘未达，不敢尝 达，了解。尝，品尝，服用。大概季康子在赠药后，便让孔子当面服用，故而孔子说"丘未达，不敢尝"。古注曰："可饮则饮，不可饮则不饮，皆在其中矣。"

【译文】

季康子送药给孔子，孔子拜谢后收下。孔子说："我对这药不了解，不敢服用。"

10.16　厩焚。子退朝,曰:"伤人乎?"不问马。

【注释】

厩焚　厩,马棚。郑玄注:"不问马,重人贱畜也。"

【译文】

孔子的马棚失了火。孔子退朝回来,问道:"伤人了吗?"而不是先问马。

10.17　君赐食,必正席先尝之。君赐腥,必熟而荐之。君赐生,必畜之。侍食于君,君祭,先饭。

【注释】

君赐腥,必熟而荐之　腥,生肉。荐,进奉,上供。
君祭,先饭　依侍食之礼,君在饭前祭祀时,臣应先行吃饭,但不吃菜。

【译文】

国君赐给熟食,孔子一定摆正席位,先尝一尝。国君赐给生肉,一定煮熟了,先给祖宗上供。国君赐给活的牲畜,一定先饲养起来。陪侍国君进餐,在国君做餐前祭祀时,孔子就自己先吃饭,但不吃菜。

10.18 疾，君视之，东首，加朝服，拖绅。君命召，不俟驾行矣。

【注释】

东首 古人的卧榻设在南窗下的西侧，国君从东边的台阶进，故而朝东而卧，以此来迎接国君。

加朝服，拖绅 加，盖，披。绅，束在腰间的大带。

不俟驾 俟，等，等候。《礼》曰："君命召，不俟驾。"

【译文】

孔子病了，国君来探望，他便朝东而卧，把朝服盖在身上，朝服上搭着大带。国君召见，孔子不等驾好车马，就先步行出发了。

10.19 入太庙，每事问。

本章重出，见《论语·八佾篇》第十五章。

10.20 朋友死，无所归，曰："于我殡。"朋友之馈，虽车马，非祭肉，不拜。

【注释】

非祭肉不拜　不拜，朋友互赠礼物，本属朋友之谊，礼尚往来，故不拜。古注曰："不拜者，朋友有通财之义也。"

【译文】

朋友死了，如果没有人收殓，孔子便说："由我来料理丧事吧。"朋友赠送的礼物，只要不是祭肉，即使是车马，孔子也不拜谢。

10.21　寝不尸，居不客。

【注释】

寝不尸，居不客　尸，仰卧，朱熹注："尸，谓偃卧似死人也。"客，客人。春秋时期，无论待客还是做客，依礼都应采取"跪"式的坐姿，但时间一长，这种坐姿就很不舒服，故而"居不客"。在《述而篇》第四章，有"子之燕居，申申如也，夭夭如也"的记述，可与本章合读，以便相互参证。

【译文】

孔子睡觉不仰卧，平常也不像客人那样坐着。

10.22　见齐衰者，虽狎，必变。见冕者与瞽者，虽亵，必以貌。凶服者，式之。式负版者。有盛馔，必变色而作。迅雷风烈，必变。

【注释】

见齐衰者，虽狎，必变　齐衰，读 zī cuī，古代的孝服。狎，读 xiá，亲昵但不庄重。

虽亵，必以貌　亵，轻慢，不庄重。貌，礼貌。

凶服者，式之　凶服，寿衣。式，通"轼"，车厢前面用作扶手的横木。

式负版者　版，有文字的木板，简书。

有盛馔，必变色而作　馔，菜肴。作，起立，站起来，古注曰："敬主人之礼也。"

【译文】

孔子看见穿孝服的人，即使与他很亲密，也一定变得态度庄重。看见戴礼帽和瞎眼的人，即使与他很熟悉，也一定有礼貌。孔子在车中看到拿寿衣的人，便俯身把手伏在前面的横木上，以示同情。看到背着书简的人，也把手伏在前面的横木上，以示敬意。孔子参加别人的宴请，若有丰盛的菜肴，一定神色变动，站起来表示感谢。孔子遇到迅雷和大风，也一定神色变动，以示敬畏。

10.23 升车，必正立，执绥。车中，不内顾，不疾言，不亲指。

【注释】

执绥 绥，读suí，车上的扶手带。
内顾 回视，回头看。皇侃注："内，犹后也。顾，回头也。"
不疾言 疾，大。不疾言，不大声说话，以免惊吓到马。

【译文】

孔子上车时，一定先端正地站好，然后拉着扶手带上车。在车上，他不回头张望，不高声说话，也不用手指指画画。

10.24 色斯举矣，翔而后集。曰："山梁雌雉，时哉时哉！"子路共之，三嗅而作。

【注释】

色斯举矣 色，变色，指脸色变动。举，起，飞起。朱熹注："鸟见人之颜色不善则飞去，回翔审视而后下止。"
山梁雌雉，时哉时哉 雉，山鸟，俗称野鸡，雄雉尾长，雌雉尾短。时，时机，时宜。时哉，懂时宜之义。孔子此言，是赞叹雌雉懂时宜，当去则去，当止则止，暗讽有些人连雌雉都不如，当去不去，当止不止，执迷不悟。

子路共之 共，通"拱"，拱手，作揖，表示敬意。

三嗅而作 嗅，通"狊"，读 jú，张开两翅的样子。

【译文】

孔子在山中看见几只野鸡，不由得脸色一动，它们便立即飞起来，盘旋了一阵才落下。孔子说："山坡上的那几只野鸡，懂时宜啊，懂时宜啊！"子路听了，向那几只野鸡拱了拱手，它们又振翅飞走了。

【评述】

本篇共有二十四章，专门录了孔子的日常生活，包括言谈举止、衣食住行以及待人接物等各方面的内容。这些记述，向人们展示了一个言谈得体、举止儒雅、衣着有品、饮食有道，且又通情达理的孔子形象。

孔子是中国文化的代表人物，素有"道德之祖"的美誉。他所创建的道德学说，朴实、睿智、富含哲理，平凡里见伟大，既自利又利他。他讲忠信，认为人而无信，不知其可也，说"言不忠信，行不笃敬，虽州里行乎哉"。他讲识人，认为不识人就不能亲贤远佞，也不能趋利避害，说"患不知人也"。他讲仁德，认为克己复礼为仁，说"仁者爱人"，但强调仁者必智，不智则不足以称仁。他讲孝道，认为孝敬父母乃是出于感恩的回报，恩在前而孝于后，说"子生三年，然后免于父母之怀"。他讲道义，主张内应"己所不欲，勿施于人"，外当"以德报德，以直报怨"，说"不义而富且贵，于我如浮云"。他讲担当，故能以君子之勇，诛少正卯，会齐于夹谷，堕三都。他讲志向，故能以"知其不可而为之"的精神，不顾自己年逾五十，毅然弃官出走，踏上漫漫的周游之旅。他相信命运，但不迷信，对臧文仲"居蔡"不以为然，也不语怪力乱神。他的人生态度是"听天命，尽人事"，不怨天，不尤人，下学而上达。在生活中，孔子乐天知命，唯义是从，无可无不可。他酷爱音乐，虽然到了"三月不知肉味"的程度，却能"乐而不淫"。他既可"饭疏食饮水，乐在其中矣"，亦可"食不厌精，脍不厌细"。他不但有"有盛馔，必变色而作"的人情味，也有"乘桴浮于海"之类的牢骚……孔子的一言一行，都极具人格魅力，圣名不虚。

　　《论语》上部，以本章的"时哉时哉"结尾，用意深远，耐人寻味。《孟子》说："孔子，圣之时者也。"

论语注述

下部

郑战威 注述

中国文联出版社
http://www.clapnet.cn

目 录

下 部

【先进篇】第十一 …………………………………… 287

【颜渊篇】第十二 …………………………………… 317

【子路篇】第十三 …………………………………… 342

【宪问篇】第十四 …………………………………… 372

【卫灵公篇】第十五 ………………………………… 416

【季氏篇】第十六 …………………………………… 449

【阳货篇】第十七 …………………………………… 466

【微子篇】第十八 …………………………………… 494

【子张篇】第十九 …………………………………… 508

【尧曰篇】第二十 …………………………………… 530

附　孔子年表 ………………………………………… 539

下 部

儒家的命运观，既非迷信的宿命论，也非孤立的自我论，而是将命运看作命和运两部分。命者，时也，机也，人力所不可控者曰命，由天不由己；运者，求也，为也，可求诸己者曰运，在己不在人。儒家的人生态度是知命立运，知命是知其有，立运是求诸己——命由天定，故听天命，听天命则乐天安命，不怨天，也不尤人；运由己立，故尽人事，尽人事则内求诸己，只问耕耘，不问收获。时势造英雄，时虽有遇与不遇之分，造却必可造之选。人之生唯当修身蓄才，运以待命：命运相济而有成，则因知命而不致忘乎所以；命不济运而不成，则因人事已尽，无愧于己，理足而可以无憾矣。孔子说："不知命，无以为君子也。"

【先进篇】第十一

(共二十六章)

11.1 子曰:"先进于礼乐,野人也;后进于礼乐,君子也。如用之,则吾从先进。"

【注释】

先进于礼乐,野人也 进,进学,学习。野人,平民,指没有禄位可袭的普通人。

后进于礼乐,君子也 君子,此指有世袭禄位的卿大夫子弟。周制,诸侯各国可以世袭的禄位,仅限于国君及卿大夫之位,但不是所有卿大夫的禄位都可以世袭,选任大夫的禄位就不能世袭。士官的禄位没有世袭,在《孟子·告子》中,就有"士无世官"之说。据《尚书大传》记载,春秋之前,有世袭禄位的卿大夫子弟,也要先学习礼乐,然后才能做官,诸侯各国的用人方式,是选拔与世官并重。到了春秋时期,用人的方式渐以世卿世禄为主,重世官而轻选拔了。

吾从先进 从,主张,赞成。

【译文】

孔子说:"先学习礼乐再做官,是没有世袭禄位的普通人;先有官位再学习礼乐,是有世袭禄位的大夫子弟。如果让我用人,我主张选用先学习礼乐的人。"

【评述】

本章,孔子所讲的"吾从先进",反映了他选贤与能的用人理念——先进于礼乐,是"学而优则仕",择优录取;后进于礼乐,是"仕而优则学",学或不学都有官位。春秋时期,诸侯各国卿大夫的任用,主要是"后进于礼乐"的用人方式,也即所谓的世卿世禄。虽然偶尔也辅以选拔,比如孔子就是凭借自己的才干,由中都宰做到了鲁国大司寇,但这种情况并不常见,因而也就造成了庸官泛滥的现象,不利于国家的长治久安。事实上,直到一千年以后的隋朝,中国才将选贤以科举的方式固定下来。由此可见,当时孔子的用人理念非常超前,也弥足珍贵。

11.2 子曰:"从我于陈、蔡者,皆不及门也。"

【注释】

从我于陈、蔡者 从,跟随。孔子与弟子们在蔡国时,楚军驻兵相邻的陈国,楚人因仰慕孔子,遣使携礼来邀。陈国得到消息后，担心孔子与楚人相见对己不利，于是派出大批役卒，将孔子一行围困在陈国边境，使之无法行动，这也便是《卫灵公篇》里所说的"在陈绝粮，从者病，莫能兴"。后来，孔子派子贡前往楚军求救，才得以解脱困境。这个典故，史称"陈蔡之厄"，后人常用它代称旅途中遭遇的困境。

皆不及门 门，门堂，门下指门堂的左右。清代学者郑珍，在《驳朱竹垞孔子门人考》中说："古之教者家有塾，塾在门堂之左右，施教受业者居焉。所谓'皆不及门'，即此门也。"

【译文】

孔子说："跟着我在陈国、蔡国之间忍饥挨饿的人，现在都不在我这里了。"

【评述】

在孔子周游列国期间，陈蔡之厄是孔子师徒刻骨铭心的一次经历，难以忘怀。孔子回首往事，感慨万千，思念爱徒情不自胜，故有"皆不及门"之叹。

11.3 德行：颜渊、闵子骞、冉伯牛、仲弓。言语：宰我、子贡。政事：冉有、季路。文学：子游、子夏。

【译文】

孔门弟子中，德行出众的有：颜渊、闵子骞、冉伯牛、冉雍。善于辞令的有：宰我、子贡。擅长政事的有：冉有、子路。精通文学的有：子游、子夏。

【评述】

本章所列十人，是孔门弟子中的杰出代表，史称"孔门十哲"。孔子教书育人，向来注重对学生全方面地培养——"子以四教，文行忠信"。本章所列德行、言语、政事和文学四科，仅仅是针对十哲的各自特长而言，在其他方面，他们的才华也毫不逊色。实际上，十哲只是孔子早期学生中的优秀代表，后辈的杰出弟子更是不乏其人，比如曾参、孟子和荀况等，人才辈出。《史记》有云："孔子以诗、书、礼、乐教，弟子盖三千焉，身通六艺者七十有二人。"

11.4 子曰："回也非助我者也，于吾言无所不说。"

【注释】

助我　助，助益，古注曰："助，益也。"

无所不说　说，同"悦"，指颜回闻言即解，解则生悦，古注曰："说，解也。"

【译文】

孔子说："颜回不是对我有助益的人，我说的话他没有听不懂的。"

【评述】

在《公冶长篇》,子贡也曾夸奖颜回闻一知十,足见颜回的悟性之高。然而,道本难穷,疑问越多,精微愈显,颜回闻言即解别无所惑,却也让孔子难得教学相长之益,故有"非助我"之叹。孔子此言,听起来似乎心有所憾,实则满怀欣慰。

11.5 子曰:"孝哉,闵子骞!人不间于其父母昆弟之言。"

【注释】

间于其父母昆弟 间,罅隙,此作动词,异议、质疑之义。昆,哥哥,古注曰:"昆,兄也。"

【译文】

孔子说:"闵子骞真孝啊!人们对于他父母兄弟夸奖他的话,毫无异议。"

【评述】

鞭打芦花,是关于闵子骞孝道的著名典故。相传,闵子骞十岁丧母,其父续弦,后母又为他生下两个弟弟。在寒冷的冬天,后母给他穿的是絮满芦花的衣服,看上去蓬松却不御寒，而弟弟们穿的衣服却填满绵絮，看上去单薄但非常保暖。一天，闵子骞的父亲外出，让他驾车，只见他两手冻得瑟瑟发抖，以至于抓都抓不住缰绳。他父亲很恼火，夺过鞭子向他抽去，竟然打出了衣服里的芦花。其父大惊，跑去查看他两个弟弟的衣服，里面填充的却是满满的绵絮。这让他父亲非常震惊，愤怒之下，非要把他后母给休了。闵子骞跪地求情说："母在一子寒，母去三子单。"这才使他父亲平息了怒火。他的后母也因此改变了态度，成为远近闻名的慈母。

11.6 南容三复白圭，孔子以其兄之子妻之。

【注释】

三复白圭 三，多次。复，反复，反复诵读之义。白圭，指《诗经·大雅·抑篇》中的"白圭之玷，尚可磨也；斯言之玷，不可为也"这句诗，意思是白圭的污点还可以磨掉，说出的错话却无法收回了。

【译文】

南容时常念叨"白圭之玷，尚可磨也；斯言之玷，不可为也"这句诗，提醒自己说话要谨慎。孔子把自己的侄女嫁给了他。

【评述】

言乃行之表,行乃言之实,言谨者行必慎。从南容时常念叨这句《白圭》诗来看,日常生活中的南容,应该是一个谨言慎行的人。由此可见,在《公冶长篇》第一章,孔子称赞他"邦有道,不废;邦无道,免于刑戮",便也不足为奇了。

11.7　季康子问:"弟子孰为好学?"孔子对曰:"有颜回者好学,不幸短命死矣!今也则亡。"

【译文】

季康子问:"你的学生中,哪一个好学?"孔子答道:"有个叫颜回的人好学,不幸他短命死了,现在没有这样的人了。"

【评述】

本章的问答,内容与《雍也篇》第二章大致相同,只是有所删减。

11.8　颜渊死,颜路请子之车以为之椁。子曰:"才不才,亦各言其子也。鲤也死,有棺而无椁。吾不徒行以为之椁。以吾从大夫之后,不可徒行也。"

【注释】

颜路 颜渊的父亲，名繇，字路，是孔子最早期的学生，比孔子小六岁。

请子之车以为之椁 椁，外棺。古时贵族的棺木至少有两重，里面的一重曰棺，外面的一重曰椁，俗称"内棺外椁"。古注曰："请为椁，欲卖车以买椁也。"

吾从大夫之后 谦辞，指自己曾做过大夫。孔子曾任鲁国大司寇，虽已辞官，但仍有大夫之位。

【译文】

颜渊死了，他父亲颜路请求孔子把车卖了，给颜渊买个外椁。孔子说："不管有才能还是没才能，总归是自己的儿子。我的儿子孔鲤死了，也只有内棺，没有外椁。我不能把车卖了，步行来替他买椁。因为我也曾做过大夫，依礼是不可以步行的。"

【评述】

自本章起，连续四章都是孔子关于颜回之死的记录。孔子非常喜爱颜回，这从他对颜回之死的哀叹与恸哭中，可见一斑。尽管如此，孔子仍不允颜路的卖车之请，也不赞成厚葬颜回。他这样做，看似情深礼薄，实际上却完全是出于对礼制的维护。

11.9　颜渊死。子曰："噫！天丧予！天丧予！"

【译文】

颜渊死了。孔子哭道："咳！老天爷这是要我的命呀！老天爷这是要我的命呀！"

11.10　颜渊死，子哭之恸。从者曰："子恸矣！"曰："有恸乎？非夫人之为恸而谁为？"

【注释】

子恸矣　恸，悲恸，古注曰："恸，哀过也。"
非夫人之为恸　本句是"非为夫人恸"的倒装形式，夫人指颜渊。

【译文】

颜渊死了，孔子哭得很悲伤。跟随孔子的人劝道："您太悲伤了！"孔子说："真的太悲伤了吗？我不为这样的人悲伤，为什么样的人悲伤呢？"

【评述】

本章的"子哭之恸"，与孔子不允颜路的卖车之请，形成了鲜明的对比。由此可见，孔子是一个重情重义，却又不失理智的人。

11.11　颜渊死，门人欲厚葬之。子曰："不可。"门人厚葬之。子曰："回也视予犹父也，予不得视犹子也。非我也，夫二三子也。"

【注释】

门人欲厚葬之　门人，指孔子的学生们。朱熹注："丧具称家之有无，贫而厚葬，不循礼也，故夫子止之。"

【译文】

颜渊死了，孔子的学生们想要丰厚地埋葬他。孔子说："不可以。"但学生们还是丰厚地埋葬了颜渊。孔子说："颜回呀，你把我当父亲一样看待，我却不能像对儿子那样对待你。这不是我的主意呀，是你那帮同学要这么做的。"

11.12　季路问事鬼神。子曰："未能事人，焉能事鬼？"曰："敢问死。"曰："未知生，焉知死？"

【注释】

季路问事鬼神　事，事奉，服事。鬼，人死曰鬼。神，在天曰神。

未能事人，焉能事鬼　事人，指通达人事。不通人事，则无以通达祭祀之道。

敢问死　敢，表示恭敬的副词，冒昧之义。古注曰："凡言敢者，皆以卑触尊，不自明之意。"

【译文】

子路问怎样事奉鬼神。孔子说："人的事还没有做好，又怎么能事奉鬼？"子路又问："我冒昧地问问您，死是怎么回事。"孔子说："生的道理还没有弄明白，又怎么能懂得死？"

【评述】

本章，子路问怎样事奉鬼神、什么是死，孔子却答以先事人后事鬼、先知生后知死，看似答非所问，实则充满玄机。在孔子看来，世俗中的为人处事，虽然属于下学，却是上达的阶梯，不通人事则无以通达祭祀之道，不知生则无以知死，生荣方能死哀。正因如此，孔子在日常的教育实践中，四教以文、行、忠、信，从不语怪力乱神，力图使学生们正心诚意，通达于为人处事之道。一个人，倘若能通晓人情事理，则鬼神之事不问自明；知道生的道理，便也能明白死是怎么回事。否则，如若盲目地谈论鬼神与生死之事，非但说之难懂，语之无益，还容易使人偏离正道，误入歧途。

11.13　闵子侍侧，訚訚如也；子路，行行如也；冉有、子贡，侃侃如也。子乐。"若由也，不得其死然。"

【注释】

訚訚、行行、侃侃 訚訚,中正之貌,正直而恭敬之义。行,读 hàng,刚强不屈之义。侃侃,和乐之貌,和颜悦色之义。

不得其死然 不得其死,不能善终之义。然,语气词,用法同"焉"。

【译文】

闵子骞站在孔子身旁,正直而恭敬的样子;子路,刚强不屈的样子;冉有、子贡,和颜悦色的样子。孔子看了很高兴,却又说道:"像仲由这个样子,恐怕不能善终啊。"

【评述】

孔子之乐,乐在弟子们英姿勃发,各个都一表人才——诚如《孟子》所言:"得天下英才而教育之,君子之乐也。"本章,对于诸弟子的描述,闵子骞是訚訚如也,冉有、子贡是侃侃如也,子路是行行如也。这不禁让人联想起《乡党篇》对孔子的描述,其中有侃侃如也、訚訚如也,唯独没有行行如也。由此可见,子路取法孔子的程度,明显不如闵子骞、冉有等人,所学还不够深入。正因如此,孔子在欣慰之余,用"不得其死然"对子路加以告诫,提醒他要加强修养,不可逞强任勇。遗憾的是,子路终未自悟,后来果因"行行"遇害,不幸被孔子言中。

【先进篇】第十一 （共二十六章）

11.14 鲁人为长府。闵子骞曰："仍旧贯，如之何？何必改作？"子曰："夫人不言，言必有中。"

【注释】

鲁人为长府 鲁人，这里的人是狭义的人，指鲁国的当权者。为，翻修、翻建之义。长府，鲁国储藏财货的国库，名长府。古注曰："布帛曰财，金玉曰货，藏财货曰府。"据《左传》记载，鲁昭公曾打算依托长府攻打季氏，在昭公流亡后，季平子借翻修之名，降低了长府的规制，以示对昭公的惩罚。

仍旧贯 仍，沿袭。贯，事，例。仍旧贯，沿袭旧事，保持原状之义。

【译文】

鲁国要翻修长府。闵子骞说："保持原状不好吗？何必要翻修呢？"孔子道："闵子骞这个人，平常不大说话，一说就说到点上。"

【评述】

《论语》书中，孔子反复教导弟子们要"谨言"，乃因祸从口出，不可不慎。但是，谨言也并非不言，而是要当言则言，当止则止。若是当说不说，反倒不是慎言之道。对于"谨言"的领悟，不妨借鉴一下所谓的官场秘籍，其中关于发言的高论，读来却也有趣。据说，在官场上发言，关键是把握好"晚说、少说和敢说"这三个要领——晚说，就是要伺机而言，先观察别人怎么说，然后自己再说。这样，便可以用别人的浅薄与失误，反衬自己的高明，坐收后发之利。况且，如果火候未到，说也无用。少说，就是要言简意赅，提纲挈领，正所谓要言不烦，言多必失。敢说，就是要当说必说，机不可失，看准就讲。在《公冶长篇》第十九章，孔子说"再，斯可矣"，讲的是慎行；本章说"言必有中"，讲的则是谨言。两章合读，可参"谨言慎行"之道。

11.15 子曰："由之瑟，奚为于丘之门？"门人不敬子路。子曰："由也升堂矣，未入于室也。"

【注释】

由之瑟 瑟，古代的一种弦乐器。子路性格刚勇，鼓瑟之声势必缺乏中和之韵，故而孔子不爱听。程颐注："言其声之不和，与己不同也。"

升堂、入室 堂，厅堂。室，内室。升堂入室的过程，是先入门，次登堂，然后才能进入到内室。用以比喻做学问，入门是初学阶段，登堂是中级阶段，入室则是学成阶段。入室，也就是俗话说的"学到家了"。

近代学者王国维，在《人间词话》中说，古今成大事业、大学问者，必要经过三个境界。第一个境界，用北宋晏殊《蝶恋花·槛菊愁烟兰泣露》中的词说，便是"昨夜西风凋碧树，独上高楼，望尽天涯路"。第二个境界，用北宋柳永《蝶恋花·伫倚危楼风细细》中的词说，便是"衣带渐宽终不悔，为伊消得人憔悴"。第三个境界，用南宋辛弃疾《青玉案·元夕》中的词说，便是"众里寻他千百度，蓦然回首，那人却在灯火阑珊处"。其实，王国维所谓的三种境界，也就是"入门、升堂和入室"这三个阶段。

【译文】

孔子说："仲由弹瑟，为什么非要在我这里弹呢？"学生们因此看不起子路。孔子只得又对学生们说："仲由么，瑟弹得已经很不错了，只是还不够精深罢了。"

【评述】

子路刚勇尚武，他弹出的瑟声，势必刚有余而柔不足，缺乏中和之韵。孔子是一个知音的人，他闻声识人，批评子路"奚为于丘之门"的本意，是想告诫子路要加强修养，践行中和之道，不可逞强任勇。孰料，同学们却因此看不起子路，致使孔子又不得不为子路正名，以免他不容于人。子路是孔子的爱徒，但孔子对子路的教诲却严厉有加，这在《论语》书中屡见不鲜。孔子之所以如此对待子路，根本原因，就在于爱之深，故而责之切。

11.16 子贡问："师与商也孰贤？"子曰："师也过，商也不及。"曰："然则师愈与？"子曰："过犹不及。"

【注释】

师与商 师，颛孙师，字子张。商，卜商，字子夏。子张才高意广，好为苟难，常常过中。子夏笃信谨守，规模狭隘，多有不及，与子张恰好相反。

愈与 愈，胜，强。与，同"欤"。

【译文】

子贡问："颛孙师和卜商相比，哪个优秀？"孔子说："颛孙师有点过头，卜商有点不足。"子贡道："这么说，颛孙师更强些？"孔子说："过头和不足同样不好。"

【评述】

在儒家看来，中庸是做人的最高境界，讲究的是恰到好处，既不过分，也无不足，不偏不倚。因此，无论是自我修养，还是为人处事，都应把握好尺度，过则抑之，不及引之，归于中庸之道。

11.17 季氏富于周公，而求也为之聚敛而附益之。子曰："非吾徒也。小子鸣鼓而攻之，可也。"

【注释】

周公 凡食采于周、爵位为公的人，均可称为周公。本章的周公，指周天子的宰或卿士。

求也为之聚敛　敛，收集，含有搜刮之义，此指冉求协助季康子推行新税法，借以增加税收。《大学》有云："百乘之家，不畜聚敛之臣。与其有聚敛之臣，宁有盗臣。"

非吾徒也，小子鸣鼓而攻之　徒，徒党，指同一类或同一派别的人。小子，指孔子的弟子们。鸣鼓而攻之，是公开宣布罪状，声讨罪责的意思。

【译文】

季氏比周公还富有，冉求却还替他搜刮，让他增加更多的财富。故而，孔子对学生们说："冉求不是咱们一伙的，你们可以大张旗鼓地声讨他。"

【评述】

据《左传》记载，鲁哀公十一年，季康子想改革田赋制度，拟用按亩征税的办法增加税收。为此，季康子专门派冉求征询孔子的意见，孔子明确表示了反对。在孔子的政治理念中，他虽然认同尊卑等级与剥削制度，但反对横征暴敛，主张敛从其薄。他对冉求说："君子之行也，度于礼，施取其厚，事举其中，敛从其薄，如是则以丘亦足矣。若不度于礼，而贪冒无厌，则虽以田赋，将又不足。且子季孙若欲行而法，则周公之典在。若欲苟而行，又何访焉？"然而，季康子并未采纳孔子的意见，他在冉求的协助下，次年还是实施了新法。这让孔子大为不满，故有本章所言。

11.18 柴也愚，参也鲁，师也辟，由也喭。

【注释】

柴也愚 柴，高柴，字子羔，卫国人，孔子的学生，比孔子小三十岁。愚，愚笨，古注曰："愚，智不足而厚有余也。"

鲁、辟、喭 鲁，迟钝。辟，偏激。喭，读 yàn，鲁莽。

【译文】

高柴愚笨，曾参迟钝，颛孙师偏激，子路鲁莽。

【评述】

大概来说，人有其善，必有其善之病；人有其病，亦必有其病之善。愚者，虽有愚笨之病，却不失淳朴之善，可充以学问。鲁者，虽有迟钝之病，却不失信实之善，可励以敏求。辟者，虽有偏激之病，却不失进取之善，可敛以忠信。喭者，虽有鲁莽之病，却不失直爽之善，可文以礼乐。故而，在人的教育和培养上，贵在因材施教。若欲因材施教，又必要以深刻地了解学生为前提，正所谓"知人方能善教"——训有方，保不定日后作强梁。

11.19 子曰："回也其庶乎？屡空。赐不受命，而货殖焉，亿则屡中。"

【注释】

回也其庶乎　庶，庶几，差不多，指颜回的学问与道德等各个方面，都很出色。

屡空　屡，常常。空，空匮，贫穷之义，古注曰："财货匮乏曰贫，生活无出路曰穷，既贫且穷曰空。"

赐不受命　受命，安常守分之义。清代学者俞樾，在《群经评议》中说："古者商贾皆官主之，若夫不受命于官，而自以其财市贱鬻贵，逐什一之利，是谓不受命而货殖。"一说，命是天命之义，但既曰天命，岂容不受？故以前说为宜。

货殖　殖，繁殖，生长。货殖，货财生殖，盈利之义。

亿则屡中　亿，通"臆"，臆度、猜测之义。亿则屡中，指每每都能猜中市场的行情。

【译文】

孔子说："颜回的学问与道德都不差吧？常常穷得叮当响。端木赐不安分，却富得流油，他囤积居奇，每每都猜对了市场的行情。"

【评述】

颜回与子贡，都是孔子喜爱的学生。颜回德行出众，子贡言语见长，两人同列孔门十哲，颜回仅比子贡大一岁，年龄相仿。在个人的学问与道德修养上，颜回显然要强于子贡，颜回克己复礼，勤奋好学，闻一知十，不贰过，不迁怒，其心三月不违仁……但在人生际遇上，子贡却远远胜过颜回，颜回常常穷得叮当响，屡空，一箪食一瓢饮，在陋巷；子贡则富得流油，货殖焉，亿则屡中，富甲一方。然而，颜回虽然贫穷，却不失乐观，用孔子的话说，"人不堪其忧，回也不改其乐"；子贡虽然富有，却不失谦逊，当陈子禽恭维他"仲尼岂贤于子乎"时，他断然予以驳斥，说"夫子之不可及也，犹天之不可阶而升也"。实际上，无论是颜回的乐天安命，还是子贡的富而无骄，体现的都是儒家"听天命，尽人事"的人生态度。在儒家看来，命由天定，由天不由己，故听天命；听天命则乐天安命，不怨天，也不尤人。运由己立，在己不在人，故尽人事；尽人事则内求诸己，只问耕耘，不问收获。正因如此，颜回虽穷，但人事已尽无愧于己，理足而可以无憾矣，故乐。子贡虽富，但深知成功需要天时地利人和，谋事在人，成事在天，故谦。

11.20 子张问善人之道。子曰："不践迹，亦不入于室。"

【注释】

不践迹 践，依循。践迹，踩着别人的足迹走，指借鉴和学习别人的经验。

【译文】

子张问怎样才能成为善人。孔子说："不踩着别人的脚印走,学问与道德也到不了家。"

【评述】

在孔子看来,只有借鉴和学习别人的经验,也就是在"践迹"的基础上,才能使自己成为德行美善的人,有道是"青出于蓝而胜于蓝"。但是,"践迹"也并非邯郸学步,还必须要活学与创新。否则的话,如果只是一味地生搬硬套,其结果就会与"不践迹"一样,同样不能有所建树,这也正是孔子说"亦"不入于室的原因所在。

11.21　子曰:"论笃是与,君子者乎?色庄者乎?"

【注释】

论笃是与　本句是"与论笃"的倒装形式,"是"字表倒装,与"唯你是问"中"是"的用法相同。论,言论。笃,笃实,诚恳。与,赞许。

色庄　色,脸色,神情。庄,庄重。朱熹注:"色庄者,不践履其实也。"

【译文】

孔子说:"只因赞赏他说得诚恳,就能断定他是君子吗?难道就不能是伪君子?"

【评述】

据《史记》记载，孔子曾感叹说："吾以言取人，失之宰予；以貌取人，失之子羽。"可见，识别一个人，不能只凭他说得有多么真诚，也不能只凭他看起来有多么老实，就轻率地断定为好人。事实上，直观的感觉未必靠得住，无论是以言取人，还是以貌取人，往往都很容易被表象所误导，难免会识人不明。圣人如孔子，尚有识人之失，何况普通人呢？故而，识人必须慎重，切不可轻易地下结论——有时候，误将小人当成君子，要远比错过一个君子的危害大得多。

11.22 子路问："闻斯行诸？"子曰："有父兄在，如之何其闻斯行之？"冉有问："闻斯行诸？"子曰："闻斯行之。"公西华曰："由也问闻斯行诸，子曰，'有父兄在'；求也问闻斯行诸，子曰，'闻斯行之'。赤也惑，敢问。"子曰："求也退，故进之；由也兼人，故退之。"

【注释】

求也退，故进之 退，退缩，懦弱。进，促进，激励。

由也兼人，故退之 兼人，逞强，好出风头，古注曰："兼人，谓胜人也。"退，阻止，抑制。

【译文】

　　子路问:"听到有道理的事就做吗?"孔子说:"有父亲和哥哥活着,先要征求一下他们的意见,怎么能听到就做呢?"冉有问:"听到有道理的事就做吗?"孔子道:"听到就做。"公西华对孔子说:"仲由问听到就做吗,您说'有父亲和哥哥活着,先要征求一下他们的意见';冉求问听到就做吗,您却说'听到就做'。他俩问的问题相同,您的回答却截然相反。我有些糊涂,斗胆问问您这是为什么。"孔子说:"冉求懦弱,所以我要鼓励他;仲由好出风头,所以我要压压他。"

【评述】

　　本章,子路和冉有请教的虽然是同一个问题,但孔子的回答却截然相反。究其原因,就在于子路好逞能,勇敢有余而谨慎不足,压抑他也不必担心他萎靡不振。冉有好退缩,谨慎有余而勇气不足,鼓励他也不必担心他轻举妄动。实际上,孔子的一问两答,体现的正是因材施教的育人理念,过则抑之,不及扬之,归于中庸之道。

11.23　子畏于匡,颜渊后。子曰:"吾以女为死矣。"曰:"子在,回何敢死?"

【注释】

　　子畏于匡　见《子罕篇》第五章注。

【译文】

孔子在匡地被拘禁，颜渊最后才赶来。孔子说："我以为你死了。"颜渊说："您还活着，我怎么敢死呢？"

11.24 季子然问："仲由、冉求可谓大臣与？"子曰："吾以子为异之问，曾由与求之问。所谓大臣者，以道事君，不可则止。今由与求也，可谓具臣矣。"曰："然则从之者与？"子曰："弑父与君，亦不从也。"

【注释】

季子然 季氏的族人，在《史记·仲尼弟子列传》中，写作"季孙"。子路、冉求均在季府任事，故有季子然之问。

为异之问，曾由与求之问 异，非常，指不同寻常的人。曾，竟然，不屑之辞。

以道事君，不可则止 道，正道，指合乎道义的方式。止，终止，指辞官不干。

具臣 具，办理，承办之义。《广韵》曰："具，办也。"对于具臣与大臣的区别，古注曰："具臣位卑责薄，小从可也，大从罪也；大臣位高责重，小从罪也，大从恶也。"

【译文】

季子然问："仲由和冉求可以说是大臣吗？"孔子道："我

还以为您是问别的什么人,原来是仲由和冉求啊。所谓的大臣,是指用合乎道义的方式事奉君上,如果行不通,就辞职不干。如今的仲由和冉求,只能算办事之臣。"季子然又问:"这么说,让他们干什么就干什么了?"孔子说:"让他们干杀父杀君那样的事,他们也不会干。"

【评述】

在孔子看来,大臣之谓,不仅是官职高,还必须能坚守道义。如果君上无道,大臣就要据理力争,敢于犯颜直谏。倘若君上不听,宁肯辞官不干,也不曲意奉承。否则的话,即使官职再大,也只能算听差办事的"具臣",不足以称为大臣。冉有和子路,都曾官至季氏的家宰,位不可谓不高,权不可谓不重。但是,他们既不能劝阻季氏祭泰山,也不能阻止季氏的横征暴敛,更没有辞职不干,甚至在季氏打算攻伐颛臾时,还为季氏开脱。故而,孔子说他们只能算办事的具臣,称不上大臣。

11.25 子路使子羔为费宰。子曰:"贼夫人之子。"子路曰:"有民人焉,有社稷焉,何必读书,然后为学?"子曰:"是故恶夫佞者。"

【注释】

子羔　高柴,见本篇第十八章注。

贼夫人之子 贼，害，祸害。孔子认为高柴学业未成，难胜其任，故有此说。

【译文】

子路让子羔去做费邑的长官。孔子说："这是祸害人家的孩子。"子路说："那里有百姓，有土地和五谷，治理百姓和耕种稼穑都是学习，为什么一定要读书才算学习呢？"孔子说："你这是狡辩，所以我讨厌强嘴利舌的人。"

11.26 子路、曾皙、冉有、公西华侍坐。子曰："以吾一日长乎尔，毋吾以也。居则曰：'不吾知也！'如或知尔，则何以哉？"子路率尔而对曰："千乘之国，摄乎大国之间，加之以师旅，因之以饥馑；由也为之，比及三年，可使有勇，且知方也。"夫子哂之。"求！尔何如？"对曰："方六七十，如五六十，求也为之，比及三年，可使足民。如其礼乐，以俟君子。""赤！尔何如？"对曰："非曰能之，愿学焉。宗庙之事，如会同，端章甫，愿为小相焉。""点！尔何如？"鼓瑟希，铿尔，舍瑟而作，对曰："异乎三子者之撰。"子曰："何伤乎？亦各言其志也。"曰："莫春者，春服既成，冠者五六人，童子六七人，浴乎沂，风乎舞雩，咏而归。"夫子喟然叹曰："吾与点也！"三子者出，曾皙后。曾皙曰："夫三子者之言何如？"子曰："亦各言其志也已矣。"曰:"夫子何哂由也?"曰:"为国以礼,其言不让,是故哂之。""唯求则非邦也与?""安见方六七十如五六十而非邦也者?""唯赤则非邦也与?""宗庙会同,非诸侯而何?赤也为之小,孰能为之大?"

【注释】

曾皙 曾点,字子皙,曾参之父,孔子的学生,孔门七十二贤之一。

以吾一日长乎尔,毋吾以也 以吾一日长乎尔,是"吾以一日长乎尔"的倒装形式。尔,汝。毋,不要。第二个"以"字,通"已",古注曰:"以,止也,谓毋以我年长止而不言。"

居则曰 居,平日,平常。

率尔 率,通"卒",急切、急促之义。

摄乎大国之间,加之以师旅,因之以饥馑 摄,夹,夹迫。因,仍,还有。饥馑,谷不熟曰饥,蔬不熟曰馑,闹饥荒之义。

比及 比,读 bì。比及,等到之义。

且知方也 方,道理,道义。

夫子哂之 哂,读 shěn,微笑,含有讥讽之意。下文孔子解释说"为国以礼,其言不让,是故哂之"。

方六七十,如五六十 方,边长。方六七十,指长宽各六七十里。如,或者。

以俟君子 俟,等待。冉求本就恭谨,见孔子笑子路,故而言辞愈加谦逊。

宗庙之事,如会同,端章甫,愿为小相焉 宗庙之事,指祭祀。会同,指诸侯会盟。端,玄端,礼服之名。章甫,礼帽之名。端章甫，是名词动用，指穿戴上礼服礼帽。相，傧相，司仪，负责赞礼的人。

鼓瑟希，铿尔，舍瑟而作 希，通"稀"，稀疏之义。铿，象声词，曾皙推瑟而起，瑟声中断，其音铿然。作，站起来。

异乎三子者之撰 撰，撰述，设想、期望之义。

莫春者 莫，通"暮"。暮春，农历三月末，即将入夏之际。

春服既成 春服，单衣。成，确定之义，指穿单衣已成常态，不像初春尚有倒春之寒，还需时不时地添衣保暖。

冠者 指成年人，见《子罕篇》第三章注。

浴乎沂，风乎舞雩，咏而归 沂，沂水，位于今山东省南部。雩，读 yú，舞雩是鲁国祭天求雨的高台，可供游览。

唯求则非邦也与 唯，语首词，无意义。

【译文】

子路、曾皙、冉有、公西华四人陪孔子坐着。孔子说："我不过比你们大几岁，不要因为我就不敢说话了。你们平常说：'没人了解我啊！'假如有人了解你们，你们想做什么呢？"

子路急切地答道："一个拥有千辆兵车的国家，夹在大国之间，外有军队的侵犯，内有粮食的饥荒。如果让我去治理，只需三年的时间，我就能让这个国家的人民既勇敢，又懂道义。"

孔子微微一笑。又问："冉求！你想做什么？"

冉求答道:"一个纵横六七十里或者五六十里的小地方,如果让我去治理,只需三年的时间,我就可以让那里的百姓富起来。至于礼乐教化,只能等待君子了。"

孔子接着问:"公西赤!你想做什么?"

公西赤说:"我不是说能胜任,只是愿意学着做。我想在祭祀或者诸侯会盟的时候,穿着礼服,戴着礼帽,做一个小司仪。"

孔子最后问道:"曾点!你想做什么?"曾点正在弹瑟,瑟声稀疏,听到孔子问他,铿的一声,推开瑟站起来,回答说:"我与他们三位的理想不同。"孔子说:"那有什么关系呢?不过是说说各自的志向罢了。"

曾点说:"在人们都已换上单衣的春夏之交,我想约上五六个成年人,六七个小孩,一起到沂水里洗洗澡,再到舞雩台上吹吹风,然后唱着歌回家。"

孔子慨叹道:"我的理想和曾点一样啊!"

子路、冉有、公西华三人出去了,曾晳留在后面。曾晳问:"他们三人讲得怎么样?"孔子道:"不过是说说各自的志向罢了。"曾晳问:"您为什么笑仲由呢?"孔子道:"治理国家,要懂得礼让,可他一点也不谦虚,所以笑他。"曾晳问:"难道冉求所讲的就不是治理国家吗?"孔子道:"何以见得纵横六七十里或者五六十里的地方,就不是国家呢?"曾晳问:"难道公西赤所讲的就不是治理国家吗?"孔子说:"有宗庙祭祀,有诸侯会盟,不是治理国家是什么?公西赤只是谦虚罢了,如果他只能做一个小司仪,谁又能做大司仪呢?"

【评述】

　　本章是孔子师徒纵谈理想的千古名篇。其中，子路志在强国，冉有志在富国，公西华志在安国。唯有曾皙之志，似乎很普通，只是希望拥有恬淡、快乐且又自在的生活。然而，一个人所在的国家，如果外有强敌入侵，内有饥荒相迫，他又怎么能恬淡呢？如果国家穷困，人民衣不蔽体，食不果腹，他又怎么能快乐呢？如果社会动荡，礼崩乐坏，他又怎么能自在呢？只有在国强、国富、国安的前提下，才能有个人的幸福可言。故而，曾皙之志看似平凡，实则极富情怀，这也正是孔子说"吾与点也"的原因所在。

【颜渊篇】第十二

（共二十四章）

12.1 颜渊问仁。子曰："克己复礼为仁。一日克己复礼，天下归仁焉。为仁由己，而由人乎哉？"颜渊曰："请问其目。"子曰："非礼勿视，非礼勿听，非礼勿言，非礼勿动。"颜渊曰："回虽不敏，请事斯语矣。"

【注释】

克己复礼　克，克制，约束。克己，约束自己，自律之义。复，符合，践行。

为仁由己　为，实践。由，听由，凭靠。

请问其目　目，条目，要点。刘宝楠《论语正义》注："凡行事撮举总要，谓之目。"

请事斯语矣　请，敬辞。请事斯语，古注曰："必行之也。"

【译文】

颜渊问怎样为仁。孔子说："约束自己，使自己的言行符合礼，就是仁。如果有一天，人们都能这样做，天下就归于仁了。为仁全凭自己，难道还要靠别人吗？"颜渊说："请您讲讲要点。"孔子说："不符合礼的事不看，不符合礼的事不听，不符合礼的事不说，不符合礼的事不做。"颜渊说："我虽然迟钝，也一定按照这些话去做。"

【评述】

　　仁与礼，是孔子道德学说的核心内容。仁者，人也，仁德便是人德，仁道便是人道——内修身于己曰德，外措施于人曰道；德是"怎么做我"，道乃"我怎么做"，人因道德而成仁。礼者，文也，人文规范曰礼，人因人文而有礼。概言之，仁就是内在的人性，礼就是外在的人文。仁与礼相辅相成，礼以仁为本，仁以礼为用，人以人性成人文，又以人文修人性。一个人，做人必要立做人之德，立德必要修身，修身必要克己；处事必要行处事之道，行道必要有操守，有操守必要复礼。克己复礼，是为仁。实质上，人的崇仁尚礼，固然有因人文的光辉与美好，但宗旨却在于自利：为仁有益，故而仁者安仁，智者利仁；不仁有害，故而非礼勿视，非礼勿听，非礼勿言，非礼勿动。《孟子》有云："仁也者，人也。合而言之，道也。"

　　12.2　仲弓问仁。子曰："出门如见大宾，使民如承大祭。己所不欲，勿施于人。在邦无怨，在家无怨。"仲弓曰："雍虽不敏，请事斯语矣。"

【注释】

仲弓 冉雍,字仲弓,孔子的学生。

大宾、大祭 大宾,贵宾,重要的客人。大祭,重大的祭祀典礼。如见大宾言待人,如承大祭言处事,关键在于"敬"。

在邦无怨,在家无怨 邦,诸侯的封地曰邦,在邦指任事于诸侯。家,大夫的封地曰家,在家指任事于大夫。怨,抱怨,埋怨。无怨,指自己不抱怨别人,而非别人不抱怨自己。实际上,"在邦无怨,在家无怨",就是在哪里都不抱怨,亦即在外面不抱怨,在家里也不抱怨。

【译文】

冉雍问怎样为仁。孔子说:"出门在外,要像接待贵宾那样谦恭;使唤百姓,要像举办大典那样谨慎。自己不想要的,就不要施加给别人。在外面不抱怨,在家里也不抱怨。"冉雍说:"我虽然迟钝,也一定按照这些话去做。"

【评述】

本章孔子所言,核心思想仍然是克己复礼。其中,"出门如见大宾,使民如承大祭",是说待人要谦恭有礼,行事要谨慎持重。"己所不欲,勿施于人",是说在人际交往中,要推己及人,自己不首先施恶于人,别人便不会反施于己。"在邦无怨,在家无怨",是说要内求诸己,与其羁绊于毫无建设性的怨天尤人之中,不如修身进德,提升自我。总而言之,为仁无非两条:内要克己,外要复礼。

12.3 司马牛问仁。子曰："仁者，其言也讱。"曰："其言也讱，斯谓之仁已乎？"子曰："为之难，言之得无讱乎？"

【注释】

司马牛 司马耕，名犁，字子牛，宋国人，孔子的学生。《史记·仲尼弟子列传》中说："牛多言而躁。"

其言也讱 讱，读 rèn，困难，言有所忍而难发之义。古注曰："讱，忍，难也。"

【译文】

司马牛问怎样为仁。孔子说："有仁德的人，说话都很谨慎。"司马牛问："说话谨慎，难道就是仁德吗？"孔子说："做起来难，说话能不谨慎吗？"

【评述】

上述三章，都是弟子问仁，但孔子的回答却大不一样。究其原因，就在于大道虽同，修行却因人而异——颜渊的学问与修养最好，闻一可知十，故答之以道。冉雍居敬行简，可使南面，故答之以术。司马牛言多易躁，学养不高，故答之以事。孔子在教学实践中，总是从每个学生的具体情况出发，因材施教而不千篇一律，这种教育方法非常可贵。

12.4　司马牛问君子。子曰:"君子不忧不惧。"曰:"不忧不惧,斯谓之君子已乎?"子曰:"内省不疚,夫何忧何惧?"

【注释】

内省不疚　疚,愧疚,痛苦。

【译文】

司马牛问怎样才是君子。孔子说:"君子不忧愁,也不恐惧。"司马牛问:"不忧愁也不恐惧,难道就是君子吗?"孔子说:"自己问心无愧,又有什么可忧愁和恐惧的呢?"

【评述】

一个人,为人处事只有唯义是从,才能够内省不疚。内省不疚,就可以拥有人格与情感上的超然自立,不欠别人,也不欠自己,足以坦然地平视一切,夫何忧何惧?不忧不惧,体任自然,故曰君子。

12.5　司马牛忧曰:"人皆有兄弟,我独亡。"子夏曰:"商闻之矣:死生有命,富贵在天。君子敬而无失,与人恭而有礼,四海之内皆兄弟也。君子何患乎无兄弟也?"

【注释】

人皆有兄弟，我独亡 亡，无，没有之义。司马牛是宋国司马桓魋之弟，除桓魋外，司马牛还有司马巢、子颀、子车等兄弟，因不愿与兄弟们同流合污，他才独自一人流亡在外。故而，司马牛不是没有兄弟，只是没有好兄弟罢了。古注曰："牛，桓魋弟也。牛兄桓魋行恶，忧其为乱而将死也。"

死生有命，富贵在天 这句话应是当时的俗语，意思是说，人的生死由命数决定，富贵与否取决于天，均非自己所能左右。

【译文】

司马牛忧愁地说："别人都有兄弟，唯独我没有。"子夏道："我听人说：'死生有命，富贵在天。'君子只要处事严谨不懈怠，对人谦恭有礼貌，到哪儿都会有兄弟。君子又何愁没有兄弟呢？"

【评述】

在子夏看来，一个人，只要能做到"敬而无失，恭而有礼"，就会四海之内皆兄弟。其中，"敬而无失"言处事，指做事严谨，不偷奸耍滑；"恭而有礼"言做人，指为人谦虚，以礼待人。这样的人，有谁不愿意信任与亲近呢？又怎么会没有朋友呢？实质上，子夏所讲的这两条，仍然属于克己复礼的为仁之道。

【颜渊篇】第十二 |（共二十四章）

12.6　子张问明。子曰："浸润之谮，肤受之愬，不行焉，可谓明也已矣。浸润之谮，肤受之愬，不行焉，可谓远也已矣。"

【注释】

浸润之谮，肤受之愬　浸润，犹如水滴石穿，滴水虽弱，日久却足可穿石。谮，读 zèn，诬陷，谗言，说别人的坏话。愬，同"诉"，诉己之冤，诬告、诬陷之义。肤受，犹如切肤之痛，急迫之下，让人难以辨别，骤闻易信。

【译文】

子张问怎样才叫明智。孔子说："缓如浸润般的谗言，急如切肤般的诬陷，在一个人那里都行不通，可以说他明智了。缓如浸润般的谗言，急如切肤般的诬陷，在一个人那里都行不通，也可以说他有远见了。"

【评述】

浸润之谮，功于细微轻缓，能在日积月累中使人滋养成见。肤受之诉，发于急迫突然，能在瞬息之间让人真假莫辨。一个人，倘若既能察于细微，又可辨于骤然，则不可谓不明智，不可谓没远见。然而，如果没有深厚的学问与修养之功，恐怕也难以做到既明且远。

12.7　子贡问政。子曰:"足食,足兵,民信之矣。"子贡曰:"必不得已而去,于斯三者何先?"曰:"去兵。"子贡曰:"必不得已而去,于斯二者何先?"曰:"去食。自古皆有死,民无信不立。"

【注释】

足兵　兵,兵器,引申为军备之义。

【译文】

子贡问治国之道。孔子说:"有充足的粮食,充足的军备,人民信任政府就可以了。"子贡问:"如果迫不得已必须去掉一项,在这三项之中先去掉哪个?"孔子说:"去掉军备。"子贡又问:"如果迫不得已还要去掉一项,在剩下的两项之中先去掉哪个?"孔子说:"去掉粮食。没有粮食不过一死,自古以来人都不免一死。如果没有人民的信任,政府也就完了。"

【评述】

在孔子看来,治国之道最根本的三条就是"足食、足兵、民信"。其中,民以食为天,有道是"手中有粮,心中不慌",有粮可以安天下,足食方能安民,故曰足食。兵者,保国卫民之本,强大的军备,是国家和平与人民幸福的前提,足兵方能保民,故曰足兵。国乃民之国,水能载舟亦能覆舟,民不信则国不立——得民心,食不足可以共克时艰,兵不足可以共赴国难;不得民心,食虽足却无以安民,兵虽足却无以保国，势必会天下大乱，故曰民信。清代学者李颙，在《反身录》中说："人心一失，余何足恃？虽有粟，乌得而食诸？兵虽多，适足以阶乱。隋洛口仓、唐琼林库，财货充盈，米积如山，战将林立，甲骑云屯，不免国亡家破者，人心不属故也。"

12.8 棘子成曰："君子质而已矣，何以文为？"子贡曰："惜乎，夫子之说君子也！驷不及舌。文犹质也，质犹文也。虎豹之鞟犹犬羊之鞟。"

【注释】

棘子成 棘，读 jí，棘子成，卫国大夫。

君子质而已矣，何以文为 质，朴实，指内在的好品质。文，文采，指外在的文化形式。

驷不及舌 驷，四匹马，此指四匹马驾的车。舌，舌以出言，说话之义。本章的驷不及舌，是追悔莫及的意思，而欧阳修《新五代史·高祖皇后李氏传》中的"君子一言，驷马难追"，则是指言而有信之义，两者的含义并不相同。

何以文为 以，用，做。为，语气助词。

鞟 读 kuò，去了毛的兽皮，皮革。

【译文】

棘子成说："君子只要品质好就行了，还要文采干什么？"子贡道："真遗憾，您竟然这样说君子！但话一出口，就是坐着四匹马拉的车也追不回了。内在的品质与外在的文采，两者同样重要。如果把虎豹和犬羊的皮都去了毛，它们就没有区别了。"

【评述】

在人的教育与修养上，过分强调文化，忽视甚至抹杀个性的做法，固然不对。但是，倘若以保护个性之名，宣扬所谓的快乐成长、散养或者放养，恐怕又是走向了另一个极端，亦非正确的教育与修养之道。正如孔子所言："质胜文则野，文胜质则史；文质彬彬，然后君子。"一个人，只有既保有自己独特的个性，又加强共性的文化修养，将文与质匹配得当，才能够真正地成为君子。

12.9 哀公问于有若曰："年饥，用不足，如之何？"有若对曰："盍彻乎？"曰："二，吾犹不足，如之何其彻也？"对曰："百姓足，君孰与不足？百姓不足，君孰与足？"

【注释】

盍彻乎 盍，何不。彻，通彻，指通行的《什一法》。自周朝建立以后，诸侯各国所采用的田税制度，都是按照实际收成的十分之一征税，是为"什一法"。因其通行天下，故曰《彻》。

【译文】

鲁哀公向有若问道:"年成不好,国家的钱财不够用,应该怎么办?"有若回答:"为什么不用《什一法》?"鲁哀公说:"十分抽二我还不够,又怎么能十分抽一呢?"有若说:"如果百姓富足,您怎么会不富足?如果百姓不富足,您又怎么会富足?"

【评述】

自周朝建立以后,诸侯各国所采用的田税制度,均为《什一法》,且已成为约定俗成的惯例。在《公羊传》中,就有"什一者,天下之中正也。多乎什一,大桀小桀;寡乎什一,大貉小貉"之说。故而,鲁哀公采用提高税率的方式增收,自然就引起了普遍的不满。在这个问题上,季康子显然要比鲁哀公高明得多。他的做法是改革田税制度,将原来的按收计税改为按亩计税,包税到亩,既扩充了财源,又避免了恶名,还提高了农民种田的积极性,可谓技高一筹。

12.10 子张问崇德辨惑。子曰:"主忠信,徙义,崇德也。爱之欲其生,恶之欲其死。既欲其生,又欲其死,是惑也。'诚不以富,亦只以异。'"

【注释】

崇德辨惑 崇,提高,提升。辨,明辨,辨别。

诚不以富，亦只以异 这句诗出自《诗经·小雅·我行其野》，朱熹注："夫子引之，以明欲其生死者不能使之生死，如此诗所言，不足以致富而适足以取异也。"一说，本句是错简，应归于《季氏篇》第十二章。

【译文】

子张问怎样提高品德、辨别迷惑。孔子说："为人忠实守信，做事唯义是从，这样就可以提高品德了。对一个人，爱起来就希望他永生，恨起来又想让他立即去死，既要他生，又要他死，这就是迷惑了。迷惑就像《诗经》所说的那样，'对自己没有一点好处，只是让人觉得怪异罢了'。"

【评述】

在《论语》书中，孔子反复教导弟子们，为人处事要忠信、徙义。什么是忠信？忠信就是要实实在在地做人，不虚荣，不苟且，也不要小聪明。忠信的要义，重点是不去坑骗别人，而非实话实说——有时候，出于自我保护的需要，或是为了规避无谓的滋扰与烦恼，偶尔说些善意的谎言，只要不害人，便也无所谓不忠信。什么是徙义？徙义就是要唯义是从。义者宜也，合理曰义，重在对等，兼具良知。徙义的要旨，既不是自己吃亏，也非占别人的便宜，关键在合理。一个人，如果能做到忠信与徙义，也就可以说是品德高尚了。至于欲生欲死之类自相矛盾的想法，不是迷惑又是什么呢？现实生活中，不切实际的幻想，毫无意义的纠结，自欺欺人的做派，本质上都属于迷惑。凡此种种，皆应及早明辨，宜当坚决地予以克除。否则的话，只能是"诚不以富，亦只以异"罢了。

12.11 齐景公问政于孔子。孔子对曰："君君，臣臣，父父，子子。"公曰："善哉！信如君不君，臣不臣，父不父，子不子，虽有粟，吾得而食诸？"

【注释】

齐景公 齐国国君，名杵臼。本章发生在孔子适齐期间，孔子时年三十六岁，虽然他深得齐景公赏识，但因晏婴等人的排挤而返鲁。

【译文】

齐景公向孔子问治国之道。孔子说："君要做君的事，臣要做臣的事，父亲要做父亲的事，儿子要做儿子的事。"齐景公说："讲得好啊！如果君不像君，臣不像臣，父亲不像父亲，儿子不像儿子，即便有再多的粮食，我能吃得到吗？"

【评述】

有些注本，大概是受了三纲五常"君为臣纲、父为子纲"的影响，将本章孔子所言，解作"君就是君，臣就是臣，父就是父，子就是子"，宣扬无条件地愚忠愚孝，纯属误解。其实，所谓的"三纲五常"，本是西汉时期董仲舒等人搞出的一套理论，既非孔子所创，也有别于孔子的主张。比如在君臣关系上，孔子主张"君使臣以礼，臣事君以忠；有道则见，无道则隐"，与"君为臣纲"所鼓吹的"君让臣死，臣不得不死"，就有本质的不同。又比如在父子关系上，孔子主张"无违"，即儿子对父亲不能违背礼，但不否认父不皆贤，从父未必是孝，与"父为子纲"所鼓吹的"父母之命不可违"，也明显不一样。实际上，孔子所谓的"君君，臣臣，父父，子子"，就是强调"在其位，谋其政"，每个人都应各履其职，各尽其责。

12.12 子曰："片言可以折狱者，其由也与？"子路无宿诺。

【注释】

片言折狱 片，同"偏"。片言，单方的说辞。折，断，判决。狱，狱讼，案件。一说，片言是只言片语之义，也即子路仅凭一两句话就能断案。但如此断案，岂不成了"葫芦僧乱判葫芦案"？根据单方的说辞断案，虽然有偏听之嫌，但偏听未必偏信，或可纠偏正本，故以前说为宜。

宿诺 宿，留。无宿诺，指有诺必履，从不拖延。

【译文】

孔子说："根据单方的说辞就能断案的人，大概只有仲由吧!"子路答应的事,从不拖延到次日。

【评述】

自古及今,打官司都要有原告和被告,法官只有根据两方的呈词,才能够判定是非。然而,子路仅凭单方的说辞便能断案,大概是因为他德高望重,使人不能欺、不敢欺,乃至于不忍欺吧。

12.13　子曰:"听讼,吾犹人也。必也使无讼乎!"

【注释】

听讼　讼,争端。《易经·讼卦》曰:"天与水违行,讼。"听讼,听其讼词以断曲直,断案之义。《周礼》有云:"以五声听狱讼、求民情,一曰辞听,二曰色听,三曰气听,四曰耳听,五曰目听。"

犹人　与别人的水平差不多,包咸注:"犹人,与人等。"

【译文】

孔子说:"审理诉讼,我同别人的水平差不多。一定要杜绝诉讼才好。"

【评述】

本章孔子所言,应发生在他担任鲁国大司寇,主管全国的司法与审判事务期间。从古至今,打官司向来都不是一件令人愉快的事。正所谓"早知现在,何必当初",解决纷争的最佳方法,还是从源头上避免纷争,让诉讼止于未形,防患未然。

12.14 子张问政。子曰:"居之无倦,行之以忠。"

【注释】

居之无倦,行之以忠 居,居心。倦,懈怠。朱熹注:"居,谓存诸心。无倦,则始终如一。行,谓发于事。"

【译文】

子张问从政之道。孔子说:"心里不懈怠,做事尽心竭力。"

【评述】

对于子张问政,孔子讲了两方面的内容。其中,"居之无倦"就是要有严肃认真的态度,贵在尽心。"行之以忠"则是要竭尽全力地做事,重在尽力。一个官员,只有尽心尽力地勤奋工作,才能够忠于职守,履职尽责。唯其如此,也才能为官一任,造福一方。

12.15　子曰:"博学于文,约之以礼,亦可以弗畔矣夫!"

本章重出,见《雍也篇》第二十五章。

12.16　子曰:"君子成人之美,不成人之恶。小人反是。"

【译文】

孔子说:"君子成全别人的好事,不成全别人的坏事。小人与此相反。"

【评述】

君子之道,己欲立而立人,己欲达而达人,故能成人之美。君子之德,为人中正,唯义是从,故能不助人为恶。《礼记》有云:"君子己善,亦乐人之善;己能,亦乐人之能。君子成人之美,不悦人之过。"

12.17　季康子问政于孔子。孔子对曰:"政者,正也。子帅以正,孰敢不正?"

【注释】

子帅以正　帅，通"率"，率领，带头。

【译文】

季康子向孔子问为政之道。孔子说:"政，就是正的意思。您若带头走正道，谁敢不走正道？"

【评述】

正人先正己，是孔子关于政治伦理的著名论述。有道是"打铁还得自身硬"，作为一名领导干部，在道德操守上，先要自己做到才能要求别人做到，先要自己不做才能要求别人不做。只有这样，才能让人心服口服，令行禁止。《大学》有云:"君子有诸己而后求诸人，无诸己而后非诸人。"

12.18　季康子患盗，问于孔子。孔子对曰:"苟子之不欲，虽赏之不窃。"

【译文】

季康子苦于盗贼太多，向孔子求教。孔子说:"如果您不贪求财物，即便奖励偷窃，也没人来。"

【颜渊篇】第十二 （共二十四章）

12.19　季康子问政于孔子，曰："如杀无道以就有道，何如？"孔子对曰："子为政，焉用杀？子欲善而民善矣。君子之德风，小人之德草。草上之风，必偃。"

【注释】

草上之风，必偃　上，施加，施加于草。偃，仆倒，风吹草倒。

【译文】

季康子向孔子请教政治，说："假如杀掉坏人来亲近好人，怎么样？"孔子答道："您治理国家，为什么要杀戮呢？您只要想让百姓善良，百姓就会善良。领导人的品德像风，老百姓的品德像草。风向哪边吹，草就往哪边倒。"

12.20　子张问："士何如斯可谓之达矣？"子曰："何哉，尔所谓达者？"子张对曰："在邦必闻，在家必闻。"子曰："是闻也，非达也。夫达也者，质直而好义，察言而观色，虑以下人。在邦必达，在家必达。夫闻也者，色取仁而行违，居之不疑。在邦必闻，在家必闻。"

【注释】

是闻也，非达也　闻，名气，名声。达，通达，贤达。
虑以下人　虑，通"屡"，每每，时常。虑以下人，犹言常以谦卑待人，古注曰："虑以下人，卑以自牧也。"

色取仁而行违，居之不疑　色，脸色，表面上。不疑，指自以为仁，且又深信不疑。朱熹注曰："善其颜色以取于仁，而行实背之，又自以为是无所忌惮。"

【译文】

子张问："读书人怎么样就可以说是贤达了？"孔子说："你认为的贤达，是什么样？"子张说："在诸侯那里一定有名气，在大夫那里也一定有名气。"孔子说："那叫出名，不叫贤达。什么是贤达？贤达就是指人品正直，唯义是从，能从别人的言辞表情中，观察出真实的意图，一贯以谦卑待人。这样的人，在诸侯那里一定受到敬重，在大夫那里也一定受到敬重。至于有名气的人，往往表面上仁德，行为上相反，只是自以为很了不起罢了。这样的人，在诸侯那里一定会骗取名声，在大夫那里也一定会骗取名声。"

【评述】

实际上，名气与贤达是两码事，有名气的人未必有道德，甚至还可能很龌龊。在孔子看来，真正贤达的人，一定符合"人品正直、唯义是从、洞察人心和谦虚内敛"这四条标准。贤达的人，无论出名还是不出名，也不管在哪里，一定都会受到人们的敬重。至于有名气的人，也许就是欺世盗名之徒，他们为了出名，往往不惜攫德塞性，委曲苟且，乃至于不顾礼义廉耻，坑蒙拐骗。这种人，即便出了名，也不过是"金玉其外，败絮其中"罢了。正因如此，孔子在出任鲁国大司寇仅七天，就诛杀了大夫少正卯。据《荀子》记载，孔子的门人也曾劝阻说："夫少正卯，鲁之闻人也。夫子为政而始诛之，得无失乎？"孔子说："人有恶者五，而盗窃不与焉：一曰心达而险，二曰行辟而坚，三曰言伪而辩，四曰记丑而博，五曰顺非而泽。此五者有一于人，则不得免于君子之诛，而少正卯兼有之，故居处足以聚徒成群，言谈足以饰邪营众，强足以反是独立。此小人之桀雄也，不可不诛也。"

12.21 樊迟从游于舞雩之下，曰："敢问崇德，修慝，辨惑。"子曰："善哉问！先事后得，非崇德与？攻其恶，无攻人之恶，非修慝与？一朝之忿，忘其身，以及其亲，非惑与？"

【注释】

舞雩之下　舞雩，鲁国用以祭天求雨的高台，台下有坛有树，可供游逛。

修慝　慝，读tè，恶念，邪念。修，整治，消除。古注曰："慝，恶之匿于心。修，治而去之。"

【译文】

樊迟陪孔子在舞雩台下游逛，问道："请问怎样才能提高品德，消除邪念，辨别迷惑？"孔子说："问得好！先付出劳动，然后再获得，不就提高品德了吗？检讨自己的缺点，而个指责别人的缺点，不就消除邪念了吗？只因一时的激愤，便忘了自己，甚至也忘了父母亲人，难道不是糊涂吗？"

【评述】

实质上，崇德、修慝与辨惑，正是修身之道的三大要诀。其中，崇德旨在扬善，修慝重在止恶，辨惑则是为了分清善恶。在相互关系上，崇德、修慝与辨惑相辅相成，共济于修身之道——不崇德便无以修慝，不修慝便无以辨惑，不辨惑便无以崇德。故而，孔子有"善哉问"之赞。

12.22　樊迟问仁。子曰："爱人。"问知。子曰："知人。"樊迟未达。子曰："举直错诸枉，能使枉者直。"樊迟退，见子夏曰："乡也吾见于夫子而问知，子曰'举直错诸枉，能使枉者直'，何谓也？"子夏曰："富哉言乎！舜有天下，选于众，举皋陶，不仁者远矣。汤有天下，选于众，举伊尹，不仁者远矣。"

【注释】

举直错诸枉，能使枉者直　举，提拔。直，正直。错，放置。枉，邪曲。

乡也吾见于夫子　乡，通"向"，刚才，刚刚。

皋陶　读 gāo yáo，舜帝时期杰出的政治家、教育家和思想家，为舜帝掌管刑狱，是中国司法界的鼻祖，素有"狱神"之誉。

伊尹 伊，伊挚。尹，官职名，相当于宰相。伊挚是商朝的开国功臣，精通烹饪，创立了五味调和说与火候论，素有"中国厨祖"之誉。

【译文】

樊迟问什么是仁德。孔子说："爱人。"樊迟又问什么是智慧。孔子说："善于识别人。"孔子见樊迟没听懂，便接着说道："提拔正直的人，让他们的地位高于邪曲的人，就能使邪曲的人变得正直。"樊迟退了出来，遇到子夏，问道："刚才我去见老师，向他问什么是智慧，老师说'提拔正直的人，让他们的地位高于邪曲的人，就能使邪曲的人变得正直'，这是什么意思？"子夏说："这句话的含义很丰富啊！舜有了天下，在众人之中挑选人才，把皋陶提拔起来，坏人就难以立足了。汤有了天下，在众人之中挑选人才，把伊尹提拔起来，坏人也就难以立足了。"

【评述】

仁者爱人，但绝非盲目地爱，爱必可爱之人。若人必爱之，又何来不识人之患？智者知人，不知人则无以辨善恶，不辨善恶则不足以称仁，也无所谓爱人。本章孔子所言，举直错诸枉，智也，不智则无以辨直枉；能使枉者直，仁也，不仁则无以使枉者直——有时候，给小人以惩戒与教训，也是仁德的应有之义。故而，仁者必智，不智则可陷可罔，难免会重蹈农夫与毒蛇的覆辙。智者必仁，不仁则众叛亲离，难免会聪明反被聪明误。简言之，仁者因知人而爱人，智者因爱人而知人。

12.23 子贡问友。子曰:"忠告而善道之,不可则止,毋自辱焉。"

【译文】

子贡问交友之道。孔子说:"对朋友忠告要好好地引导,他不听就算了,不要自找侮辱。"

【评述】

朋友之道,贵在平等独立、互相尊重,不可强加于人。与朋友相处,倘若发现朋友有过失,忠告乃义之所在,不可不告。但是,正所谓"忠言逆耳",对朋友的忠告,也要用友好引导的方式,不可则止,否则就会自取其辱。其实,对于成年人来说,许多事情点到即可,悟则悟矣,如若不能自悟,就算说破喉咙也没用。《庄子》有云:"天下之人,各为其所欲焉以自为方。"

12.24 曾子曰:"君子以文会友,以友辅仁。"

【译文】

曾参说:"君子用学问来结交朋友,用朋友来辅修仁德。"

【评述】

交友之道,贵在"以文会友,以友辅仁"——以文会友,则可相学互长,功在修身;以友辅仁,则可见贤思齐,见不贤而内自省,利在进德。有道是"胜友如师",与有学问的人交朋友,不但可以提升自我,有助于修身进德,还能避免"群居终日,言不及义,好行小惠,难矣哉"的俗弊。但是,酒肉朋友却不然,彼无故以合者,则无故以离,终不过是些乌合之众罢了。况且,即便是再好的梧桐树,落的鸡多了,凤凰也就不来了。

【子路篇】第十三

（共三十章）

13.1 子路问政。子曰："先之，劳之。"请益。曰："无倦。"

【注释】

先之 先，率先。之，指百姓。对于"先"字的解释，另有以下三说：（一）先动员，但动员本就是政治的题中之义，自不待言。（二）先带头干，但世有百工，耕种纺织狩猎，林林总总，为政者岂能凡事都带头？（三）先教化，即"先导之以德，民信然后劳之"，但德化非朝夕之功，难以一蹴而就，岂可信而后劳？因此，不如根据孔子所倡导的正人先正己，从"为政以德"的角度，将"先之"解作以身作则之义。

劳之 劳，勤劳，操劳。劳之，旧注一般解作"让百姓勤劳地工作"，但子路所问是官员怎么做。况且，若想让百姓勤劳地工作，官员也势必要付出大量的心血。故而，本注将"劳之"解作为民操劳，勤奋工作之义。

无倦 无，古本也作"毋"。倦，懈息。无倦，始终都不懈怠，含义与《颜渊篇》中"居之无倦"的无倦相同。

【译文】

子路问为政之道。孔子说："以身作则，勤奋工作。"子路请求再多讲讲，孔子说："不懈怠。"

【评述】

本章，孔子仅用寥寥数言，便将为官之道的基本要点勾勒出来，言简意赅。其中，"先之"就是要以身作则，正人先正己，榜样的力量是无穷的。"劳之"就是要勤奋工作，鞠躬尽瘁，爱岗敬业。"无倦"则是要始终保持认真的工作态度——大凡新官上任，不乏热情高涨雄心勃勃，但时间一长，就难免出现职业疲劳，有道是"靡不有初，鲜克有终"。本章孔子所言，仍然是将做官与个人的道德紧密关联，属于泛道德主义的思想范畴。

13.2　仲弓为季氏宰，问政。子曰："先有司，赦小过，举贤才。"曰："焉知贤才而举之？"子曰："举尔所知；尔所不知，人其舍诸？"

【注释】

先有司　先，率先，含义与上章"先之"的先相同。有司，所属的各级官吏。

赦小过 赦，置，赦免。过，过失。古注曰："赦小过，宽则得众，为治不苛。"

人其舍诸 其，难道。舍，舍弃，指埋没不用。

【译文】

冉雍做了季氏的总管，向孔子请教为政之道。孔子说："给下属做出表率，不计较他们的小错，提拔优秀的人才。"冉雍问："怎样发现优秀的人才，以便提拔他们呢？"孔子说："提拔你所知道的就可以了；你所不知道的，难道别人会不用吗？"

【评述】

本章孔子所言，实质上就是如何带团队的问题。其中，"先有司"就是要以身作则，仍然是正人先正己的为官理念。"赦小过"就是要有宽容之心，有道是"水至清则无鱼，人至察则无徒"，若是求全责备，势必使下属明哲保身，互相推诿不作为。"举贤才"就是要重视人才，选贤任能，俗话说的"千军易得一将难求"、"一将无谋累死千军"，恰好从正反两个方面，说明了人才的重要性。总之，若想带好一个团队，关键就要做好"先有司"、"赦小过"和"举贤才"这三条。

13.3 子路曰："卫君待子而为政，子将奚先？"子曰："必也正名乎！"子路曰："有是哉，子之迂也！奚其正？"子曰："野哉，由也！君子于其所不知，盖阙如也。名不正，则言不顺；言不顺，则事不成；事不成，则礼乐不兴；礼乐不兴，则刑罚不中；刑罚不中，则民无所错手足。故君子名之必可言也，言之必可行也。君子于其言，无所苟而已矣。"

【注释】

卫君待子而为政 卫君，此指卫出公，名辄。待，需要，含义与"自不待言"的待相同。

必也正名乎 名，名分。正名，使名与实相符之义。孔子所说的"君君、臣臣、父父、子子"，其实就是正名。

子之迂也 迂，读 yū，曲折、绕远，迂腐之义。

盖阙如也 阙，通"缺"，空，搁置，含义与"多闻阙疑"的阙相同。

无所错手足 错，通"措"，安置之义。

无所苟而已矣 苟，苟且，随便、轻率之义。

【译文】

子路问："如果卫君让您去治理国政，您准备首先做什么？"孔子说："那一定是纠正名分上的用词不当吧！"子路道："您怎么这么迂腐啊，何必要纠正用词不当呢？"孔子说："你太粗鲁了，仲由！君子对于自己不懂的事，就要保持沉默，不应妄言。你可知道，用词不当，道理就讲不通；道理讲不通，事情就办不好；事情办不好，礼乐制度就不能贯彻；礼乐制度不能贯彻，刑罚就不会得当；刑罚不得当，老百姓就会手足无措。所以,君子用词一定能说出用它的道理,说出的话也一定能行得通。君子在用词说话上,一点都不会马虎。"

【评述】

实质上,孔子所谓的"名正言顺",本是一个伦理道德的概念——名者,所以别同异,明是非也。名正,方能明权确责,使人各履其职;名不正,就会模棱两可,似是而非。因此,若欲成其事,必要正其名,名不正则言不顺,言不顺则事不成。

13.4 樊迟请学稼。子曰:"吾不如老农。"请学为圃。曰:"吾不如老圃。"樊迟出。子曰:"小人哉,樊须也!上好礼,则民莫敢不敬;上好义,则民莫敢不服;上好信,则民莫敢不用情。夫如是,则四方之民襁负其子而至矣,焉用稼?"

【注释】

稼、圃 圃,读 pǔ,种植五谷曰稼,种植蔬菜曰圃。
小人哉 小人,此指社会地位低下的劳动者,见《学而篇》第一章注。
民莫敢不用情 情,情实,诚实之义。
襁负其子而至矣 襁,背负婴儿的布兜,《说文解字》曰:

"襁，负儿衣也。"

【译文】

樊迟向孔子请教怎么种庄稼。孔子说："问我不如问老农。"樊迟又请教怎么种蔬菜。孔子说："问我不如问菜农。"樊迟出去后，孔子道："樊须呀，真是个没有出息的人！统治者崇尚礼仪，百姓就没人敢不恭敬；统治者崇尚道义，百姓就没人敢不服从；统治者崇尚诚信，百姓就没人敢不诚实。如果能做到这样，四面八方的百姓就会背着婴儿来投奔，哪里还用自己种庄稼呢？"

【评述】

本章，孔子对樊迟不满的原因，主要是樊迟的志向与追求不够远大，境界不高。当然，孔子也并非认为种地种菜不重要，只是稼穑学得再好，充其量也不过是多了一个好农民罢了。然而，若能学而优则仕，却可以为官一任，造福一方，四方之民襁负其子而至矣！

13.5 子曰："诵《诗》三百，授之以政，不达；使于四方，不能专对。虽多，亦奚以为？"

【注释】

诵《诗》三百　诵，熟读。《诗》三百，指三百零五篇的

《诗经》。《诗经》包罗万象，涉及国政、民俗、人情、天文、地理等方方面面的内容，是春秋时期的百科全书。钱穆注曰："言治闺门之道者在'二南'，言农事富民之道在《豳风》，平天下、接诸侯、待群臣之道在'大小雅'。《颂》乃政成治定后始作，而得失治乱之情，则'变风'、'变雅'悉之。故求通上下之情，制礼作乐以治国安民者，其大纲要旨皆备于诗。"因此，熟读《诗经》，不但可以了解世风民情，还能知晓政务。此外，在当时的外交场合，也常用《诗经》里的诗句，表述或应答诉求，这类记载在《左传》中屡见不鲜。

不能专对 专，独，独自。古代使节受命不受辞，出国前只接受使命，至于如何交涉，全凭自己临机应对，故曰"专对"。

奚以为 以，用。为，疑问语气词。

【译文】

孔子说："熟读了《诗经》三百篇，交给他政务，却办不好；让他出使外国，也不能独自应对。虽然读得多，又有什么用呢？"

【评述】

读书的宗旨，在于学以致用。倘若学不能用，饱读诗书又如何？唐朝时期，有个名叫法达的和尚，自幼熟读《法华经》，虽然读了三千多遍，却始终不能明心见性，以致被禅宗的六祖慧能喝道："汝名法达，何曾达法？"与法达相反，慧能小时候家贫，没有读过书，在给人送柴时，只因听到了《金刚经》中"应无所住而生其心"这句话，便顿悟佛法，闻经悟道。后来，慧能以他那首著名的《无相偈》，继承了禅宗的衣钵，成为中国禅宗的六祖。慧能所著作的《坛经》，则是唯一一部由中国人创作的佛经。

13.6　子曰："其身正，不令而行；其身不正，虽令不从。"

【译文】

孔子说："自己的行为正当，不发命令也行得通；自己的行为不正当，发了命令也没人服从。"

【评述】

有权，也不能乱来。

13.7　子曰："鲁卫之政，兄弟也。"

【译文】

孔子说："鲁卫两国的政治，就如同兄弟般相像。"

【评述】

鲁国是周公旦的封国，卫国是康叔的封国，周公与康叔是亲兄弟，故称鲁卫为兄弟之国。但本章孔子所言，似乎是一语双关，暗讽鲁卫两国政治的衰败状况差不多。

13.8　子谓卫公子荆："善居室。始有，曰：'苟合矣。'少有，曰：'苟完矣。'富有，曰：'苟美矣。'"

【注释】

卫公子荆　公子荆，卫国大夫。当时鲁国也有一个叫作公子荆的人，故加"卫"字以区别。

善居室　居室，居家过日子，持家之义。

苟合矣　苟，几乎，差不多。持家之道，贵在精打细算，量力而为。

少有　少，稍微。

【译文】

孔子谈到卫国的公子荆，说："他善于持家，刚有点儿财产，便说：'差不多够了。'财产稍微多点儿，便说：'差不多齐备了。'财产再多些，便说：'差不多完美了。'"

【评述】

自古，中华民族就有勤俭持家的优良传统。勤俭持家，也不是刻意地过苦日子,但要精打细算,当用则用,当省则省,不可挥霍无度。据说,商纣王起初也是一位励精图治的君王,后来有人向他敬献了一副象牙筷,他非常喜爱,时常把玩。商纣王坐拥天下,有些自己的爱好,本也无可非议,但正像箕子所担忧的那样——有了象牙筷,便不肯配瓦器,必要有白玉之碗;有了白玉之碗,便不肯盛粗食,必要有山珍海味……直至酒池肉林,穷奢极欲,最终落得国破人亡。《礼记》有云:"欲不可纵,志不可满。"

13.9 子适卫,冉有仆。子曰:"庶矣哉!"冉有曰:"既庶矣,又何加焉?"曰:"富之。"曰:"既富矣,又何加焉?"曰:"教之。"

【注释】

冉有仆 仆,御车,赶车。
庶矣哉 庶,众多,指人口众多。

【译文】

孔子去卫国,冉有为他赶车。孔子说:"人口真多呀!"冉有问:"既然有这么多人口,又该怎么办呢?"孔子说:"让他们富起来。"冉有问:"富了之后,又该怎么办呢?"孔子说:"教育他们。"

【评述】

在政治理念上，无论儒家还是法家，都推崇"富民"的治国之道。例如，法家的代表人物管仲，也主张"凡治国之道，必先富民"。但是，儒家在"富民"之外，比法家还多了教育这一条，强调"育民"同样是治国理政的重要内容，不可或缺。《孟子》有云："逸民而无教，则近于禽兽。"

13.10　子曰："苟有用我者，期月而已可也，三年有成。"

【注释】

期月而已可也　期，通"朞"，读 jī，周而复始曰期。期月，指一周年。可，古注曰："可，未足之辞；一年即可小治也。"

【译文】

孔子说："如果有人用我来治理政事，一年便可改观，三年就能有成果。"

【评述】

孔子勤奋上进，道德足以胜众，学问足以超群，故能自信如斯。实际上，儒家的人生理念，向来是以"内求诸己"的精神，致力于把自己打造成可用之才，然后齐家、治国、平天下，施展自己远大的人生抱负。唯其如此，儒家因内求而自信，又因自信而内求。孟子有云："如欲平治天下，当今之世，舍我其谁？"

13.11 子曰："'善人为邦百年，亦可以胜残去杀矣。'诚哉是言也！"

【注释】

胜残去杀 残，残暴。胜，战胜，抑制。王肃注曰："胜残，胜残暴之人，使不为恶也。去杀，不用刑杀也。"

【译文】

孔子说："'善人治理国家一百年，也就可以制止残暴，不用刑戮了。'这话说得真对呀！"

【评述】

有道是："十年树木，百年树人。"若想把一个国家治理好，胜残去杀，使人民安居乐业，不仅需要贤才治国，而且还要持续接力，是一个漫长的过程，不可能一蹴而就。善人治国，尚需百年方能胜残去杀，更不用说不善人治国了。由此可见，由治入乱易，由乱入治难。

13.12 子曰:"如有王者,必世而后仁。"

【注释】

王者 中国人对于最高统治者的称谓,太古时期曰"皇",上古时期曰"帝",夏、商、周三代曰"王"。《王道》中说:"三画而连其中,谓之王。三画者,天地与人也,而连其中者,通其道也。取天地与人之中以为贯,而参通之,非王者庸能当是。"春秋战国时期,礼崩乐坏,各路诸侯先称霸,后称王,最终天下大乱。秦始皇统一中国后,不屑再用王称,自认为"德兼三皇,功盖五帝",兼而言之,始称皇帝,王则降为封赏给皇族或功臣的最高爵位。当然,无论是王,还是皇帝,他们都以昊天上帝的嫡长子自居,故又统称"天子"。

必世而后仁 世,三十年为一世。

【译文】

孔子说:"假如有王者兴起,至少也要三十年的时间,才能在全天下实现仁治。"

13.13 子曰:"苟正其身矣,于从政乎何有?不能正其身,如正人何?"

【译文】

孔子说:"如果自身端正,治理政事有什么难呢?如果连自己都不能端正，又怎么端正别人呢？"

【评述】

古语云："以身教者从，以言教者讼。"正人先正己，榜样的力量是无穷的。领导者若能自身端正，下属就会不教自正。反之，如果连自己都不能端正，又怎么端正别人呢？有道是"上梁不正下梁歪"，自己放火却不许别人点灯，岂非痴人说梦？

13.14　冉子退朝。子曰："何晏也？"对曰："有政。"子曰："其事也。如有政，虽不吾以，吾其与闻之。"

【注释】

退朝　朝，见也，见君之地曰朝。冉有时为季氏的家臣，朝指季氏的议事场所。

何晏也　古文中的"晏"字，有晚、安乐、温柔等多种含义，此为晚的意思。

其事也，如有政，虽不吾以　事，事务，古注曰："大夫曰事，诸侯曰政。"以，用。不吾以，是"不以吾"的倒装形式。

吾其与闻之　依礼，大夫虽不治事，犹得与闻国政。孔子曾任鲁国大司寇，故有此言。

【译文】

冉有从季氏那里回来。孔子问:"为什么回来得这么晚?"冉有答道:"有政务。"孔子说:"那只是事务罢了。如果有政务,虽然不用我了,我也会知道。"

【评述】

本章,冉有把事务说成政务,夸大了用词,看似无关紧要,实则不然。有道是"风起于青萍之末,浪成于微澜之间",用词上的细小错误,若不予以纠正,日积月累,就可能失之毫厘,谬以千里,最终酿成风浪之患。故而,孔子纠正冉有的用词不当,绝非小题大做,乃因名不正的危害甚大,不可不防微杜渐。

13.15　定公问:"一言而可以兴邦,有诸?"孔子对曰:"言不可以若是其几也。人之言曰:'为君难,为臣不易。'如知为君之难也,不几乎一言而兴邦乎?"曰:"一言而丧邦,有诸?"孔子对曰:"言不可以若是其几也。人之言曰:'予无乐乎为君,唯其言而莫予违也。'如其善而莫之违也,不亦善乎?如不善而莫之违也,不几乎一言而丧邦乎?"

【子路篇】第十三 (共三十章)

【注释】

言不可以若是其几也　　几，通"冀"，希望、期望之义。
不几乎一言而兴邦乎　　几，近，接近。

【译文】

鲁定公问："一句话就能使国家兴盛，有这事么？"孔子答道："对言语不能有那么高的期望。不过，听了别人说的'做国君难，做臣也不容易'这句话，如果国君知道了为君的艰难而自勉，不也近乎一句话就能使国家兴盛么？"鲁定公又问："一句话就能使国家灭亡，有这事么？"孔子答道："对言语还是不能有那么高的期望。不过，听了别人说的'我做国君没有别的快乐，只是我说的话没有人敢违抗'这句话，如果国君知道了没人敢违抗而好好说话，不也很好吗？如果国君知道了没人敢违抗而不好好说话，不也近乎一句话就能使国家灭亡吗？"

【评述】

实质上，良言虽善，但善不在良言，而在择善而从；听而不从，则良言与废话无异。妖言虽恶，但恶不在妖言，恶在向恶而行；听而不从，恶言也终难为恶。故而，正所谓"为仁由己，而由人乎哉？"一个人的何去何从，关键在自己——有德者，有一言可正，无一言亦可正，无此言有彼言，终归于正。无德者，有一言向邪，无一言亦向邪，无此言有彼言，终归于邪。

13.16 叶公问政。子曰:"近者说,远者来。"

【注释】

叶公 沈诸梁,见《述而篇》第十八章注。

【译文】

叶公问为政之道。孔子说:"让近处的人幸福,远处的人归附。"

【评述】

在孔子那个年代,对于普通的老百姓来说,盛世的标准,不外乎生活的改善与社会的公平,也就是所谓的"安居乐业"罢了。若能满足这个条件,在老百姓看来,官便是好官,世道便是好世道。至于政治,那只不过是少数精英人物的专职游戏,似乎与老百姓的关系不大。

13.17 子夏为莒父宰,问政。子曰:"无欲速,无见小利。欲速,则不达;见小利,则大事不成。"

【注释】

莒父 鲁国的一个城邑,位于今山东省莒县境内。一说,在今山东省高密市。

无欲速 无,通"毋",戒止之辞。速,速成。

无见小利 见,顾,贪图之义。

【译文】

子夏做了莒父的总管,向孔子请教为政之道。孔子说:"不要图快,不要贪小利。图快,反而达不到目的;贪小利,就办不成大事。"

【评述】

本章孔子所言,不但是为官之法,也是做人行事之道。做人,就应有远大的格局与追求,若是贪图小利,难免会因小失大,小不忍则乱大谋。行事,就应遵循事物的客观规律,若是急于求成,难免会慌遽失序,速而不达。因此,谋大事者,不可以欲速成,欲速则不达;做大事者,不可以贪小利,贪小利就做不成大事。

13.18　叶公语孔子曰:"吾党有直躬者,其父攘羊,而子证之。"孔子曰:"吾党之直者异于是:父为子隐,子为父隐,直在其中矣。"

【注释】

吾党有直躬者　党,家乡,古称五百家为党。躬,身体。直躬,立身正直之义。一说,直躬是人名,因其挺身走路而得名,但从下文孔子所言"吾党之直者"来看,此说非是。

其父攘羊，而子证之　攘，偷盗，偷窃。证，检举，告发。
父为子隐　隐，掩盖，隐瞒之义。

【译文】

叶公对孔子说："我老家有个正直的人，他父亲偷了羊，他便告发了。"孔子说："我们那里正直的人与此不同：父亲替儿子隐瞒，儿子替父亲隐瞒，正直就在其中了。"

【评述】

在儒家看来，人伦纲常是一切道德的基础。不讲人伦纲常的人，道德便也无从谈起。叶公所说的"父攘子证"看似正直，实质上却是对亲情伦理的粗暴践踏。一个不讲亲情的人，必也不会讲忠孝仁义，对人只能是刻薄寡恩，反倒不会有道德可言。事实上，爱护亲情是人类社会所普遍奉行的价值理念，例如西方国家所实行的亲属拒证制度，就是为了保护亲情而采取的司法实践。当然，孔子所说的"父子相隐"，也非鼓励包庇，只是不赞成采用极端的方式，因此失彼罢了。

13.19　樊迟问仁。子曰："居处恭，执事敬，与人忠。虽之夷狄，不可弃也。"

【注释】

虽之夷狄，不可弃也　之，动词，到。包咸注曰："虽之夷狄无礼义之处，犹不可弃去而不行。"

【译文】

樊迟问什么是仁德。孔子说："保持谦恭的态度，办事认真，待人忠厚，就是仁德。即使到了偏远的外族地区，这几条也不能废弃。"

【评述】

本章，孔子所讲的"居处恭，执事敬，与人忠"，对于任何一个人来说，都可以用作为人处世的座右铭。其中，恭主容，"居处恭"就是要保持谦虚庄重的态度，恭则不侮。敬主事，"执事敬"就是要严肃认真地做事，敬则有成。忠主心，"与人忠"就是要待人忠实厚道，忠则立信。这九个字看似简单，实则蕴含着人生的大智慧，不可小觑。

13.20 子贡问曰："何如斯可谓之士矣？"子曰："行己有耻，使于四方，不辱君命，可谓士矣。"曰："敢问其次。"曰："宗族称孝焉，乡党称弟焉。"曰："敢问其次。"曰："言必信，行必果，硁硁然小人哉！抑亦可以为次矣。"曰："今之从政者何如？"子曰："噫！斗筲之人，何足算也？"

【注释】

士 此指有学识、有担当、有追求的读书人。

言必信，行必果 信，诚信，守信之义。果，结果，完成之义。

硁硁然小人哉 硁，读 kēng，象声词，击石声。硁硁然，坚实笃定的样子，固执之义。小人，此指社会地位低下的人，下人、仆人之义，见《学而篇》第一章注。

噫，斗筲之人，何足算也 噫，心有不满之声。筲，读 shāo，盛物的竹器，容量较小，约为一斗二升。斗筲，比喻人的度量狭小。

【译文】

子贡问："怎么样就可以称作士了？"孔子道："自己在行为上有廉耻之心，出使外国，不辜负国君的使命，就可以称作士了。"子贡问："请问次一等的士什么样？"孔子道："宗族称赞他孝顺父母，乡人称赞他尊敬长者。"子贡问："请问再次一等的士什么样？"孔子道："不管对错，说了就一定守信，做了就一定坚持到底，顽固得像是执行命令的仆人。这种人，也可以称作再次一等的士了。"子贡问："现在执政的那些人怎么样？"孔子道："咳！一群度量狭小的人，他们怎么能算得上士呢？"

【评述】

在孔子看来，有的读书人，只能算读过书的人，算不上士。只有那些兼具学识、担当和追求的读书人，才配得上"士"的称谓——士必要有学识，否则便不足以"不辱君命"；士必要有担当，否则便不足以"行己有耻"；士必要有追求，否则便不足以"使于四方"。至于说"言必信，行必果，硁硁然小人哉，抑亦可以为次矣"，根本原因，就在于君子应"贞而不谅"。一个人，首先要坚守正义，其次才是诚信。实际上，符合义的诚信，本就是义的一部分，守义便要守信，守信就是守义；不符合义的诚信，已属不义，守义则不能守信，守信就是不义。故而，符合义的言行，当然要言必信、行必果；不符合义的言行，则应悬崖勒马，不可一错再错。唯其如此，《孟子》说："大人者，言不必信，行不必果，惟义所在。"据《史记》记载，孔子在卫国的蒲邑，被迫与蒲人立下盟誓，保证通关后离开卫国。但刚出城门，孔子便吩咐弟子们转奔卫都，面对子贡的"盟可负邪？"之问，孔子回答说："要盟也，神不听。"这个典故，大概就是对"言不必信，行不必果"的经典注解吧。

13.21 子曰："不得中行而与之，必也狂狷乎！狂者进取，狷者有所不为也。"

【注释】

不得中行而与之 中行，指奉行中庸之道的人。与，相与，结交。

狂狷 狂，狂士，激进的人，狂者进取。狷，廉士，保守的人，廉者守节。

【译文】

孔子说："如果不能和奉行中庸之道的人交朋友，那也一定结交狂士和廉士吧！狂士积极进取，廉士不会乱来。"

【评述】

结交朋友，首选自然是奉行中庸之道的人。但是，中行者毕竟是极少数，可遇不可求。退而求其次，那也一定要结交激进或者狷介的人——狂简之人，其志嘐嘐然，曰古曰今曰天下，志大言大，善在进取；狷介之士，踽踽独行，凉凉无亲，有所为有所不为，善在操守。这两种人，狂士积极进取，廉士洁身自好，均可谓人中美才。

13.22 子曰："南人有言曰：'人而无恒，不可以作巫医。'善夫。""不恒其德，或承之羞。"子曰："不占而已矣。"

【注释】

人而无恒，不可以作巫医 恒，长久，指做事有恒心。巫医，以禳祷之术替人消灾治病的人。

不恒其德，或承之羞 本句出自《易经》，是《恒》卦九三爻的爻辞。或，常常。承，承接。

【译文】

孔子说："南方人有句话说：'人如果没有恒心，连巫医都做不了。'这话说得好啊！"对于《易经·恒卦》中"不恒其德，或承之羞"这句爻辞，孔子解释道："没有恒心的人，不用占卜就能知道结果了。"

【评述】

《恒卦·象辞》曰："雷风，恒；君子以立不易方。"古往今来，无数的历史事实证明，胜利与荣耀往往属于持之以恒的人。一个人，如果没有锲而不舍的精神，稍遇困难就退缩，又怎么可能取得骄人的成就呢？曾国藩有云："人而无恒，终身一事无成。"本章可与《雍也篇》第十章、《子罕篇》第十八章合读，以便加深对恒德的理解。

13.23　子曰："君子和而不同，小人同而不和。"

【注释】

和而不同　和，和谐，包容不同谓之和，见《学而篇》第十二章注。同，求同，强求一致之义。和与同的区别在于：和者，多元统一，丰富多彩；同者，偏执一端，刻板单调。

【译文】

孔子说:"君子因和谐而包容不同,小人因强求一致而不能和谐。"

【评述】

有道是:"泰山不让土壤,故能成其大;河海不择细流,故能就其深。"包容不同,本就是天地万物的自然之道。譬如,世有金水木火土五行,方能有万物并育;食有苦辣酸甜咸五味,方能有美味可口;乐有宫商角徵羽五音,方能有妙音悦听。《中庸》有云:"万物并育而不相害,道并行而不相悖。小德川流,大德敦化。此天地所以为大也。"故而,君子道法自然,因包容不同而成其道;小人违常悖理,因强求一致而失其德。

13.24 子贡问曰:"乡人皆好之,何如?"子曰:"未可也。""乡人皆恶之,何如?"子曰:"未可也。不如乡人之善者好之,其不善者恶之。"

【注释】

未可也 疑辞,不能确定,不好说之义。

【译文】

子贡问:"全乡的人都喜欢他,这个人怎么样?"孔子道："不好说。"子贡又问："全乡的人都厌恶他,这个人怎么样?"孔子道："也不好说。最好是全乡的好人都喜欢他,全乡的坏人都厌恶他。"

【评述】

乡人皆好之人,也许就是曲意奉承、毫无操守的伪君子,有道是"乡愿,德之贼也"。乡人皆恶之人,也许就是曲高和寡、特立独行的高士,只不过独醒于众人之醉罢了。故而,君子的为人处事,不必以"乡人皆好"为念——善者不好之,不足以为君子;不善者不恶之,亦不足以为君子。

13.25 子曰:"君子易事而难说也。说之不以道,不说也;及其使人也,器之。小人难事而易说也。说之虽不以道,说也;及其使人也,求备焉。"

【注释】

器之　器,度量,权衡,指量才而用。

【译文】

孔子说:"在君子手下容易做事,但难以讨他欢喜。不用正当的方式讨他欢喜,他不会欢喜;等他用人的时候,他却会量才而用。在小人手下难以做事,但容易讨他欢喜。用不正当的方式讨他欢喜,他也会欢喜;等他用人的时候,他却会求全责备。"

【评述】

在人际交往中,最好将所谓的"事情"分开,事是事,情是情。只有这样,才能既不感情用事,失于理智;也不以事论情,强人所难。故而,君子对于事,总是用人唯贤,不用贤则不足以成其事。君子对于情,则持以真诚中正,佞不能惑其心,媚不能提其兴,当悦则悦,不当悦则不悦。小人却不然,往往将事与情混为一谈,巧言可以博其赏,令色可以取其悦,惯于用人唯亲,但又不愿承认"奴才好用不管用,人才管用不好用"之理,故而求备焉。

13.26 子曰:"君子泰而不骄,小人骄而不泰。"

【注释】

泰而不骄 泰,舒泰,祥和。骄,骄矜,傲慢。

【译文】

孔子说:"君子舒泰而不骄矜,小人骄矜而不舒泰。"

【评述】

君子立身中正,唯义是从,待人彬彬有礼,无论大小强弱，既不趋附，也不轻慢，故能"泰而不骄"。小人追名逐利，趋炎附势，媚上者必骄下，是故"骄而不泰"。

13.27 子曰："刚、毅、木、讷近仁。"

【注释】

木　朴实，不矫饰。

【译文】

孔子说："有刚强、果决、朴实、谨言这四种品行，就近乎仁德了。"

【评述】

孔子所倡导的仁，本是一个具有丰富内涵的概念——刚、毅、木、讷近仁。其中，刚者不屈，富贵不能淫，贫贱不能移，威武不能屈，穷且益坚，不坠青云之志。毅者果决，当行则行，当止则止，不幻想，不姑息，不自欺，虽千万人吾往矣。木者朴实，为人处事实实在在，仰不愧天，俯不愧地，忠厚且又不失睿智。讷者谨言，耻其言而过其行，不巧言，不妄语，言必有中。总之，孔子所谓的仁，绝非肤浅的慈爱之谓。

13.28　子路问曰："何如斯可谓之士矣？"子曰："切切偲偲，怡怡如也，可谓士矣。朋友切切偲偲，兄弟怡怡。"

【注释】

切切偲偲　切，恳切。偲，读 sī，劝勉，责善之义。
怡怡　和悦，和睦。

【译文】

子路问道："怎么样就可以称作士了？"孔子说："既能诚恳地接受别人的批评，又能与别人和睦相处，就可以称作士了。朋友之间要诚恳地批评，兄弟之间要和睦地相处。"

【评述】

从本章来看，孔子心目中的"士"，不但有朋友之义，而且有兄弟之情，重情重义。

13.29　子曰："善人教民七年，亦可以即戎矣。"

【注释】

教民七年　周代，每三年对官员考核一次。教民七年，说明官员已经通过了两次考核，任官教民的时间都比较长了。
即戎　即，动词，就，从事。戎，兵戎，兵事。

【译文】

孔子说:"百姓经过善人七年的教导,也就可以去作战了。"

13.30 子曰:"以不教民战,是谓弃之。"

【注释】

以不教民战 以,用。教,教导,训练。

【译文】

孔子说:"让未经训练的百姓去作战,就等于抛弃了他们。"

【宪问篇】第十四

（共四十四章）

14.1 宪问耻。子曰："邦有道，谷；邦无道，谷，耻也。""克、伐、怨、欲不行焉，可以为仁矣？"子曰："可以为难矣，仁则吾不知也。"

【注释】

宪问耻 宪，原宪，字思，孔子的学生，曾做过孔子的总管，见《雍也篇》第三章。《论语》书中，记诸弟子皆称字不称名，本章却直接称原宪之名，大概是原宪自述。

邦无道，谷，耻也 谷，古代用谷米做俸禄，故以谷代称俸禄，做官之义。耻，邦无道做官则耻，与《泰伯篇》第十三章"邦无道，富且贵焉，耻也"，在思想上一脉相承。

克、伐、怨、欲 克，好胜。伐，自夸。怨，抱怨，发牢骚。欲，贪婪。

可以为难矣，仁则吾不知也 难，难得，难能可贵之义。仁则吾不知也，与《公冶长篇》第四章"不知其仁"的说法一样，只是委婉地予以否认，并非真的不知。

【宪问篇】第十四 （共四十四章）

【译文】

原宪问什么是耻辱。孔子说："国家的政治清明，做官领俸禄无可非议；国家的政治黑暗，做官领俸禄就是耻辱了。"原宪又问："没有好胜、自夸、抱怨、贪婪这四种毛病，可以称为仁德吗？"孔子道："可以说难能可贵了，仁德还谈不上。"

【评述】

人的毛病，好胜多因气躁，自夸常因器小，不内求便抱怨，不知足便贪婪。凡此种种，皆因不能克己之故。反之，若能去除好胜、自夸、抱怨、贪婪这四种毛病，必赖以修身进德之功，非克己不能致。然而，克己复礼为仁，能克己固然已属难得，倘若不能复礼，仍不足以称仁。

14.2　子曰："*士而怀居，不足以为士矣*。"

【注释】

士而怀居　怀，贪恋。居，居安，安逸。

【译文】

孔子说："读书人如果贪恋安逸，就不配做读书人了。"

【评述】

读书人理当以天下为己任，胸怀远大的理想与人生抱负，奋发有为。否则，如果贪图安逸，不思进取，便不配做读书人了。在中国历史上，春秋时期的晋文公，早年因"骊姬之乱"流亡到了齐国，在齐桓公的关照下，过上了安逸的生活。但在夫人姜氏"行也！怀与安，实败名"的激励下，他毅然舍弃了小安小逸，踏上征途，发愤图强，终成继齐桓公之后的第二位春秋霸主，开创了长达百年的晋国霸业。西汉时期的霍去病，少年得志，封狼居胥，在汉武帝赏赐他豪华府邸时，掷地有声地说出了"匈奴未灭，何以家为？"的铮铮誓言，终成一代战神，名垂史册。晋文公与霍去病，一文一武，均可谓"士不怀居"的千古楷模。

14.3 子曰："邦有道，危言危行；邦无道，危行言孙。"

【注释】

危行言孙 危，正直。一说，危是高峻、严厉之义，但不如训作"正直"更为贴切。孙，通"逊"，谦顺、委婉之义。

【译文】

孔子说："国家的政治清明，说话要正直，行为要正直。

国家的政治黑暗，行为要正直，但说话要委婉。"

【评述】

一个人，无论国家的政治清明还是黑暗，都要行为端正，不可做伤天害理的事，有道是"人之生也直，罔之生也幸而免"。但是，如果国家的政治黑暗，在"匹夫无罪，怀璧其罪"的社会环境下，直言不讳非但无济于事，往往还会横遭祸端，实属不智。故而，说话要委婉。

14.4 子曰："有德者必有言，有言者不必有德。仁者必有勇，勇者不必有仁。"

【注释】

有德者必有言 言，德者之言，指高尚的言论。

【译文】

孔子说："有道德的人一定有高尚的言论，有高尚言论的人却未必有道德。仁德的人一定勇敢，勇敢的人却未必仁德。"

【评述】

有德之人，言行一致，有其行而有其言，故曰有德者必有言。无德之人，言行不一，有其言却未必有其行，故曰有言者不必有德。仁者克己复礼，不勇便内不能克己、外不能复礼，无勇则不足以称仁，故曰仁者必有勇。勇者无畏，有勇无义则为乱，故曰勇者未必有仁。

14.5　南宫适问于孔子曰："羿善射，奡荡舟，俱不得其死然。禹、稷躬稼而有天下。"夫子不答。南宫适出，子曰："君子哉若人！尚德哉若人！"

【注释】

南宫适问于孔子　南宫适，孔子的学生，也叫南容，见《公冶长篇》第一章注。

羿善射　羿，人名，后羿。后羿是夏代有穷国的国君，他篡夺了夏朝的王位，他的臣子寒浞又将他杀死，取而代之，事见《史记·夏本纪》。在中国古代的传说中，共有三个叫作羿的人，都是射箭能手。除本章的后羿外，另外两个羿，一个是帝喾的射师，见于《说文解字》；一个是尧帝时期的大羿，传说当时天上有十个太阳，他射落了其中的九个，拯救了天下的百姓，见于《淮南子》。

奡荡舟　奡，读 ào，人名，寒浞之子，夏朝复国时被少康所杀。荡舟，有两种注解，一说能把大船掀翻，一说能在陆上推舟行走，都是讲奡的本领大。

禹稷躬稼　禹，大禹。稷，名弃，周文王的始祖，擅长播种百谷，被人们尊称为后稷。

【译文】

南宫适向孔子问道:"羿擅长射箭,奡擅长水战,但他们都没能善终。大禹和后稷,亲自下地种田,却得到了天下。这是为什么呢?"孔子没有回答。南宫适出去后,孔子说:"这个人真是个君子啊!这个人是多么崇尚道德啊!"

【评述】

南宫适所问的历史人物,羿和奡,尽管本领高强、武功盖世,但他们尚武不尚德,最终却丢了江山,不得善终。禹和稷,虽然没有赫赫战功,但他们崇道尚德,躬身稼穑,最终却得到了天下,名垂史册。实际上,南宫适已经从历史事实中得出结论,那就是只有道德高尚的人,才能够像禹和稷那样,流芳百世。他的发问,不过是想委婉地赞美孔子罢了,故而"夫子不答"。

14.6 子曰:"君子而不仁者有矣夫,未有小人而仁者也。"

【译文】

孔子说:"君子之中也许有不仁德的人吧,但小人之中肯定没有仁者。"

【评述】

在《吕氏春秋》中，记载了"子贡赎人"与"子路拯溺"的两个故事。当时鲁国规定，凡在国外遇到沦为奴隶的鲁国人，只要把他们赎回鲁国，就可以得到官府一笔丰厚的奖赏。但子贡赎了人却拒领奖赏，孔子知道后，批评说："赐失之矣！自今以往，鲁人不赎人矣，取其金则无损于行。"孔子批评子贡，是因为子贡不领奖赏看似高尚，却也阻塞了别人赎人的积极性，实乃"君子而不仁"。与子贡相反，子路在救起一名溺水者之后，接受了对方答谢的一头牛。孔子知道后，却表扬说："鲁人必拯溺者矣。"孔子表扬子路，是因为子路接受馈赠，不但无损于君子之行，还鼓励了人们救人的积极性，看似功利，实乃"君子而仁"。

14.7 子曰："爱之，能勿劳乎？忠焉，能勿诲乎？"

【注释】

能勿劳乎 劳，操劳，劳苦。《国语》有云："夫民劳则思，思则善心生；逸则淫，淫则忘善，忘善则恶心生。"

【译文】

孔子说："爱他，能不让他劳苦吗？忠于他，能不批评他吗？"

【评述】

在现实生活中，有些父母，以为对孩子娇生惯养就是爱。殊不知，他们早晚要走向社会，社会不是父母。同样，有些人以为忠诚就是唯唯诺诺。殊不知，批评虽然逆耳，却可以使人防非止过，犯颜直谏往往比恭维迎合更忠诚。苏东坡有云："爱而勿劳，禽犊之爱也；忠而勿诲，妇寺之忠也。爱而劳之，则其为爱也深矣；忠而诲之，则其为忠也大矣。"

14.8 子曰："为命，裨谌草创之，世叔讨论之，行人子羽修饰之，东里子产润色之。"

【注释】

为命 命，辞命，外交文书。古注曰："命者，聘会之书，图于使者未行之前。"

裨谌草创之 裨谌，读 bì chén，郑国大夫。草，粗略，草创是起草之义。

世叔讨论之，行人子羽修饰之 世叔，郑国大夫。讨论，斟酌、审阅之义。行人，官名，外交官。修饰，修改之义。

东里 地名，子产的居住地，位于今河南省郑州市。

【译文】

孔子说："郑国外交文书的制定，先由裨谌起草，再由世叔审阅，经外交官子羽修改后，交由东里的子产润色定稿。"

【评述】

子产是春秋时期著名的政治家，他知人善用，使每个人都能各尽其才。《左传》中说："郑国将有诸侯之事，子产乃问四国之为于子羽，且使多为辞令，与裨谌乘以适野，使谋可否，而告冯简子使断之。事成，乃授子太叔使行之，以应对宾客，是以鲜有败事。"

14.9 或问子产。子曰："惠人也。"问子西。曰："彼哉！彼哉！"问管仲。曰："人也。夺伯氏骈邑三百，饭疏食，没齿无怨言。"

【注释】

惠人也 惠，慈惠，仁慈之义。
子西 公孙夏，郑国大夫，子产的同宗兄弟，在子产之前担任郑国的宰相。
彼哉彼哉 不屑之语，马融注："彼哉彼哉，言无足称。"
夺伯氏骈邑 夺，剥夺，指抄没家产。伯氏，齐国大夫。骈邑，地名，伯氏的采邑。
没齿无怨言 没齿，终身，一辈子。无怨言，指管仲的处置公正合理，让伯氏心服口服。

【译文】

有人向孔子打听子产,孔子说:"他是个仁慈的人。"问到子西,孔子说:"他呀!他呀!"问到管仲,孔子说:"他是个人才。他剥夺了伯氏三百户的骈邑,使伯氏过得很清苦,但伯氏到死对他都没有怨言。"

【评述】

子产与管仲,同属春秋时期的名相,都是中国历史上杰出的政治家。相较而言,子产之德高于管仲,管仲之才胜过子产。

14.10 子曰:"贫而无怨难,富而无骄易。"

【译文】

孔子说:"贫穷但不抱怨很难,富贵但不骄傲却容易。"

【评述】

世态炎凉,处富容易处贫难。贫则人厌事窘,屡遭横眉冷眼,诸事掣肘,常有无怨之怨,不难也难。富则养尊处优,可觥筹交错灯红酒绿,也可远离尘嚣,静以养德,自带无骄之骄,不易也易。

14.11 子曰:"孟公绰为赵、魏老则优,不可以为滕、薛大夫。"

【注释】

孟公绰为赵、魏老则优 孟公绰,鲁国大夫。赵、魏,晋国的权卿赵氏和魏氏,后来三家分晋中的两家,也即战国时期赵国和魏国的前身。老,大夫的家臣曰老。优,富余。

滕、薛 小国名,均在鲁国附近。

【译文】

孔子说:"孟公绰足以胜任晋国赵氏、魏氏的家臣,却做不来滕、薛那样小国的大夫。"

【评述】

俗话说:"尺有所短,寸有所长。"孟公绰虽然做赵、魏的家臣都富富有余,却不能胜任滕、薛那样小国的大夫。由此可见,能任大者未必能任小,能胜此者未必能胜彼,人应有谦虚之德。

14.12 子路问成人。子曰:"若臧武仲之知,公绰之不欲,卞庄子之勇,冉求之艺,文之以礼乐,亦可以为成人矣。"曰:"今之成人者何必然?见利思义,见危授命,久要不忘平生之言,亦可以为成人矣。"

【注释】

成人 完人，全人，德才兼备的人。

臧武仲 臧孙纥，鲁国大夫。臧武仲是一个聪明人，据《左传》记载，他逃到齐国后，预见齐国将要发生动乱，便设法疏远了齐君，避开了后来的祸乱。

公绰之不欲 公绰，鲁国大夫，即上章提到的孟公绰。不欲，不贪求财物，指为人止直。

卞庄子 鲁国卞邑的大夫，卞庄子是一位勇士，曾挥剑单独与老虎格斗。

见危授命 见，遇到，面临。授，给予。授命，不贪生怕死之义。

久要不忘平生之言 要，通"约"，此为穷困之义。平生，一生，终身。言，誓言，诺言。

【译文】

子路问怎样才称得上完人。孔子说："有臧武仲那样的智慧，孟公绰那样的正直，卞庄子那样的勇敢，冉求那样的才艺，再加上礼乐的修养，也就可以称为完人了。"停顿了一下，孔子又说："现在的完人，哪里还一定要这样呢？只要他看见利益时想一想该不该得，遇到危险时不贪生怕死，在长期的穷困下，仍不忘曾经许下的终身誓言，也就可以称为完人了。"

【评述】

本章孔子所言,"臧武仲之知"指的是智慧,"公绰之不欲"指的是正直,"卞庄子之勇"指的是勇敢,"冉求之艺"指的是学识,"文之以礼乐"指的是修养。故而,在孔子看来,只有兼具智慧、正直、勇敢、学识和修养的人,才称得上完人。或许孔子觉得这样的标准太高,于是退而言其次,一个人,只要能满足"见利思义、见危授命和不忘初心"这三条,也就可以称为完人了。

14.13 子问公叔文子于公明贾,曰:"信乎,夫子不言,不笑,不取乎?"公明贾对曰:"以告者过也。夫子时然后言,人不厌其言;乐然后笑,人不厌其笑;义然后取,人不厌其取。"子曰:"其然?岂其然乎?"

【注释】

公叔文子 公孙枝,卫国大夫,文是他的谥号。

公明贾 复姓公明,名贾,卫国人。

以告者过也 以,代词,此。告,说话,传话。过,过分,夸张。

不厌 厌,厌烦。朱熹注:"厌者,苦其多而恶之之辞;不厌,事适其可。"

【译文】

孔子向公明贾打听公叔文子,问道:"听说他老先生不说,不笑,也不索取,是真的吗?"公明贾答道:"这是说话的人夸张了。他老先生只有该说的时候才说,所以别人不厌烦他说;高兴了才笑,所以别人不厌烦他笑;合理的才要,所以别人不厌烦他索取。"孔子说:"是这样吗?真是这样吗?"

【评述】

对于大多数的人来说,常见的是不该说的乱说,不该笑的乱笑,不该拿的乱拿,或此或彼,或多或少。然而,公叔文子却能当说则说,当笑则笑,当取则取,以至于给人的感觉是不说、不笑、不取。究其原因,就在于公叔文子深谙中庸之道,他的学问与道德,已经达到了很高的境界。

14.14 子曰:"臧武仲以防求为后于鲁,虽曰不要君,吾不信也。"

【注释】

以防求为后于鲁 以,用,凭借。防,防城,地名,臧武仲的封邑,位于今山东省费县东北,距离齐国的边境很近。求,请求。为后,立后之义,指册封臧氏的后人为大夫。

虽曰不要君 要，要挟，有挟而求之义。

【译文】

孔子说："臧武仲用防城请求鲁君封他的后人为大夫，即使他说不是要挟，我也不信。"

【评述】

据《左传》记载，臧武仲得罪了孟孙氏，他在逃到自己的封邑防城后，便向鲁君提出请求，如果答应封他的后人为大夫，他就愿意献出防城。他的这个提议，表面上看似交换，实则暗示若不答应，他便据邑造反。后来，鲁君答应了他的要求，他才避邑而去，逃往齐国。从臧武仲的"以防求为后"看，他确实是一个聪明人——审时度势，有予有求，开出的价码令人难以拒绝。无疑，臧武仲的请求暗含要挟的成分，但谈判本就是妥协的艺术，若无制约，又何来妥协？

14.15 子曰："晋文公谲而不正，齐桓公正而不谲。"

【注释】

晋文公谲而不正 谲，读 jué，奸诈，奸猾。正，正派。

【译文】

孔子说:"晋文公奸诈且不正派,齐桓公正派且不奸诈。"

【评述】

齐桓公与晋文公,都是春秋时期的风云人物。齐桓公首开诸侯称霸的先河,晋文公紧随其后,一东一西,一前一后。虽然齐桓公正而不谲,晋文公谲而不正,但他俩有一点却是相同的,那就是都打着"尊王攘夷"的大旗,占据着道德的制高点——《孟子》有云:"以力假仁者霸。"

14.16 子路曰:"桓公杀公子纠,召忽死之,管仲不死。"曰:"未仁乎?"子曰:"桓公九合诸侯,不以兵车,管仲之力也。如其仁,如其仁。"

【注释】

桓公杀公子纠 齐桓公,名小白,与齐襄公、公子纠是亲兄弟,均系齐僖公之子。据《左传》记载,齐襄公继位后,小白在鲍叔牙的辅佐下逃往莒国。齐襄公被其堂弟公孙无知杀死后,公子纠为了避祸,在管仲和召忽的辅佐下逃往鲁国。后来,篡位的公孙无知又被大夫雍禀诛杀,致使齐国空出了君位。小白和公子纠闻讯后,争相回国,都想继承君位。但小白抢先回到齐国,继承了君位,是为齐桓公。齐桓公继位后,兴兵迫使鲁国处死了公子纠，跟随公子纠的召忽和管仲，在公子纠死后，召忽自杀殉主，管仲却在鲍叔牙的举荐下，做了齐桓公的宰相。

九合诸侯，不以兵车 合，会盟。九合，《史记》中说："兵车之会三，乘车之会六。"不以兵车，不用武力，指停止了战争。

如其仁 如，乃，就是。

【译文】

子路说："齐桓公杀了公子纠之后，召忽自杀，管仲却活着。"接着，子路又说："管仲应该没有仁德吧？"孔子道："齐桓公九次主持诸侯会盟，不再有战争，都是管仲的功劳。这就是管仲的仁德，这就是管仲的仁德。"

14.17 子贡曰："管仲非仁者与？桓公杀公子纠，不能死，又相之。"子曰："管仲相桓公，**霸诸侯，一匡天下**，民到于今受其赐。微管仲，吾其被发左衽矣。岂若匹夫匹妇之为谅也，自经于沟渎而莫之知也？"

【注释】

霸诸侯 霸，通"伯"，指诸侯之长。一说，霸者，把也，把持王者政教之谓也。

一匡天下 匡，本义是盛物的方形竹器，后作"筐"，此为聚拢、团结之义。天下，周天子所统治的地区，指中原诸国。

一匡天下，将中原诸国团结在一起，避免了四分五裂，犹言"匡天下于一"。一说，匡是匡正之义，指匡正了天下的混乱局势，但从下文"吾其被发左衽矣"来看，本句的重点应在团结抗夷，故以前说为宜。

微管仲，吾其被发左衽　微，无，没有。被，通"披"。衽，衣襟。被发左衽，披散着头发、衣襟左开，是少数民族的风俗，喻指中原诸国被夷狄占领。

匹夫匹妇之为谅　匹夫匹妇，指普通百姓，东汉《白虎通义》注："匹夫匹妇，谓庶人也，言其无德及远，但夫妇相为配匹而已。"谅，诚信，此指普通百姓的小信小节。

自经于沟渎　经，缢，上吊。渎，小渠。沟渎，沟壑、山沟之义。

【译文】

子贡说："管仲算不上仁德吧？齐桓公杀了公子纠，他不自杀殉难也就罢了，反倒去辅佐齐桓公。"孔子说："管仲辅佐齐桓公，使齐国称霸诸侯，把中原各国团结起来共同抗敌，百姓至今还享受着他的好处。如果没有管仲，我们这些人都会披散着头发，衣襟左开，早就沦为夷狄的奴隶了。难道要他像小民百姓那样守着小信小节，在山沟里自杀，还没有人知道才好吗？"

【评述】

无论是上章的子路，还是本章的子贡，他们都认为管仲不仁。无疑，从私德的角度讲，管仲确实算不上君子。在

《八佾篇》中，孔子也批评说："管仲之器小哉！""管氏有三归，官事不摄。焉得俭？""邦君树塞门，管氏亦树塞门；邦君为两君之好，有反坫，管氏亦有反坫。管氏而知礼，孰不知礼？"既然如此，向来不肯轻易许人以仁的孔子，却为何一反常态，大赞管仲仁德呢？根本原因，就在于管仲虽然私德不俭，但在民族危亡之际，他拯救了人民，为民族立下了大功，正所谓"瑕不掩瑜，大德曰仁"——历史证明：一个没有英雄的民族，是不幸的；一个对自己的英雄求全责备的民族，是可悲的。只有敬仰自己英雄的民族，才能成为伟大的民族。

14.18 公叔文子之臣大夫僎与文子同升诸公。子闻之，曰："可以为'文'矣。"

【注释】

公叔文子之臣大夫僎 公叔文子，见本篇第十三章注。臣，家臣。僎，读 zhuàn，人名，原是公叔文子的家臣，在公叔文子的举荐下，做了卫国大夫。

同升诸公 诸，用法同"于"。公，公朝。

可以为文矣 为文，谥为文，即给予"文"的谥号。根据《谥法》的规定，有"锡民爵位"之德者，便可谥号为文。

【译文】

公叔文子举荐他的家臣僎做了卫国大夫，与他同朝为臣。

孔子听到这事,说:"可以谥他为'文'了。"

【评述】

公叔文子,是一个学问与修养都很高的人。在本篇第十三章,记述了公叔文子的"时然后言、乐然后笑、义然后取",重在称其德。本章,记述的"僎与文子同升诸公",重点则是称其道——识贤、礼贤与举贤的君子之道。

14.19 子言卫灵公之无道也,康子曰:"夫如是,奚而不丧?"孔子曰:"仲叔圉治宾客,祝鲍治宗庙,王孙贾治军旅。夫如是,奚其丧?"

【注释】

奚而不丧 奚而,为何,为什么。丧,败亡,灭亡。
仲叔圉 孔圉,卫国大夫,见《公冶长篇》第十四章注。
祝鲍 卫国大夫,见《雍也篇》第十四章注。
王孙贾 卫国大夫,见《八佾篇》第十三章注。

【译文】

孔子讲了卫灵公的昏庸无道,季康子问:"既然这样,为什么他没有败亡?"孔子说:"他让仲叔圉接待宾客,祝鲍管理祭祀,王孙贾统率军队。如此善于用人,又怎么会败亡呢?"

【评述】

在中国历史上,伟大的君王虽然未必有高尚的道德修养,但却无一例外地知人善用。例如汉高祖刘邦,尽管他"好酒及色,慢而侮人",却因知人善用,最终打下了四百年的大汉江山,正如他自己所总结的那样:"夫运筹策帷帐之中,决胜于千里之外,吾不如子房;镇国家,抚百姓,给馈饷,不绝粮道,吾不如萧何;连百万之军,战必胜,攻必取,吾不如韩信。此三者,皆人杰也,吾能用之,此吾所以取天下也。项羽有一范增而不能用,此其所以为我擒也。"

14.20 子曰:"其言之不怍,则为之也难。"

【注释】

其言不怍 怍,读 zuò,惭愧之义。

【译文】

孔子说:"说的时候大言不惭,做起来就难了。"

【评述】

《道德经》中说:"轻诺必寡信,多易必多难。信言不美,美言不信。"君子之言,必定是内度才德学力,外审时机事宜,为自己留有余地,绝不会说大说满,《礼记》有云:"口惠而实不至，怨灾及其身。"小人之言，往往本就没有付诸行动的打算，故而高谈阔论，夸夸其谈，或为哗众取宠，或为坑蒙拐骗。因此，对于大言不惭的人，务必要多加警惕，谨防上当受骗。

14.21 陈成子弑简公。孔子沐浴而朝，告于哀公曰："陈恒弑其君，请讨之。"公曰："告夫三子！"孔子曰："以吾从大夫之后，不敢不告也。君曰'告夫三子'者！"之三子告，不可。孔子曰："以吾从大夫之后，不敢不告也。"

【注释】

陈成子弑简公 陈成子，齐国大夫，姓田名恒，字成子。因其家族来自陈国，故又称为陈成子。陈成子在杀掉齐简公后，立齐简公之弟为名义上的国君，自己则独揽大权，成了事实上的齐国之主。《庄子·胠箧》中说的"窃钩者诛，窃国者为诸侯"，窃国者便是指陈成子。简公，齐简公，名壬。陈成子弑简公发生在鲁哀公十四年，孔子时年七十一岁。

孔子沐浴而朝 周礼，若是邻国发生篡逆，本国无须天子的弓矢之赐，便可兴兵讨伐。孔子虽然已告老还家，仍沐浴而朝，意在表明严正的态度，一定要出兵讨伐。

告夫三子 三子，指鲁国当政的季孙、孟孙、叔孙三卿。鲁哀公让孔子去报告三卿，也并非故意推脱。据《左传》记载，鲁昭公五年，季孙、孟孙、叔孙三家便已四分公室，季孙得其二、孟孙、叔孙各得其一，鲁国的兵柄早已由三家分握。

【译文】

陈成子杀了齐简公。孔子沐浴后朝见鲁哀公，报告说："陈恒杀了他的国君，请您发兵征讨。"鲁哀公说："你去告诉三卿吧！"孔子退了出来，说："因为我曾经做过大夫，所以才不敢不来报告，国君却让我去告诉三卿。"孔子又去向季孙、孟孙、叔孙报告，他们都不肯出兵。孔子说："因为我曾经做过大夫，所以才不敢不来报告。"

【评述】

春秋时期，诸侯各国礼崩乐坏，鲁国也不例外。不然的话，鲁国又何以政在大夫？故而，季孙、孟孙、叔孙三卿，本就是礼崩乐坏的参与者，当然也是受益者。他们与齐国的陈成子，分属同类惺惺相惜，只会乐见其成，又怎么会出兵征讨呢？孔子对此并非不知，只是出于对礼制的守护，知其不可而为之罢了。

14.22 子路问事君。子曰："勿欺也，而犯之。"

【译文】

子路问事君之道。孔子说："不要欺骗，但可以犯颜直谏。"

【评述】

自古以来,儒家弟子就有犯颜直谏的光荣传统。无论是近在朝堂的直抒胸臆,还是远在江湖的秉笔上书,无不彰显着儒家弟子家国天下的情怀与担当。清代名臣林则徐有云:"苟利国家生死以,岂因祸福避趋之。"

14.23 子曰:"**君子上达,小人下达**。"

【译文】

孔子说:"君子向上求道,小人向下求利。"

【评述】

君子有德有才,才足以博见,德足以怀远,谋道不谋食,故而向上求道。小人有才无德,即便有博见之才,因无怀远之德,也只能谋食不谋道,故而向下求利。

14.24 子曰:"**古之学者为己,今之学者为人**。"

【注释】

古之学者为己 为,读 wéi,修养之义。为己,修养自己。

实际上，儒学便也正是"为己"之学。

【译文】

孔子说："古人的学习是为修养自己，今人的学习却是为了向别人炫耀。"

【评述】

学习的宗旨，在于修身进德，借以丰富自己的学识，提高自己的修养。然而，现在有些人的学习，又何尝不是为了向人炫耀呢？这些人，既不肯用功钻研，也不甘谦虚与寂寞，在浮躁的学风下，穿凿附会，沽名钓誉。更有甚者，只是草草翻了翻经典，便敢登台宣讲，以所谓的"国学大师"之名，行狗尾续貂之实，胡说八道。《劝学》有云："君子之学也，以美其身；小人之学也，以为禽犊。"

14.25 蘧伯玉使人于孔子。孔子与之坐而问焉，曰："夫子何为？"对曰："夫子欲寡其过而未能也。"使者出。子曰："使乎！使乎！"

【注释】

蘧伯玉 蘧，读 qú。蘧伯玉，姓蘧名瑗，字伯玉，卫国大夫，是孔子的老朋友。蘧伯玉以善于自省著称，在《淮南子·原道篇》中，就有"伯玉年五十而有四十九年非"的记载。

据此，人们常用"知非之年"，代称五十岁。

夫子欲寡其过而未能也　寡，缺少，没有。一说，寡是减少之义，但这样注解，容易让人误以为蘧伯玉过错甚多，且不能体现蘧伯玉求进甚急的美德，故以前说为宜。

使乎使乎　赞美之词，夸奖来者堪当"受命不受辞"的使者之任。

【译文】

蘧伯玉派人来问候孔子。孔子请来人坐下，问道："老先生最近忙什么呢？"来人回答："他老人家想没有过错，却还做不到。"来人走后，孔子夸道："好一位使者！好一位使者！"

【评述】

蘧伯玉尊道崇德，善于自省改过，是一位闻名遐迩的谦谦君子。在《庄子》《淮南子》等古籍中，就多有关于他"寡过"的记载。本章，对于孔子之问，来人所答既赞美了蘧伯玉，又毫无夸张之感，不卑不亢，故而引得孔子连声的称赞。

14.26　子曰："不在其位，不谋其政。"曾子曰："君子思不出其位。"

【译文】

孔子说:"不在其位,不谋其政。"对于这句话,曾参解释道:"君子所思虑的事情,不超出自己的本职范围。"

【评述】

本章曾参所言,引用的是易经《艮卦·象辞》中的原文。《易经》中说:"艮,止也。时止则止,时行则行,动静不失其时,其道光明。艮其止,止其所也。上下敌应,不相与也,是以不获其身。行其庭不见其人,无咎也。兼山,艮;君子以思不出其位。"易经中的《艮卦》,重在言止,儒家将其解作"知止",道家将其解作"无为",佛家将其解作"空无"。故而,素有"一艮三教"之说。

14.27 子曰:"君子耻其言而过其行。"

【注释】

而 用法同"之",古本也作"之"字。成语"言过其行",便是出自本章。

【译文】

孔子说:"君子以说得多、做得少为耻辱。"

14.28　子曰："君子道者三,我无能焉:仁者不忧,知者不惑,勇者不惧。"子贡曰:"夫子自道也。"

【注释】

夫子自道也　道,说,讲述,朱熹注:"道,言也。"

【译文】

孔子说:"君子有三条标准,我都达不到:仁德而不忧愁,智慧而不迷惑,勇敢而不畏惧。"子贡说:"这三条说的正是老师自己啊。"

【评述】

在孔子的道德学说中,仁、智、勇是三大道德支柱。其中,仁者克己复礼,内省不疚,故不忧。智者博学多识,通达事理,故不惑。勇者气节足以配天地道义,义无反顾,故不惧。在相互关系上,三德相辅相成,共济于道——仁者必智,不智则可陷可罔;仁者必勇,不勇则见义不为。智者必仁,不仁则利令智昏;智者必勇,不勇则鼠首偾事。勇者必智,不智则暴虎冯河;勇者必仁,不仁则忘义为乱。《中庸》有云:"知、仁、勇三者,天下之达德也。"

14.29　子贡方人。子曰:"赐也,贤乎哉?夫我则不暇。"

【注释】

方人 方,通"谤",讥评,说别人的坏话。

【译文】

子贡说别人的坏话。孔子道:"端木赐,你就够好吗?我可没这闲工夫。"

【评述】

俗话说:"静坐常思己过,闲谈莫论人非。"君子之道,贵在修身进德,寡过尚且不及,焉有闲暇说人长短?况且,说人长短除了浪费时间外,往往还会招非惹怨,徒生滋扰,故而君子不为。《增广贤文》有云:"来说是非者,必是是非人。"

14.30 **子曰:"不患人之不己知,患其不能也。"**

【译文】

孔子说:"可怕的不是别人不了解自己,而是自己没有能力。"

【评述】

一个人,如果自己没能力,别人了解自己又如何?如果自己有能力，别人不了解自己又如何？只要自己有能力，此人不了解，还有彼人了解，是金子总会发光的。

14.31 子曰："不逆诈，不亿不信，抑亦先觉者，是贤乎！"

【注释】

不逆诈，不亿不信 逆，事未至而迎之曰逆，预先之义。诈，欺骗。亿，通"臆"。朱熹注："诈，谓人欺己；不信，谓人疑己。"

【译文】

孔子说："不把别人预想成骗子，也不臆断别人怀疑自己，却又能及早觉察，这就是贤德！"

【评述】

在社会交往中，难免会接触到小人、骗子，或者对自己心怀敌意的人。固然，遇不遇到这样的人，并非自己所能左右，但自己却可以内求诸己，修身进德，以不变应万变。譬如，如果自己学养深厚，就能够洞察人心，识小人而远之；如果自己不贪婪，往往也不会上当受骗；如果自己善于察言观色，就能及早地发觉隐患……一个人，不逆诈，不亿不信，抑亦先觉，学问与修养能达到如此境界，当然是贤德了。

14.32 微生亩谓孔子曰:"丘何为是栖栖者与?无乃为佞乎?"孔子曰:"非敢为佞也,疾固也。"

【注释】

微生亩 复姓微生,名亩,也作尾生亩。从微生亩直呼孔子之名来看,他的资格应该比孔子老。

丘何为是栖栖者与 是,副词,如此,这样。栖,读 xī,忙忙碌碌,古注曰:"栖栖,惶惶,行无定所之貌。"

疾固也 疾,恶,厌恶。固,固陋,愚昧无知之义。

【译文】

微生亩对孔子说:"孔丘,你为什么总是这样忙忙碌碌呢?该不会到处耍嘴皮子吧?"孔子说:"我不敢耍嘴皮子,只是厌恶那种愚昧无知的人。"

【评述】

孔子志向远大,为了实现自己的人生抱负,忙忙碌碌,周流不止。当然,也无须讳言,孔子有当官入仕的愿望,但那只是为了推行他的政治主张,远非世俗的升官发财可比——若论做官,他官至鲁国大司寇,在世卿世禄的封建社会,已然是求官的顶峰。然而,正所谓"道不同,不相为谋",只因季桓子"齐人归女乐,三日不朝",他便毅然辞官而去。若论发财,他给原宪的薪俸出手就是粟九百,生活上食不厌精,脍不厌细,缁衣羔裘,狐貉之厚以居……已然是个富翁,既然如此,他又何必舍弃荣华,自讨颠沛流离之苦？故而，微生亩对孔子的嘲讽，不过是以小人之心度君子之腹罢了。事实上，无论当时，还是后世，对孔子的误解始终存在。其中的原因，大概就像宋玉《对楚王问》所言："非独鸟有凤而鱼有鲲也，士亦有之。夫圣人瑰意琦行，超然独处，世俗之民又安知臣之所为哉？"

14.33 子曰："骥不称其力，称其德也。"

【译义】

孔子说："千里马的美名，不是称赞马的气力，而是称赞马的品德。"

【评述】

一匹马，即便有日行千里之力，若无德性调良，仍不能致远。故而，千里马的美名，重在赞扬千里马的行远之德。同样，一个人，即便有出众的才华，如果没有良好的道德修养，恐怕也难以行稳致远，不足以担当大任。

14.34 或曰："以德报怨，何如？"子曰："何以报德？以直报怨，以德报德。"

【注释】

以直报怨，以德报德　直，平直，公平之义。德，恩德，恩惠。孔子说"以直报怨"，而非"以怨报怨"，区别在于："以直报怨"出于正义，维护的也是正义；"以怨报怨"却不然，往往是出乎不义，然后又反乎不义。

【译文】

有人问："用恩惠来回报怨恨，怎么样？"孔子说："那用什么回报恩惠呢？要用公平来回报怨恨，用恩惠来回报恩惠。"

【评述】

在人际交往中，以怨报德必是小人，但以德报怨也非君子，不义。在中国古代的圣贤看来，"以德报怨"绝不是一种美德。除本章孔子反问的"以德报怨，何以报德"外，老子在《道德经》中也说："和大怨必有余怨，报怨以德，安可以为善？"因此，君子之道，应当是以德报德，以直报怨。

14.35　子曰："莫我知也夫！"子贡曰："何为其莫知子也？"子曰："不怨天，不尤人；下学而上达。知我者其天乎！"

【注释】

不怨天，不尤人　怨，怨恨。尤，责备。孔子十有五而志于学，三十而立，四十而不惑，五十而知天命，下学而上达——下学，学人事，人事有否有泰，人不知己也不尤人；上达，达天命，天命有穷有通，不用于世也不怨天。

【译文】

孔子说："没人了解我啊！"子贡问："为什么说没人了解您呢？"孔子道："我不怨恨天，不责备人，在平常的学习中悟出了大道理。了解我的，大概只有上天吧！"

【评述】

从古至今，怀才不遇的情况向来都非常普遍。圣人孔子尚有"莫我知也夫"之叹，何况普通人呢？故而，平凡是绝大多数人的人生常态，既不必怨天，也不必尤人。一个人，只要能修身进德，唯义是从，听天命尽人事，无愧于己，人不知己又如何？至少，还有天知。

14.36　公伯寮愬子路于季孙。子服景伯以告，曰："夫子固有惑志于公伯寮，吾力犹能肆诸市朝。"子曰："道之将行也与，命也；道之将废也与，命也。公伯寮其如命何！"

【注释】

公伯寮愬子路 公伯寮，鲁国人，复姓公伯，名寮。愬，通"诉"，诬陷、毁谤之义，古注曰："愬，谮也。"

子服景伯 鲁国大夫，复姓子服，名何，字伯，景是他的谥号。

肆诸市朝 肆，罪犯处死后，陈尸示众曰肆。周礼曰："大夫陈于朝，士陈于市。"

【译文】

公伯寮向季孙诬陷子路。子服景伯把这事告诉了孔子，说："季孙大夫固然已被公伯寮迷惑了，但我仍有能力为子路讨回清白，让公伯寮陈尸街头。"孔子说："道义将要伸张，是天命；道义将要废弃，也是天命。他公伯寮又能把天命怎么样呢！"

【评述】

本章孔子所言，实质上仍然是"听天命，尽人事"的处世理念。在儒家看来，天道之不可争曰命，人道之不可违曰义——命不可争，故听天命；义不可违，故尽人事。《庄子》有云："知不可奈何而安之若命，唯有德者能之。""达生之情者，不务生之所无以为；达命之情者，不务命之所无奈何。"

14.37　子曰："贤者辟世，其次辟地，其次辟色，其次辟言。"子曰："作者七人矣。"

【注释】

贤者辟世，其次辟地　辟，通"避"，逃避，躲避。其次，仅作行文的次递之用，并无其他意义。程颐注："四者虽以大小次第言之，然非有优劣也，所遇不同耳。"

作者七人　七人，孔子没有具体说明是哪七人，后人的注解有"伯夷、叔齐、虞仲、夷逸、朱张、柳下惠、少连"等数个版本。但究竟是谁意义不大，诚如南宋李侗所言："必求其人以实之，则凿矣。"

【译文】

孔子说："贤德的人躲避乱世，躲避危险的地方，躲避难看的脸色，躲避恶言恶语。"孔子又说："这样做的人，已经有七位了。"

【评述】

人们常说趋利避害，但往往惯于趋利，却忽视了避害。实际上，避害与趋利同样重要，都是宝贵的人生智慧。譬如，在现实生活中，难免会遇到小人，但与其无谓地同小人纠缠，不如尽快地脱离，敬而远之。事实证明，遇到烂人及时抽身，遇到烂事果断止损，往往才是最理智的做法。正所谓"将军有剑，不斩苍蝇；君子有道，不度小人"——有时候，躲避并非懦弱，反倒是勇敢的表现，远比暴虎冯河之类明智得多。

14.38 子路宿于石门。晨门曰："奚自？"子路曰："自孔氏。"曰："是知其不可而为之者与？"

【注释】

石门 地名，鲁国都城的外门。

晨门 早晨负责开启城门的守门人，古注曰："晨门者，阍人也。"

知其不可而为之 不可，几乎不能，艰难之义。有些注本，将"不可"译为"做不成"，恐怕不够准确——不可，不是"不可为"，虽然只有一字之差，含义却大相径庭。况且，如果明知做不成还偏要做，岂不是偏执狂？在《子罕篇》第四章，说孔子"毋意，毋必，毋固，毋我"，由此可知，孔子并不是一个固执与强求的人。故而，知其不可而为之，应是指"知其难而为之"，迎难而上之义。例如，星火燎原是"知其不可而为之"，以卵击石则属"知其不可为而为之"。

【译文】

子路在鲁国都城的外门住了一宿。早晨进城时，守门人问："你从哪里来？"子路回答："孔子那里。"守门人说："就是那个知道艰难却还要做的人吗？"

【评述】

本章，一句"知其不可而为之"，道尽了孔子的多少情怀与辛酸，读来令人肃然起敬。固然，"知其不可而为之"未免有些悲壮，但人类历史上的伟大成就，不都是在挑战所谓不可能的过程中，最终实现超越的吗？一个人，总是要有点追求的，谁说星星之火就不可以燎原，涓涓之水就不能滔天？

14.39 子击磬于卫，有荷蒉而过孔氏之门者，曰："有心哉，击磬乎！"既而曰："鄙哉！硁硁乎！莫己知也，斯己而已矣，深则厉，浅则揭。"子曰："果哉！末之难矣。"

【注释】

子击磬于卫 磬，读 qìng，古代的一种打击乐器，由玉或石制成，形如曲尺，悬于架上，用木槌击奏。

荷蒉 荷，担，挑。蒉，用草编的筐。

深则厉，浅则揭 这句话出自《诗经·卫风》，成语"深厉浅揭"即源于此。厉，穿着衣服涉水。揭，撩起衣裳涉水。

果哉，末之难矣 果，果决，坚决，古注曰："果哉，叹其果于忘世也。"末，微，力不足。难，勉为其难之义。

【译文】

孔子在卫国敲磬，有一个挑着草筐的人，从孔子门前路过。这人边走边自语道："敲磬的人有心事啊！"过了一会儿，他又说："可悲啊，磬声还这么坚定！没人了解自己，那就算了。水深，就要穿着衣裳过水；水浅，才能撩起衣裳。"孔子听后，感叹道："真坚决！我是没办法说服他了。"

【评述】

本章，荷蒉人借《诗经》中"深厉浅揭"的诗句，暗谏孔子应审时度势，不要执迷不悟——只有在水浅的情况下，撩起衣裳过水，才不会弄湿衣裳；如果水很深，无论怎么努力，衣裳都会打湿。既然如此，在水深的情况下，又何必做撩衣过水的徒劳之举呢？言外之意，就是当政者昏庸无道，所有的努力都将无济于事，不如及早隐退。显然，荷蒉人就是一位急流勇退的隐士，故而孔子说："果哉，末之难矣。"

14.40　子张曰："《书》云：'高宗谅阴，三年不言。'何谓也？"子曰："何必高宗，古之人皆然。君薨，百官总己以听于冢宰三年。"

【注释】

高宗谅阴　高宗，殷高宗，商王武丁。谅阴，居丧期间所住的房子，也叫"凶庐"。

三年不言　不言，不问政之义，并非闭口不说话。

百官总己以听于冢宰　总己，总摄己职之义。冢宰，宰相，也称太宰，六卿之首。古注曰："冢，大也。冢宰，大宰。"

【译文】

子张问："《尚书》中说：'殷高宗住在凶庐守孝，三年不言语。'这是什么意思？"孔子说："不仅是殷高宗，古代新继位的君王都这样。君王死了，新君三年不问政，这期间百官各司其职，听命于宰相。"

【评述】

三年不言，大概也有新君初立，不谙政事，需要见习的考虑吧。

14.41 子曰："上好礼，则民易使也。"

【译文】

孔子说："统治者崇尚礼，老百姓就容易差使。"

【评述】

《孟子》有云："上有好者，下必甚焉。"统治者崇尚礼，势必在全社会掀起尚礼的热潮，使礼敬、礼让和礼节成为全民的时尚。在这种政治环境下，每个人都会依礼行事，君君，臣臣，父父，子子，各安其所。如果能这样，老百姓自然也就容易差使了。

14.42 子路问君子。子曰:"修己以敬。"曰:"如斯而已乎?"曰:"修己以安人。"曰:"如斯而已乎?"曰:"修己以安百姓。修己以安百姓,尧舜其犹病诸?"

【注释】

君子 本章的君子,指卿大夫,见《学而篇》第一章注。

修己以敬、修己以安人 修,修身。敬,敬业,指严肃认真地工作。人,此为狭义的人,指官吏。古注曰:"人,犹臣也。"

尧舜其犹病诸 病,为难。

【译文】

子路问怎样做卿大夫。孔子说:"修养自己,使自己认真工作。"子路问:"这样就够了吗?"孔子说:"修养自己,使所属官吏各安其职。"子路又问:"这样就够了吗?"孔子说:"修养自己,使百姓安居乐业。修养自己使百姓安居乐业,这恐怕连尧舜都难以做到吧?"

【评述】

本章孔子所言,主要是强调修身的重要性。在孔子看来,一个官员,只有修身,才能使自己德才兼备,卓有成效地工作,是为"修己以敬";只有修身,才能正己正人,使所属官吏各安其职,是为"修己以安人";只有修身,才使百姓安居乐业,是为"修己以安百姓"。事实上,无论做官与否,修身都是一个人的自立之本。在儒家经典《大学》所倡导的

"三纲八目"中，修身位居八目"格物、致知、诚意、正心、修身、齐家、治国、平天下"的中间，前四目为内修，后三目为外治，修身是内修与外治的纽带。其中，修身与内修相连，便是"独善其身"；与外治相通，则为"兼济天下"。《大学》有云："自天子以至于庶人，壹是皆以修身为本。"

14.43 原壤夷俟。子曰："幼而不孙弟，长而无述焉，老而不死，是为贼。"以杖叩其胫。

【注释】

原壤夷俟 原壤，鲁国人，据《礼记·檀弓》记载，他与孔子是老相识。夷，夷踞，从下文孔子"以杖叩其胫"推断，原壤的坐姿应是伸开两腿的箕踞。箕踞是粗鲁无礼的表现，见《乡党篇》第十二章注。俟，读 sì，等待之义。

幼而不孙弟 孙，通"逊"，谦恭。弟，通"悌"，指尊敬长者。

长而无述 述，称述，指取得令人称颂的成就。朱熹注："述，犹称也。"

是为贼 贼，祸害，害人精之义。

以杖叩其胫 胫，小腿，膝上曰股，膝下曰胫。

【译文】

原壤伸开两腿，坐着等孔子。孔子到后，见状骂道："你小时候没教养，长大了没成就，到老了还不死，真是个祸害。"一边骂，一边用拐杖敲打原壤的小腿。

【评述】

本章，一向以"温、良、恭、俭、让"著称的孔子，骂起人来却也酣畅淋漓，刀刀见血。虽然只是寥寥数语，但足以骂得原壤体无完肤——从小到大，从大到老，平生无一善状，只不过是个人间祸害罢了。看起来，老人也未必都可敬，老了的坏人，自古有之。

14.44 阙党童子将命。或问之曰："益者与？"子曰："吾见其居于位也，见其与先生并行也。非求益者也，欲速成者也。"

【注释】

阙党童子将命 阙，地名，阙党是孔子在鲁国的居住地，也称"阙里"。童子，未成年的小孩，少年。将，传，传达。命，信，信息。将命，传话，捎信之义。

益者与 益，进益，上进。与，通"欤"，疑问词。古注曰："小儿传信，是自求进益之道欤？"

居于位、并行 居，坐。并行，并肩而行之义。依礼，成年人方可"居位并行"，童子则应"隅坐随行"，坐要坐在席子的边上，行要与成年人错肩而行。

【译文】

阙里的一个小孩来给孔子传话。有人问:"这孩子很上进吧?"孔子说:"我看见他坐在大人的位置上,还看见他与长辈并肩而行。他这不是上进,而是急于求成。"

【评述】

一个小孩,即使在形式上能像成年人那样"居位并行",但小孩终归还是小孩。这种做派,看似成熟上进,实际上不过是揠苗助长罢了,对他的健康成长没有任何好处。倘若不能及时地予以纠正,长此以往,甚至还会弄巧成拙,最终连他本该做好的事都做不好,欲速则不达。因此,对于青少年来说,切不可把急于求成当作上进,以免自误。

【卫灵公篇】第十五

（共四十二章）

15.1 卫灵公问陈于孔子。孔子对曰："俎豆之事，则尝闻之矣；军旅之事，未之学也。"明日遂行。

【注释】

卫灵公问陈 卫国，周文王嫡九子康叔的封国，位于今河南、河北、山东三省的交界地区，是周代存在时间最长的诸侯国，长达907年。卫灵公，姓姬，名元，卫国第二十八代国君，公元前534年至前493年在位。陈，通"阵"，排兵布阵之义。

俎豆之事 俎，读zǔ。俎和豆，均为祭祀用的礼器。

军旅之事 军旅，军队，《周礼·地官》曰："五百人为旅，五旅为师，五师为军。"

【译文】

卫灵公向孔子问排兵布阵的方法。孔子答道："像俎豆之类礼仪上的事，我还知道些；军队上的事，我没有学过。"第二天，孔子便离开了卫国。

【卫灵公篇】第十五 | （共四十二章）

【评述】

卫国与鲁国相邻，是孔子周游列国的第一个国家。卫灵公见到孔子后，热情地接待了他，并按照他在鲁国的薪俸标准，也给了"粟六万"的俸禄。但孔子到卫国，本是为推行自己"仁与礼"的政治主张，而"卫灵公问阵"，显然与孔子"以礼治国"的理念相悖。此外，据《史记》记载，卫灵公在"问阵"的次日，再次约见了孔子。在交谈的过程中，天空中飞过一群大雁，卫灵公居然"仰视之，色不在孔子"，表现得很轻慢，有违孔子"君使臣以礼，臣事君以忠"的君臣之道。故而，道不同不相为谋，孔子便离开了卫国。

15.2　在陈绝粮，从者病，莫能兴。子路愠见曰："君子亦有穷乎？"子曰："君子固穷，小人穷斯滥矣。"

【注释】

在陈绝粮　陈，陈国。在陈绝粮，见《先进篇》第二章注，事在鲁哀公六年，孔子时年六十三岁。

从者病，莫能兴　从，跟从，随从。从者，孔子的随行弟子。莫能兴，无精打采之义，《说文解字》曰："兴，起也。"

君子固穷，小人穷斯滥矣　固，固守，指坚守道义。穷，尽，走投无路之义，《说文解字》曰："穷，极也，从穴。"固穷，固于穷，指在走投无路的情况下，仍然坚守道义。滥，泛滥，胡作非为之义，古注曰："滥，溢也；如水放溢，滥溢为非。"

【译文】

孔子在陈国断绝了粮食，随行的人全饿病了，各个都无精打采。子路气冲冲地来见孔子，说："君子也有走投无路的时候吗？"孔子道："君子走投无路仍然会坚守道义，小人走投无路就胡作非为了。"

【评述】

岁月静好的时候，很难分清谁是君子谁是小人。只有在艰难困苦之时，谁是君子谁是小人才能一目了然。在走投无路的情况下，君子仍然会高贵地坚守着道德的底线，富贵不能淫，贫贱不能移，威武不能屈，彰显出高尚的人格魅力。小人则不然，一旦走投无路，就会原形毕露，放辟邪侈，胡作非为。故而，子曰："君子固穷，小人穷斯滥矣。"

15.3 子曰："赐也，女以予为多学而识之者与？"对曰："然。非与？"曰："非也，予一以贯之。"

【注释】

多学而识 识，记，记住。

一以贯之 一，始终，自始至终。贯，贯穿，融会贯通之义。本章的"一以贯之"，指的是学习方法，即始终把学到的知识贯穿起来。《里仁篇》第十五章的"一以贯之",则是指做人之道,即始终坚持忠恕的做人原则。

【译文】

孔子说:"端木赐,你以为我只是多学多记吗?"子贡答道:"对呀,难道不是吗?"孔子说:"不是的,我始终把学到的知识贯穿起来。"

【评述】

本章孔子所言,旨在强调"融会贯通"的学习方法。在学习上,固然要"多学"与"识之",但多学多记仅仅是知识的采集。若想把所学转化成自己的内功,还必须对知识进行消化,也就是将学到的知识融会起来,一以贯之。

15.4 子曰:"由!知德者鲜矣。"

【译文】

孔子说:"仲由啊!懂道德的人太少了。"

【评述】

实质上,道德就是关于做人的学问,蕴含着深刻的哲理与智慧。首先,道德的要义,既非损人利己,也非损己利人,只要能坚守做人的良心与底线便好。其次,道德乃为人处世的智慧。智慧与聪明的区别，就在于是否有道德，智慧因道德而自利，聪明因没有道德而自私，但自私却未必能自利——"知及之，德不能守之，虽得之，必失之"。所谓精致的利己主义者，严格意义上只能算自私，不能算自利。最后，道德的关键在于修行。道德的立足点，是以内求诸己为理念的自我提升，重在修行而非说教。无论是自我标榜，抑或是说教他人，均非道德的本义。

15.5 子曰："无为而治者其舜也与？夫何为哉？恭己正南面而已矣。"

【注释】

恭己正南面 恭，敬。己，律己。恭己，敬慎之义。在《资治通鉴》中，有"时政在曹氏，天子恭己"之语，其中的"恭己"，则是大权旁落的意思，与本章的含义不同。正南面，面向正南而坐，指统治天下。在中国传统文化中，以面朝南的坐向最为尊贵，这与中国位处北半球的地理特点相关，见《雍也篇》第一章注。

【译文】

孔子说："不用做什么就能治理天下的人，大概只有舜帝吧！他做了什么呢？只不过敬慎地坐在王位上罢了。"

【评述】

实际上,"无为而治"也并非什么都不做,而是知人善用,任得其人。在《新序》中,刘向有云:"王者劳于求人,佚于得贤。舜举众贤在位,垂衣裳恭己无为而天下治。"历史上,舜帝因知人善用,敬慎律己,成为了圣明之君。卫灵公因知人善用,虽然昏庸无道,却也可安身保国。汉高祖刘邦因知人善用,虽然好酒及色,最终却夺得了天下。可见,对于一个政治家来说,知人善用何其重要,堪称安身立命之本。

15.6 子张问行。子曰:"言忠信,行笃敬,虽蛮貊之邦,行矣。言不忠信,行不笃敬,虽州里,行乎哉?立则见其参于前也,在舆则见其倚于衡也,夫然后行。"子张书诸绅。

【注释】

子张问行 行,行得通,通达之义。

笃敬 笃,厚,忠厚。敬,认真,严谨。

蛮貊之邦 蛮,南蛮,南方的边远民族。貊,读 mò,北狄,北方的边远民族。蛮貊之邦,指文化风俗与中国不同的异族地区。

虽州里 州里,指自己的本乡本土。

参于前、倚于衡 参,直立,古注曰:"参,训直。"衡,车辕前端的横木。"参于前、倚于衡"，比喻随时随地念念不忘。

绅　系于腰间的大带。

【译文】

子张问怎样才能到处都行得通。孔子说："说话老实诚信，行事忠厚严谨，即便到了异国他乡，也能行得通。说话不老实诚信，行事不忠厚严谨，即便在自己的本乡本土，能行得通吗？站起来，要仿佛看见'言忠信、行笃敬'这几个字立在面前；在车厢里，要仿佛看见'言忠信、行笃敬'这几个字倚在前面的横木上。这样，就能到处都行得通了。"子张把这几个字写在了腰间的大带上。

【评述】

一个人，只要能做到"言忠信，行笃敬"，无论到了哪里，都能行得通。反过来，如果言不忠信，行不笃敬，到哪儿都将寸步难行，有谁会喜欢刁奸耍滑、刻薄轻浮的人呢？实际上，本章孔子所言，与《子路篇》第十九章所讲的"居处恭，执事敬，与人忠"，在内涵和思想上，完全一致。

15.7　子曰："直哉史鱼！邦有道，如矢；邦无道，如矢。君子哉蘧伯玉！邦有道，则仕；邦无道，则可卷而怀之。"

【注释】

直哉史鱼 史鱼，卫国大夫，姓史名鳅，字鱼，以敢于直谏著称。

如矢 矢，箭，箭直不弯，引申为正直之义。

卷而怀之 卷，收，收起。怀，藏，隐藏。卷而怀之，也即"无道则隐"。

【译文】

孔子说："正直啊，史鱼！国家的政治清明，他像箭那样正直；国家的政治黑暗，他还像箭那样正直。君子啊，蘧伯玉！国家的政治清明，他就出来做官；国家的政治黑暗，他就把自己的本领收藏起来。"

【评述】

史鱼正直不屈，邦有道如矢，邦无道亦如矢，故有"直哉"之誉。然而，诚如《宪问篇》孔子所言："邦有道，危言危行；邦无道，危行言孙。"倘若国家的政治黑暗，仍然危言而不言孙，则未免有失君子之道。蘧伯玉却不然，可以仕则仕，可以止则止，既不失君子之道，也无损君子之德。

15.8 子曰："可与言而不与之言，失人；不可与言而与之言，失言。知者不失人，亦不失言。"

【译文】

孔子说:"值得与他交谈却不谈,就会错过人才;不值得与他交谈却谈,就会废话。智慧的人既不错过人才,也不废话。"

【评述】

智者必贵其言,乃因言多语失,多言伤神,不贵言就不足以为智。智者知人,可与言则言,不可与言则不言,与人言若不分可与不可,亦不足以为智。故而,智者既不失人,也不失言。

15.9 子曰:"志士仁人,无求生以害仁,有杀身以成仁。"

【注释】

志士仁人 志士,志向远大的人。

【译文】

孔子说:"志士仁人,不会为了贪生而损害仁德,却会为了成全仁德而献身。"

15.10　子贡问为仁。子曰:"工欲善其事,必先利其器。居是邦也,事其大夫之贤者,友其士之仁者。"

【注释】

工欲善其事,必先利其器　工,工匠,古注曰:"工,巧师也。"利,锋利,古本也作"厉"。

【译文】

子贡问怎样培养仁德。孔子说:"工匠要想把工作做好,一定先把工具磨得锋利。居住在一个国家,要想培养仁德,就应事奉贤德的大夫,结交仁德的士人。"

【评述】

在一个国家里,大夫位居社会的上流,见多识广,事其贤者,可以见贤思齐,利于学仁。士人处在社会的中层,承上启下,友其仁者,可以以友辅仁。因此,事大夫之贤者,友士之仁者,实乃培养仁德的有效途径。

15.11　颜渊问为邦。子曰:"行夏之时,乘殷之辂,服周之冕,乐则《韶》舞。放郑声,远佞人;郑声淫,佞人殆。"

【注释】

行夏之时 时,历法。古人认为,斗柄初昏建三阳之月——天开于子,地辟于丑,人生于寅。故而,子月、丑月和寅月,都可以作为岁首的正月。夏代,取人得阳煦为春之意,立寅月为正月。殷代,取天复初阳为春之意,立丑月为正月。周代,取地气初萌为春之意,立子月为正月。在夏、商、周三代的历法中,夏历与农业生产的春生夏长之序最为契合,有利于指导农耕。故而,孔子主张用夏历。夏历,也就是现在中国人还在使用的农历。

中国古人所创建的历法,既应和了太阳的东升西落,又包含了月亮的阴晴圆缺,是世界上唯一兼具太阳和月亮运行周期的历法。因此,无论夏历还是周历,准确地说,都不应叫阴历,而应叫作阴阳历。

乘殷之辂 辂,读lù,车,大车。殷代的车子仅用木料,质朴实用。夏代与周代的车子,装饰有金、玉、象牙、皮革等物,铺张奢华。故而,孔子主张用殷车。

服周之冕 冕,礼冠。周代之冕,冠上有覆,前后有旒,黈纩塞耳,不任视听,曾巩注:"蔽明塞聪,天下之情可坐而尽也。"周冕华而不靡,文得其中,礼仪比夏冕、殷冕更加完备。故而,孔子主张用周冕。

乐则《韶》舞 乐,古时的乐,包括诗、歌、舞和音乐四个部分,见《学而篇》第十二章注。则,取法,效法。《韶》舞,即舜帝的《韶》乐,尽善尽美。故而,孔子主张乐要效仿《韶》舞。

放郑声，远佞人；郑声淫，佞人殆 放，放弃，舍弃。远，远离。郑声，郑国的乐。淫，不正，靡曼放荡之义。

【译文】

颜渊问怎样治理国家。孔子说："用夏朝的历法，坐殷朝的车子，戴周朝的礼帽，乐要效仿舜帝的《韶》舞。要舍弃郑国的乐，疏远谄媚的小人；郑国的乐放荡，谄媚的小人危险。"

【评述】

本章孔子所言，夏历言民生，殷辂言财用，周冕言礼制，《韶》舞言教化，远佞言修身。故而，对于颜渊的为邦之问，孔子仅用一历、一车、一冠、一乐、一远，便简明扼要地勾画出了"重民生、节财用、兴礼乐、修道德"的治国之道。

15.12 子曰："人无远虑，必有近忧。"

【译文】

孔子说："人若无长远的考虑，就会有近期的忧患。"

【评述】

清代学者陈澹然，在《寤言》中说："不谋万世者，不足谋一时。不谋全局者，不足谋一域。"《中庸》有云："凡事预则立,不预则废。言前定,则不跲;事前定,则不困;行前定,则不疚;道前定,则不穷。"

15.13 子曰:"已矣乎!吾未见好德如好色者也。"

【译文】

孔子说:"算了吧!我还没有见过像好色那样爱好道德的人。"

【评述】

本章除"已矣乎"三字外,内容与《子罕篇》第十七章完全相同。

15.14 子曰:"臧文仲其窃位者与!知柳下惠之贤而不与立也。"

【注释】

窃位 窃,窃取。窃位,指不履其职,古注曰:"知其贤而不举,是为窃位。"

柳下惠 姓展,名获,字禽,鲁国的贤士,曾任臧文仲的属官。"柳下"是展禽的居住地名,"惠"是门人给他的谥号,属于私谥。

【译文】

孔子说:"臧文仲的官位大概是偷来的吧!他明知柳下惠贤能,却不提拔。"

15.15 子曰:"躬自厚而薄责于人,则远怨矣。"

【注释】

躬自厚而薄责于人 躬,身体。厚,厚责,与"薄责"相对。薄责,轻责,宽容之义。

【译文】

孔子说:"严格要求自己,却又很少责怪别人,就能远离怨恨了。"

【评述】

一个人,只有严于自律,才能使自己防非远过,趋利避害。对于别人,则要持有宽容之心,不宽容便不能得众,有道是"水至清则无鱼,人至察则无徒"。当然,宽容也不是没有底线,而是宽所可以宽,容所可以容。

15.16　子曰:"不曰'如之何,如之何'者,吾末如之何也已矣。"

【注释】

如之何　朱熹注:"如之何者,熟思而审处之辞也。不如是而妄行,虽圣人亦无如之何矣。"

【译文】

孔子说:"自己都不想想'怎么办,怎么办',我就更不知道怎么办了。"

【评述】

俗话说:"再好的瓦匠,也不能把烂泥扶上墙。"一个人,不能把希望寄托在贵人和侥幸上,关键还要靠自己。至于别人的帮助,那只是别人的权利而非义务,正如自己可以对别人置之不理一样,别人也同样没有帮助自己的义务。事实上,自己遇到困难了,别人愿意帮助,往往不是因为别人好,而是自己平常积的德。反之,别人不愿帮助,往往也不是因为别人不好——自己无恩于人,又何以要求别人效劳?故而,君子应内求诸己,自己才是自己最大的贵人。

15.17　子曰:"群居终日,言不及义,好行小慧,难矣哉!"

【卫灵公篇】第十五 （共四十二章）

【注释】

好行小慧，难矣哉 小慧，小聪明。古注曰："小慧，谓小小才智。难矣哉，言终无成也。"

【译文】

孔子说："整天聚在一起，胡吹乱侃，好耍小聪明，能有什么出息呢！"

【评述】

有些人，天天热衷于所谓的交际与应酬，乐此不疲。大致的套路，无非是开场先热身，"我是鲁国的，我是卫国的"。中场发酒兴，主题还是这几个字，只不过调整了次序——"鲁国是我的，卫国是我的"。终场倒也小高潮，拥抱，握手，喷着酒气，甩一句"改天找我，钱不是问题"。改天真找了，钱确实不是问题，问题是没钱……如此而已，大同小异。诸如此类的社会交际，能有什么意义呢？恐怕也是"难矣哉"。

15.18 子曰："君子义以为质，礼以行之，孙以出之，信以成之。君子哉！"

【注释】

义以为质 质，质地，根本。何晏注："义以为质，谓

431

操行。"

礼以行之，孙以出之，信以成之　孙，通"逊"。出，出言。信，诚信。成，完成。之，代词，指上文"义以为质"中的义。义是总纲，礼、逊、信是分目。

【译文】

孔子说："君子以义为本，依礼行事，言语谦逊，为人诚信。这就是君子啊！"

【评述】

在孔子的道德学说中，为人处事的根本原则，就是"唯义是从"。什么是义？义者，宜也，合理曰义。义的要旨，一曰对等，二曰良知，只要符合这两条标准，大体就可以称作义了。对等，就是既不占别人的便宜，也不必自己吃亏，当取则取，当予则予。良知，就是言行举止要符合道德伦理与社会规范，可以使自己内省不疚，俯仰无愧。在孔子看来，一个人，只要能做到"唯义是从，讲礼、谦虚、诚信"这四条，就可以称得上君子了。

15.19　**子曰："君子病无能焉，不病人之不己知也。"**

【注释】

君子病无能焉　病，忧患，担心。古注曰："病，犹患也。"

【译文】

孔子说:"君子只怕自己没能力,不怕别人不了解自己。"

【评述】

实际上,本章孔子所言,也就是《宪问篇》第三十章所讲的"不患人之不己知,患其不能也"。两者的文字表述虽有不同,但内涵和思想却完全一样,均属内求诸己的做人理念。

15.20 子曰:"君子疾没世而名不称焉。"

【译文】

孔子说:"君子怕自己死后没有令人称颂的名声。"

【评述】

本质上,儒学就是"为己"之学。为己,故应修身蓄才,立德、立功、立言,积极地追求自己的人生价值——"疾没世而名不称焉"。唯其如此,千百年来,一代又一代的儒家弟子,向来以"青史留名"作为自己最高的奋斗目标,砥砺前行,不负韶华。南宋名臣文天祥有云:"人生自古谁无死,留取丹心照汗青。"

15.21 子曰:"君子求诸己,小人求诸人。"

【译文】

孔子说:"君子要求自己,小人要求别人。"

【评述】

君子求诸己,大概是最能代表儒家精神的一句话了。在儒家看来,命由天定,由天不由己;运由己立,由己不由人。故而,儒家的人生态度是"听天命,尽人事"。尽人事,故应修身进德,内求诸己。正因如此,孔子在听到童谣"沧浪之水清兮,可以濯我缨;沧浪之水浊兮,可以濯我足"后,便借题发挥说:"清斯濯缨,浊斯濯足矣,自取之也。"事实上,内求诸己的人生态度,要远比外求诸人高明得多,不但积极、务实,而且富含建设性——与其毫无意义地怨天尤人,远不如修身进德来得实在。《孟子》有云:"夫人必自侮,然后人侮之。""祸福无不自己求之者。"

15.22 子曰:"君子矜而不争,群而不党。"

【译文】

孔子说:"君子矜持但不与人争执,合群但不搞团伙。"

【评述】

君子自重，克己复礼，见善如不及，见不善如探汤，不与人做无谓之争，故曰"矜而不争"。君子立身中正，与人交接唯义是从，和而不同，周而不比，故曰"群而不党"。

15.23 子曰："君子不以言举人，不以人废言。"

【译文】

孔子说："君子不会因为一个人说得好就提拔他，也不会因为一个人不好就否定他的好话。"

【评述】

君子的用人之道，在德在才不在言，乃因有言者未必有德，也未必有才，故而"不以言举人"。君子的纳谏之道，重在集思广益，无德者未必无良言，故而"不以人废言"。

15.24 子贡问曰："有一言而可以终身行之者乎？"子曰："其恕乎！己所不欲，勿施于人。"

【译文】

子贡问道:"有没有一个可以终身奉行的字呢?"孔子说:"那一定是'恕'吧!自己不想要的,就不要施加给别人。"

【评述】

恕道,是孔子道德学说的重要理念。恕,不是宽恕别人之义,而是推己及人的意思,重在止恶而非容恶。实质上,恕道的立足点,仍然是君子求诸己——从自己做起,自己不首先施恶于人,别人便不会反施于己。《大学》有云:"所恶于上,毋以使下;所恶于下,毋以事上。所恶于前,毋以先后;所恶于后,毋以从前。所恶于右,毋以交于左;所恶于左,毋以交于右。此之谓絜距之道。"

15.25 子曰:"吾之于人也,谁毁谁誉?*如有所誉者,其有所试矣。斯民也,三代之所以直道而行也。*"

【注释】

其有所试 试,考察,验证。包咸注:"所誉者辄试以事,不虚誉而已。"

【译文】

孔子说:"我对别人,诋毁过谁?赞誉过谁?如果我赞誉了谁,那一定是经过了验证。夏、商、周三代的人就是这样做的,所以他们才能直道而行。"

【评述】

在孔子看来,一个正直的人,绝不会诋毁别人;至于赞誉别人,那也一定要经过详细地考证,以事实为依据,不可虚誉。然而,有的人在批评别人时,往往言辞刻薄,称人之恶而不惜损其真。赞美别人时,却又夸大其词,扬人之善而不吝过其实。这两种做法——无论过奖还是过贬,都不是正直的表现,均非正道。

15.26 子曰:"吾犹及史之阙文也,有马者借人乘之,今亡矣夫!"

【注释】

吾犹及史之阙文也 犹,还,尚且。及,逮也,赶上。史,史书。阙,空缺,因存疑而留空不写。

有马者借人乘之 包咸注:"有马不能调良,则借人乘习之。"

【译文】

孔子说:"以前,我还能看到因存疑而留下空缺的史书;有马的人,将不能驯服的马先借给能用的人驾乘。现在,这些都没有了。"

【评述】

本章孔子所言,"史之阙文"是赞扬史官的治学严谨,宁可留空不写,也不胡编乱造。"有马借人",则是赞扬勇于让贤的精神,尽管自己是马的主人,但若自己不能将马调良,便将马先借给能用的人,而非宁可自己不用,也不让别人用。然而,这种严谨与让贤的精神,在现实社会中却越来越少了,故有孔子之叹。

15.27 子曰:"巧言乱德。小不忍,则乱大谋。"

【译文】

孔子说:"花言巧语败坏道德。小的事情不忍耐,就会坏大事。"

【评述】

巧言之恶,在于巧言足以变乱是非,颠倒黑白,使人丧其所守,故曰"巧言乱德"。小事不忍,就会牵一发而动全身,引发连锁反应,最终坏了大事。历史上,战国时期的赵太后,因疼爱长安君,不忍使质于齐,若非触龙之言,则乱大谋矣;赵太后忍小,使长安君质于齐,齐兵乃出,终得保国。楚汉时期的刘邦,因项羽三分关中,一怒而欲攻之,向非萧何之谏，则乱大谋矣；刘邦忍小，王于汉中，养其民以致贤人，收用巴蜀，还定三秦，故能有大汉江山。

15.28　子曰："众恶之，必察焉；众好之，必察焉。"

【译文】

孔子说："大家都厌恶他，一定要考察为什么；大家都喜欢他，也一定要考察为什么。"

【评述】

俗话说，林子大了什么鸟都有。群众也是一样，里面有好人，有坏人，有君子也有小人，鱼龙混杂。故而，无论众恶之，还是众好之，都难以作为判断一个人好坏的依据，必须要加以实际的考察。本章孔子所言，大概就是告诫人们不要盲目跟风吧——群众的眼睛，难道就一定是雪亮的吗？

15.29　子曰："人能弘道，非道弘人。"

【注释】

弘道　弘，弘扬，廓大。

【译文】

孔子说:"人能弘扬道,不能让道来弘扬人。"

【评述】

道本高深,求之不易。道虽难求,但得道之人,却又必得其利,得大大得,得小小得,因得而异。故而,众生迷道,而非道迷众生。

15.30 子曰:"过而不改,是谓过矣。"

【译文】

孔子说:"有了错误却不改正,那就真叫错误了。"

【评述】

《左传》有云:"人谁无过?过而能改,善莫大焉。"任何人都难免犯错误,有了错误并不可怕,怕就怕在有了错误却不改正,一错再错,浑浑噩噩。

15.31 子曰:"吾尝终日不食,终夜不寝,以思,无益,不如学也。"

【译文】

孔子说:"我曾经整天不吃饭,整宿不睡觉,专门思考,结果毫无益处,还不如学习呢。"

【评述】

一个人,如果只是空想,无论多么专注,都将毫无益处,终不过缘木求鱼罢了。只有寓思于学、学中有思,才能够真正地提升自我,不罔不殆,正所谓"学而不思则罔,思而不学则殆"。

15.32 子曰:"君子谋道不谋食。耕也,馁在其中矣;学也,禄在其中矣。君子忧道不忧贫。"

【注释】

馁在其中矣 馁,饿。朱熹注:"耕所以谋食而未必得食,学所以谋道而禄在其中。"

【译文】

孔子说:"君子谋虑道而不谋虑衣食。种田,也会挨饿;学习,却能得到俸禄。君子担忧道,不担忧贫穷。"

【评述】

道者,本也;食者,末也。有道者,自然会有食,食乃道的题中之义——"道中自有千钟粟,道中自有黄金屋,道中自有颜如玉,道中车马多如簇"。故而,君子谋道不谋食,忧道不忧贫。《孟子》有云:"劳心者治人,劳力者治于人。治于人者食人,治人者食于人,天下之通义也。"

15.33 子曰:"知及之,仁不能守之,虽得之,必失之。知及之,仁能守之,不庄以莅之,则民不敬。知及之,仁能守之,庄以莅之,动之不以礼,未善也。"

【注释】

知及之 之,代词,泛指荣华富贵。

【译文】

孔子说:"用聪明得到了,如果仁德不能持守,即便得到了,也一定会失去。用聪明得到了,仁德也能持守,如果不用庄重的态度对待,百姓就不会敬畏。用聪明得到了,仁德能够持守,也能用庄重的态度对待,如果不能依礼行事,还是不够好。"

【评述】

一个人,聪明可以得富贵,不聪明则无以通权变。仁德可以保富贵,不仁德则无以保其得。庄重可以安富贵,不庄重则无以安其性。然而,在孔子看来,如果在聪明、仁德和庄重之外，还能够依礼行事，那样才堪称完美。

15.34　子曰："君子不可小知而可大受也，小人不可大受而可小知也。"

【注释】

小知　知，通"智"，小知指小聪明。

【译文】

孔子说："君子不耍小聪明，却能担当大任。小人不能担当大任，却爱耍小聪明。"

【评述】

《论衡》有云："德不优者，不能怀远；才不大者，不能博见。"君子德才兼备，其德足以怀远，故而不耍小聪明；又因其才足以博见，故能承担大任。小人有才无德，即便有博见之才，因其无怀远之德，故而只可耍小聪明，不能承担大任。

15.35　子曰："民之于仁也，甚于水火。水火，吾见蹈而死者矣，未见蹈仁而死者也。"

【译文】

孔子说:"百姓对于仁德的需求,要强于水火。我见过踏入水火而死的人,却从未见过因为践行仁德而死的人。"

15.36 子曰:"当仁,不让于师。"

【注释】

当仁 当,值,遇到。朱熹注:"当仁,以仁为己任也。虽师亦无所逊,言当勇往而必为也。"

【译文】

孔子说:"在仁德面前,对老师都不能谦让。"

15.37 子曰:"君子贞而不谅。"

【注释】

贞而不谅 贞,正而固,指坚守正义。谅,诚信。

【译文】

孔子说:"君子要坚守正义,而非诚信。"

【评述】

有些注本,将本章译作"君子讲大信,但不讲小信"。那么,又如何界定大信小信呢?小信为何就可以不讲?这样注解,恐怕是误读了孔子的本意。实际上,在孔子看来,"唯义是从"是君子为人处事的根本原则,这在《论语》书中多有论述,毋庸赘言。至于义与信的关系,正如本书在《学而篇》第十三章所比喻的那样,义就相当于现代社会的法律,信就相当于甲乙双方所签订的合同——若是合同符合法律,无论大合同,还是小合同,都会受到法律的保护,不遵守便是违法。反之,若是合同违背了法律,便属无效合同,遵守就是违法。同理,符合义的诚信,本就是义的一部分,守义便要守信,守信就是守义;不符合义的诚信,则属不义,守义便不能守信,守信就是不义。因此,君子只要坚守正义就可以了,不必以诚信说事。《孟子》有云:"大人者,言不必信,行不必果,唯义所在。"

15.38 子曰:"事君,敬其事而后其食。"

【注释】

而后其食 食,俸禄。古注曰:"食,禄也;先尽力,然后食禄。"

【译文】

孔子说:"事奉君上,先认真工作,然后再想俸禄的事。"

【评述】

本章孔子所言,体现的仍然是他一贯奉行的钱财观,那就是"必不取不义之财,不必让应得之利"——先工作,然后再领取薪俸,天经地义。

15.39　子曰:"有教无类。"

【译文】

孔子说:"人人都有受教育的权利,没有区别。"

【评述】

两千五百多年前,孔子所提出的"有教无类",早已成为民族的共识,深刻地影响着一代又一代的中国人。中华民族尊师重教的优良传统,可谓源远流长。

15.40　子曰:"道不同,不相为谋。"

【注释】

道不同，不相为谋 道，观念，主张。为，与。谋，商议，谋划。

【译文】

孔子说："观念不同，就不要一起谋划事。"

【评述】

人和人的意见不同，犹可商榷探讨。但若观念不同，相为谋就无异于鸡同鸭讲，势必难以达成一致，故曰"不相为谋"。事实证明，道不同而强相谋，虽然看上去很美感，但结果却往往是一地鸡毛。

15.41 子曰："辞，达而已矣。"

【译文】

孔子说："说话，能把意思表达清楚就行了。"

【评述】

说话，重在达意，能把意思说明白就可以了。倘若每说必加以文辞藻饰，不但有画蛇添足之嫌，甚至还会有乱德之失。故而，辞达而已，不必以富丽为工。

15.42　师冕见，及阶，子曰："阶也。"及席，子曰："席也。"皆坐，子告之曰："某在斯，某在斯。"师冕出。子张问曰："与师言之道与？"子曰："然。固相师之道也。"

【注释】

师冕　师，乐师。冕，人名，乐师之名。古代的乐师多由盲人充任，故而，有时也用"师"代指盲人。下文的"师"字，便是盲人之义。

固相师之道也　固，固然，本来。相，助，帮助。

【译文】

乐师冕来见孔子，当他走到台阶前，孔子便说："这儿有台阶。"当他走到坐席旁，孔子便说："这儿是坐席。"大家都坐下后，孔子便逐个向他介绍说："某某在这里，某某在这里。"乐师冕走了以后，子张问："这就是同盲人说话的方式吗？"孔子说："是的。这本来就是帮助盲人的方式。"

【季氏篇】第十六
（共一十四章）

16.1 季氏将伐颛臾。冉有、季路见于孔子曰："季氏将有事于颛臾。"孔子曰："求！无乃尔是过与？夫颛臾，昔者先王以为东蒙主，且在邦域之中矣，是社稷之臣也。何以伐为？"冉有曰："夫子欲之，吾二臣者皆不欲也。"孔子曰："求！周任有言曰：'陈力就列，不能者止。'危而不持，颠而不扶，则将焉用彼相矣？且尔言过矣！虎兕出于柙，龟玉毁于椟中，是谁之过与？"

冉有曰："今夫颛臾，固而近于费。今不取，后世必为子孙忧。"

孔子曰："求！君子疾夫舍曰欲之而必为之辞。丘也闻有国有家者，不患寡而患不均，不患贫而患不安。盖均无贫，和无寡，安无倾。夫如是，故远人不服，则修文德以来之。既来之，则安之。今由与求也，相夫子，远人不服而不能来也，邦分崩离析而不能守也，而谋动干戈于邦内！吾恐季孙之忧，不在颛臾，而在萧墙之内也。"

【注释】

季氏将伐颛臾 季氏,指季康子,鲁国正卿。颛臾,鲁国的附庸,位于今山东省费县的颛臾村。附庸,国事依附于大国的小国,见《八佾篇》第二章注。

冉有、季路 冉有、子路时为季氏的家臣,冉有为家宰,官位高于子路,故而孔子独责冉有。

有事 事,战事,指出兵征讨颛臾。

无乃尔是过 无乃,岂非,难道不。过,动词,责备之义。尔是过,过尔的倒装句,"是"字表倒装,无实际意义,用法如"唯你是问"中的是。

东蒙主 东蒙,蒙山,因其位于鲁国东部,故称东蒙。主,主祭。周初,周天子敕命颛臾主持蒙山的祭祀。

周任有言曰:'陈力就列,不能者止。'危而不持,颠而不扶,则将焉用彼相矣 周任,古代的一名史官。列,位,职位。相,帮助,辅佐。陈力就列,履职尽责之义,马融注曰:"言当计陈其才力,度己所任以就位,不能则止。"

虎兕出于柙,龟玉毁于椟中 兕,野牛。一说,兕指犀牛。柙,读 xiá,关押野兽的木笼。椟,读 dú,木匣。马融注曰:"失虎毁玉,岂非典守之过邪?"

不患寡而患不均,不患贫而患不安 本句中的"寡"与"贫"字似应互换,宜作"不患贫而患不均,不患寡而患不安"。均,公平,而非平均之义。朱熹注曰:"均,谓各得其分。寡,谓民少。贫,谓财乏。均则不患于贫而和,和则不患于寡而安,安则不相疑忌而无倾覆之患。"

分崩离析 支离破碎之义，孔安国注："民有异心曰分，欲去曰崩，不可会聚曰离析。"

干戈 干，楯也，栏杆，引申为盾牌之义。戈，戟。干戈，泛指兵器，引申为战争之义。

萧墙之内 萧，从"肃"，严肃之义。墙，屏风，古注曰："人君于门树屏，天子外屏，诸侯内屏，大夫以帘，士以帷帐，臣来至屏而肃然起敬，故谓屏为萧墙。"萧墙之内，代指鲁君。在孔子看来，季氏想攻打颛臾的真正原因，是怕鲁君将来借颛臾的力量讨伐他。

【译文】

季氏准备攻打颛臾。冉有、子路来见孔子，报告说："季氏准备对颛臾用兵了。"孔子说："冉求！这难道不应该责备你吗？颛臾，以前是天子赐封的东蒙山主祭，而且就在鲁国境内，是鲁国的藩属国，为什么要攻打它？"冉有回道："是季孙大夫想这样做，我们俩原本都不同意。"孔子说："冉求！周任有句话说：'在其位就要履其职、尽其责，做不到就应辞职不干。'这就像盲人有危险了不去帮助，快要摔倒了也不搀扶，那还要助手干什么？并且，你说得也不对，老虎、野牛从笼子里跑出来，龟甲、美玉毁坏在匣子里，又是谁的过错？"

冉有说："颛臾，不但城墙坚固，而且离季孙大夫的费邑很近。现在不攻取它，将来一定会成为子孙后代的祸患。"

孔子道："冉求！君子就讨厌不说自己贪心，反倒强词夺理的人。我听说，无论诸侯还是大夫，他们不怕贫穷就怕不公平，不怕人民少就怕不安定。公平便无所谓贫穷，团结便无所谓人少，安定便无所谓倾覆。如果做到这样，远方的人还不归服，那就用仁德与礼乐感召他们来。他们来了，就要让他们安心。如今，仲由和冉求，你们两个辅佐季孙大夫，远方的人不归服，你们不能招致；国家支离破碎，你们不能保全，反倒想着在国内用兵！我看季孙的忧患恐怕不在颛臾，而在鲁君吧。"

【评述】

在《左传》等史籍中，均未发现季氏伐颛臾一事的任何记载。大概是孔子对冉有与子路的批评发挥了作用，他俩最终劝阻了季氏，取消了攻打颛臾的计划。

16.2　孔子曰："天下有道，则礼乐征伐自天子出；天下无道，则礼乐征伐自诸侯出。自诸侯出，盖十世希不失矣；自大夫出，五世希不失矣；陪臣执国命，三世希不失矣。天下有道，则政不在大夫。天下有道，则庶人不议。"

【注释】

礼乐征伐自天子出　周礼，天子有制礼作乐、专行征伐之权。诸侯不得制礼作乐，征伐则须听令于天子。

陪臣执国命　陪臣，大夫的家臣，马融注："陪，重也，谓家臣。"春秋时期，礼崩乐坏，诸侯专天子，大夫专诸侯，家臣专大夫，故曰陪臣执国命。

【译文】

孔子说："天下太平，制礼作乐和发兵征伐之权就出自天子。天下不太平，制礼作乐和发兵征伐之权就出自诸侯。权出诸侯，很少能超过十代；权出大夫，很少能超过五代；大夫的家臣把持国政，很少能超过三代。天下太平，国家的权力就不会落在大夫手里。天下太平，老百姓就不会议论纷纷。"

【评述】

本章，是孔子根据历史事实得出的结论。周平王东迁之前，属于"礼乐征伐自天子出"，齐桓公称霸之后，则属"礼乐征伐自诸侯出"。齐国自桓公称霸开始，历经孝公、昭公、懿公、惠公、顷公、灵公、庄公、景公、悼公，至简公被陈恒诛杀，共计十代，故曰"十世希不失矣"。鲁国季友专权，属于"礼乐征伐自大夫出"。季氏自季友专鲁开始，历经公孙无佚、文子、武子、平子，至季桓子被家臣阳货所执，共计五代，故曰"五世希不失矣"。至于阳货等人的"陪臣执国命"，多为当世身败，均未超过三世，故曰"三世希不失矣"。

16.3 孔子曰："禄之去公室五世矣，政逮于大夫四世矣，故夫三桓之子孙微矣。"

【注释】

禄之去公室　禄，爵禄之权，代指政权。
政逮于大夫　逮，及，到。
三桓之子孙微矣　三桓，鲁国的三卿，即孟孙、叔孙和季孙，均系鲁桓公的后代，故称三桓，见《八佾篇》第二章注。微，衰微。

【译文】

孔子说："鲁国的政权离开国君已经五代了，政权落在大夫手里也已经四代了，所以桓公的三房子孙开始衰微了。"

【评述】

本章，是说鲁国的"礼乐征伐自大夫出，五世希不失矣"。鲁君丧失政治权力始于鲁宣公，到孔子说这段话时，经历了宣公、成公、襄公、昭公、定公五代，故曰"禄之去公室五世矣"。这期间，把持鲁国朝政的季氏，经历了公孙无佚、文子、武子、平子四代，故曰"政逮于大夫四世矣"。季氏第五代的季桓子，被家臣阳货所执，则标志着以季氏为代表的三桓开始衰微了，故曰"三桓之子孙微矣"。

16.4　孔子曰："益者三友，损者三友。友直，友谅，友多闻，益矣。友便辟，友善柔，友便佞，损矣。"

【注释】

便辟、善柔、便佞 便，习熟，惯于。辟，避人所忌，不得罪人。便辟是圆滑之义，不正不直，与正直相反。柔，柔媚，柔和。善柔是阴险之义，表面和善，暗地算计，与诚信相反。佞，善说。便佞是夸夸其谈之义，言语浮夸，穿凿附会，与多闻相反。朱熹注曰："便辟谓习于威仪而不直，善柔谓工于媚悦而不谅，便佞谓习于口语而无闻见之实。"

【译文】

孔子说："有益的朋友有三种，有害的朋友也有三种。与正直的人交朋友，与诚信的人交朋友，与博学多闻的人交朋友，是有益的。与见风使舵的人交朋友，与阳奉阴违的人交朋友，与夸夸其谈的人交朋友，那就有害了。"

【评述】

实际上，便辟、善柔、便佞这三种人，大致可与孔子在《公冶长篇》第二十四章所讲的"巧言、令色、足恭"相应——便辟者足恭，惯于见风使舵，缺乏操守，其人不正。善柔者令色，表面上热情友善，暗地里下套，其人不诚。便佞者巧言，惯于夸夸其谈，胡吹乱侃，其人轻浮。简言之，便辟者贼，善柔者阴，便佞者乱，三者均非良友之选，交必有害，故曰损矣。

16.5 孔子曰:"益者三乐,损者三乐。乐节礼乐,乐道人之善,乐多贤友,益矣。乐骄乐,乐佚游,乐宴乐,损矣。"

【注释】

乐节礼乐 节,节制。礼贵中,乐贵和,若得礼乐中和之节,乐则有益。

骄乐 骄,骄纵,任性而无节。

乐佚游 佚,放荡。佚游,游手好闲,不务正业之义。

宴乐 宴,宴饮,指沉湎于花天酒地。朱熹注:"淫溺而狎小人。"

【译文】

孔子说:"有益的快乐有三种,有害的快乐也有三种。喜欢用礼乐调节自己,喜欢宣扬别人的好处,喜欢多交贤能的朋友,是有益的。喜欢放纵自己,喜欢游手好闲,喜欢花天酒地,那就有害了。"

【评述】

追求快乐,实乃人之常情,本也无可非议。但是,快乐有正邪之分,故有损益之别。正当的快乐,能够陶冶人的情操,促人奋发,有利于修身进德,属于有益之乐。邪曲的快乐,却能使人消极沉沦,萎靡堕落,甚至还会伤身乱德,则属有害之乐。故而,君子乐益乐,不乐损乐。

16.6 孔子曰:"侍于君子有三愆:言未及之而言,谓之躁;言及之而不言,谓之隐;未见颜色而言,谓之瞽。"

【注释】

侍于君子有三愆 侍,陪侍,相处。愆,读qiān,过失,罪过。

躁、隐、瞽 躁,急躁,不稳重。隐,隐瞒,匿而不尽情实。瞽,读gǔ,盲目。

【译文】

孔子说:"与君子相处,要避免三种过失:没轮到他说话便抢着说话,是浮躁的表现;轮到他说话却不说话,是隐瞒的表现;不察言观色就贸然开口,是盲目的表现。"

【评述】

说话,是一门学问,也代表着一个人的修养。在人际交往中,抢话插话是不礼貌的表现,让人反感,失之于礼;该说不说似有所隐,令人生疑,失之于信;不分场合就贸然开口,轻率鲁莽,失之于智。《劝学》有云:"未可与言而言谓之傲,可与言而不言谓之隐,不观气色而言谓之瞽。君子不傲、不隐、不瞽,谨顺其身。"

16.7 孔子曰:"君子有三戒:少之时,血气未定,戒之在色;及其壮也,血气方刚,戒之在斗;及其老也,血气既衰,戒之在得。"

【注释】

及其老也,血气既衰,戒之在得 老,《曲礼》曰:"七十曰老。"血气,指精力。中医认为,血为阴,行于经脉以养身;气为阳,运于全身以显形。戒,防备,谨防之义,《说文解字》曰:"戒,警也。"得,贪求之义。

【译文】

孔子说:"君子有三戒:年少时,精力还不稳定,要谨防迷恋女色;壮年时,精力旺盛,要谨防逞强斗胜;年老时,精力衰弱,要谨防贪得无厌。"

【评述】

若用佛家的话说,人在少年时期,易于痴狂冲动,常为情感所惑,重在戒痴。中年时期,易于逞强斗胜,常为虚名所惑,重在戒嗔。老年时期,易于心生不安,常为利益所惑,重在戒贪。一个人,血气虽然有盛衰之变,但志气却可以常备不懈——戒于色、戒于斗、戒于得者,无不因志气使然。故而,君子应志气常在,不可为血气所动。《孟子》有云:"我善养吾浩然之气。"

16.8　孔子曰："君子有三畏：畏天命，畏大人，畏圣人之言。小人不知天命而不畏也，狎大人，侮圣人之言。"

【注释】

畏大人，畏圣人之言　畏，畏惧，敬畏。大人，身居高位的人。圣人，具足智慧与道德的人。

不知天命　知，知其有，而非知其详。天命，上天的旨意，非人力所可控，由天不由人。君子畏天命，故而有所为有所不为；小人不知天命，故而肆无忌惮。

狎大人，侮圣人之言　狎，亲昵但不庄重，轻视。侮，戏侮，嘲笑。

【译文】

孔子说："君子有三个敬畏：敬畏天命，敬畏身居高位的人，敬畏圣人的言论。小人不懂天命而无所畏惧，轻视身居高位的人，嘲笑圣人的言论。"

【评述】

君子知天命，知可与不可，知为与不为，德行合天，故有天佑；小人不知天命，无知者无畏，恣意妄为，故有天谴。君子畏大人，故能不卑不亢，不媚不骄；小人不懂敬畏，故而奴颜婢膝，极尽逢迎之巧。君子闻道，勤而行之；小人闻道，大笑之，不笑不足以为道。

16.9 孔子曰:"生而知之者上也,学而知之者次也,困而学之,又其次也。困而不学,民斯为下矣。"

【注释】

困而不学 困,窘迫,艰难。古注曰:"困,有所不通。"

【译文】

孔子说:"生来就有知识的人最上等,学习而有知识的人次一等,遇到困难才学习的人,再次一等。遇到困难却不学习,这种人是最下等了。"

【评述】

实际上,哪里有"生而知之"的天才呢?对于任何一个人来说,学习都是获取知识的唯一途径,古往今来,概莫能外。

16.10 孔子曰:"君子有九思:视思明,听思聪,色思温,貌思恭,言思忠,事思敬,疑思问,忿思难,见得思义。"

【注释】

忿思难 忿,怒,怨恨。在《颜渊篇》第二十一章,孔子说:"一朝之忿,忘其身,以及其亲,非惑与?"故曰忿思难。

【译文】

孔子说:"君子常想这九件事:看得是否明白,听得是否清楚,脸色是否温和,态度是否庄重,说话是否诚实,做事是否认真,疑问怎么求教,发怒有何后果,所得是否合理。"

【评述】

君子九思,思在自省,思在克己复礼,思在修身进德,均属趋利避害的做人之道。故而,君子之思,思乃我求,思乃我为,思乃我戒,过则抑之,不足补之,止于至善。

16.11　孔子曰:"见善如不及,见不善如探汤。吾见其人矣,吾闻其语矣。隐居以求其志,行义以达其道。吾闻其语矣,未见其人也。"

【注释】

如探汤　探,触,摸。汤,沸水。

【译文】

孔子说:"看到善就努力追求,好像赶不上似的;看到不善就极力避开,好像触碰到沸水似的。我见过这样的人,也听过这样的话。可是,为了追求自己的理想而隐居,为了实现自己的主张而行义,我听过这样的话,却没有见过这样的人。"

461

【评述】

　　趋利避害乃人的天性，人因知善有益，故能见善如不及；知不善有害，故能见不善如探汤。然而，在孔子看来，"见善如不及，见不善如探汤"固然值得赞许，但终归属于"小我"，仅能独善其身。只有那些"隐居以求其志，行义以达其道"的人，才称得上"大我"，不仅能独善其身，还可以弘扬善道，兼济大众。

16.12　齐景公有马千驷，死之日，民无德而称焉。伯夷、叔齐饿于首阳之下，民到于今称之。其斯之谓与？

【注释】

　　齐景公有马千驷　驷，四匹马。千驷，四千匹马。
　　其斯之谓与　这句话在文中颇显突兀，朱熹注曰："此章文势或有断续，或有阙文，或非一章，皆不可考。"但程颐认为，《颜渊篇》第十章的"诚不以富，亦只以异"属于错简，应在本句之前。

【译文】

　　齐景公虽然有四千匹马，死的时候，却没有让百姓称赞的德行。伯夷、叔齐虽然饿死在首阳山下，但至今还被百姓称颂。就是这个意思吧？

【评述】

自古以来,名垂史册的人,往往都是因为有出类拔萃的德行,仅凭财富而传名的人少之又少。《增广贤文》有云:"积金千两,不如明解经书。"

16.13 陈亢问于伯鱼曰:"子亦有异闻乎?"对曰:"未也。尝独立,鲤趋而过庭。曰:'学《诗》乎?'对曰:'未也。''不学《诗》,无以言。'鲤退而学《诗》。他日,又独立,鲤趋而过庭。曰:'学礼乎?'对曰:'未也。''不学礼,无以立。'鲤退而学礼。闻斯二者。"陈亢退而喜曰:"问一得三:闻《诗》,闻礼,又闻君子之远其子也。"

【注释】

陈亢问于伯鱼 陈亢,字子禽,孔子的学生,见《学而篇》第十章注。伯鱼,孔子的儿子,名鲤。孔鲤出生时,鲁昭公送了一条鲤鱼表示祝贺,故而取名为鲤,字伯鱼。

不学《诗》,无以言 《诗》,指《诗经》。读《诗经》,可以使人增长知识,开阔视野,熟悉各地的风土人情。言,交谈,交流。

君子之远其子 远,不偏私,并非疏远之义。

【译文】

陈亢向伯鱼问道:"您在老师那里,也应该得到些特别的传授吧?"伯鱼回答:"没有。他曾经一个人站在院子里,我恭敬地快步走过。他问我:'学《诗》了吗?'我回答:'没有。'他说:'不学《诗》,就无法与人交流。'我回去便学《诗》。过了几天,他还是一个人站在院子里,我恭敬地快步走过。他问我:'学礼了吗?'我回答:'没有。'他说:'不学礼,就无法立足社会。'我回去便学礼。只听过这么两件。"陈亢回去后,兴奋地说:"我问一件事,却知道了三件事:知道要学《诗》,知道要学礼,还知道君子对自己的儿子也没有偏私。"

16.14 邦君之妻,君称之曰夫人,夫人自称曰小童,邦人称之曰君夫人;称诸异邦曰寡小君,异邦人称之,亦曰君夫人。

【注释】

夫人 先秦时期,称诸侯之妻为夫人。《礼记·曲礼》曰:"天子之妃曰后,诸侯曰夫人,大夫曰孺人,士曰妇人,庶人曰妻。"

小童、寡小君 小童,小孩,自谦之称。寡,寡德,谦辞。《礼记·曲礼》曰:"天子有后,有夫人,有世妇,有嫔,有妻,有妾。公侯有夫人，有世妇，有妻，有妾。夫人自称于天子，曰老妇；自称于诸侯，曰寡小君；自称于其君，曰小童。"

【译文】

国君的妻子，国君称她为夫人，她对国君自称为小童，本国人称她为君夫人；她对外国人自称为寡小君，外国人称呼她，也称君夫人。

【评述】

直到明清时期，仍然只有一、二品官员的妻子，才可以称夫人。现在的普通人，虽然也可以称夫人，但通常仅用于称呼别人的妻子，以示尊敬。

【阳货篇】第十七

（共二十六章）

17.1　阳货欲见孔子，孔子不见，归孔子豚。孔子时其亡也，而往拜之。遇诸途。谓孔子曰："来！予与尔言。"曰："怀其宝而迷其邦，可谓仁乎？"曰："不可。好从事而亟失时，可谓知乎？"曰："不可。日月逝矣，岁不我与。"孔子曰："诺，吾将仕矣。"

【注释】

阳货欲见孔子　阳货，又名阳虎，鲁国大夫季桓子的家臣。据《史记·孔子世家》记载，阳货曾将季桓子囚禁，在胁迫季桓子订立盟约后才放了他，其后阳货僭季氏，陪臣执国政。本章即是阳货在僭政期间，想召孔子为己所用，但孔子耻与为伍，始终未允。鲁定公九年，阳货再次作乱，兵败后逃往齐国。见，使动用法，让孔子去见。

归孔子豚　归，通"馈"，赠送。豚，读 tún，小猪，在《孟子·滕文公》中写作"蒸豚"，即蒸熟的小猪，译文从此。阳货是季桓子的家宰，有"家大夫"之位，孔子虽然做过季氏的委吏、乘田，但当时仅有士位，依"大夫有赐于士，不得受于其家，则往拜其门"之礼，孔子应登门致谢。

时其亡也 时，伺时，伺机。亡，通"无"，指阳货不在家。

怀其宝而迷其邦 怀，怀有。宝，本领。迷其邦，任由国事迷乱之义。

好从事而亟失时 亟，读qì，屡次。时，时机。

【译文】

阳货想要孔子去见他，孔子不去，他便派人给孔子送来一只蒸熟的小猪，迫使孔子依礼去见。孔子在探知阳货不在家后，趁机前往。不料，却在路上遇到了阳货。阳货向孔子招呼道："过来！我有话对你说。"孔子走近后，阳货说："怀有一身本领，却任由国事迷乱，算得上仁德吗？"孔子没吭声。阳货自己接话说："不能！喜欢当官却屡屡错过机会，算得上聪明吗？"孔子还是没吭声。阳货又自己接话说："不能！光阴一天天过去，岁月不等人啊！"孔子这才说："好吧，我打算做官了。"

【评述】

正所谓"道不同，不相为谋"。孔子固然想入仕为官，但那是为实现自己的人生抱负，远非世俗的"官迷"可以相提并论。孔子崇仁尚礼，道德与学问俱佳，又怎么可能与陪臣执国政的阳货同流合污呢？孔子说"诺，吾将仕矣"，不过是虚与委蛇罢了。事实上，非但是陪臣阳货，即便是季氏等三桓诸卿，因为他们僭礼专鲁，孔子都不屑为他们做事。正因如此，孔子才退隐杏坛，收徒授教，潜心研究《诗》、《书》、《礼》、《乐》等古代文化。然而，对于鲁定公的诏命，已年届五旬的孔子却欣然赴任。仅用一年，孔子便因政绩卓著，由中都宰迁任管理工程的司空，然后又升任掌管司法的大司寇，并代理国相。后来，因与季氏的政治理念不同，五十五岁的孔子毅然弃官出走，去鲁适卫，开启了长达十四年的周游之旅。

17.2 子曰："性相近也，习相远也。"

【注释】

习相远 习，习惯，日积月累的浸染。

【译文】

孔子说："人的性情虽然相近，习惯却使人相差甚远。"

【评述】

习惯，往往能决定一个人的命运。其实，人的天资禀性原本都差不多，正是因为习惯——日积月累的修养与造化，才使人千差万别，有道是"失之毫厘，谬以千里"。一个好习惯，可以使人受益终身；一个坏习惯，却足以使人自毁前程。譬如读书，一个人读不读书，短期内似乎差别不大，但在经年累月之后，却会有天壤之别，高下立判。因此，要培养好习惯，改掉坏习惯，勿以恶小而为之，勿以善小而不为。

17.3　子曰："唯上知与下愚不移。"

【译文】

孔子说："只有最聪明和最愚蠢的人，不可改变。"

【评述】

上章谈习惯，本章讲改变，也即改掉坏习惯，培养好习惯。在孔子看来，唯上知与下愚不移——最聪明的人，智慧足以自正，不移是不需改变；最愚蠢的人，顽固不化，不移是不能改变，正所谓"上智不可使为恶，下愚不可使强贤"。然而，滚滚红尘中的绝大多数人，既非上智也非下愚，只要肯下定决心，就完全可以改掉坏习惯，养成好习惯。

17.4　子之武城，闻弦歌之声。夫子莞尔而笑，曰："割鸡焉用牛刀？"子游对曰："昔者偃也闻诸夫子曰：'君子学道则爱人，小人学道则易使也。'"子曰："二三子！偃之言是也。前言戏之耳。"

【注释】

子之武城，闻弦歌之声 之，到，前往。武城，鲁国的城邑，位于今山东省德州市武城县。弦，读 xián，指琴瑟。

夫子莞尔而笑 莞尔，微笑的样子。人在笑时两个眉角微垂，就像山羊的两只细角，故曰莞尔。

割鸡焉用牛刀 用牛刀杀鸡，比喻小题大做。孔子的意思是说，治理武城这么个小地方，无须用礼乐大道。

子游 姓言名偃，字子游，孔子的学生，见《为政篇》第七章注。

君子学道 君子，此指有地位的人，卿大夫之义。下文的小人，与君子相对，指普通百姓。道，指礼乐。

【译文】

孔子来到子游主管的武城，听到了琴瑟与歌唱之声。孔子微微一笑，说："杀鸡何必要用宰牛的刀呢？"子游答道："以前我听您讲过：'卿大夫学习了礼乐就会爱护百姓，百姓学习了礼乐就容易差使。'所以我才这样做。"孔子听后，忙向大家说道："诸位，言偃说得对。我刚才那句话，只是开玩笑罢了。"

【评述】

礼乐之道，小可修身，大可治国。大体上，对于治国来说，礼治就相当于现在的依法治国，重在规范人们的言行举止，构建稳定的社会秩序，使每个人都能"各得其所"。乐治则相当于现在的精神文明建设，旨在陶冶人们的道德情操，营造和谐的社会氛围，使每个人都能"乐得其所"。简言之，礼乐治国的宗旨，就是使人民有规矩地快乐生活。

17.5 公山弗扰以费畔，召，子欲往。子路不说，曰："末之也，已，何必公山氏之之也？"子曰："夫召我者，而岂徒哉？如有用我者，吾其为东周乎！"

【注释】

公山弗扰以费畔 公山弗扰，复姓公山，名弗扰、不狃，季桓子的家臣，时为季氏费邑的邑宰。畔，通"叛"，反叛，谋反。据《史记》记载："鲁定公九年，公山弗扰以费畔季氏，使人召孔子。"当时，孔子尚未入仕，且公山弗扰反叛的是季氏，故而孔子想去，但未成行。三年之后，也就是鲁定公十二年，已任鲁国大司寇的孔子，发起了堕三都行动，公山弗扰拒不听命，率邑反抗，被孔子打败后，逃往齐国。

末之也，已 末，微，没有。之，动词，往，去。已，止，停止。

何必公山氏之之也 本句是"何必之公山氏也"的倒装句，第一个"之"字表倒装，第二个"之"字是动词，去、前往之义。

而岂徒哉 徒，空，白白地。

为东周 为，建立，复兴之义。周，周道，指周朝的礼乐制度。朱熹注:"为东周,言兴周道于东方。"

【译文】

公山弗扰盘踞在费邑造反,派人来召孔子,孔子想去。子路不乐意,说:"没地方去就算了,何必去公山氏那里呢?"孔子说:"他叫我去,难道会让我白去吗?如果用我,我就能在东方复兴周朝的礼乐制度了!"

【评述】

本章,孔子对公山弗扰的态度,明显有别于阳货——孔子对阳货连面都不想见,更不要说为他做事了,但对公山弗扰之召,却是"子欲往"。究其原因,就在于公山弗扰反叛的是季氏,而阳货却是陪臣执国政。当然,孔子欲往的主要目的,还是想复兴周朝的礼乐制度,而非助纣为虐。

17.6 子张问仁于孔子。孔子曰:"能行五者于天下,为仁矣。""请问之。"曰:"恭、宽、信、敏、惠。恭则不侮,宽则得众,信则人任焉,敏则有功,惠则足以使人。"

【译文】

子张向孔子问怎样成为仁者。孔子说:"无论在哪里都能做到五点,就是仁者了。"子张问:"请问哪五点?"孔子说:

"庄重、宽厚、诚信、勤敏、恩惠。庄重就不会招致侮辱,宽厚就会得到大家的拥护,诚信就会获得别人的信任,勤敏就会做出成绩,恩惠就能使别人愿意效劳。"

【评述】

实际上,仁与不仁的区别,主要就在于仁者自利,不仁者自私。自利的表现,就是见得思义,知及之,德亦能守之;即便有所失,也是失小得大。俗话说的"吃亏是福",便是指因小亏而避免了以后的大亏,或者因小亏而成就了以后的大得,唯仁者为之。然而,自私却是见利忘义,知及之,德不能守之,虽得之,必失之;即便有所得,也是得小失大,甚至还要付出更大的代价。俗话说的"占小便宜吃大亏",往往都是因为不义之故,唯不仁者为之。概括来说,仁者因自利而利他,终归还是为了自利;不仁者因自私而不利他,但自私却未必能自利,至少不是最大的自利。本章,孔子所讲的"恭、宽、信、敏、惠",便是仁者的自利之道。

17.7　佛肸召,子欲往。子路曰:"昔者由也闻诸夫子曰:'亲于其身为不善者,君子不入也。'佛肸以中牟畔,子之往也,如之何?"子曰:"然。有是言也。不曰坚乎?磨而不磷;不曰白乎?涅而不缁。吾岂匏瓜也哉?焉能系而不食!"

【注释】

佛肸以中牟畔 佛肸,读 bì xī,晋国大夫赵鞅的家臣,时为赵鞅中牟邑的邑宰。在赵鞅攻打范氏、中行氏期间,佛肸背叛赵鞅,投靠了范氏和中行氏,故曰"佛肸以中牟畔"。中牟,晋国的城邑,故址位于今河北省邢台与邯郸之间,与今河南省中牟县无涉。

磨而不磷、涅而不缁 磷,读 lìn,薄,减损之义。涅,可做黑色染料的矾石,此作动词,染黑之义。

匏瓜 匏,读 páo,葫芦的一种。匏瓜味苦不能食用,只可在熟透以后,用来制作水瓢等器皿,故曰"系而不食"。因本章之故,人们常用"匏系"来比喻无用之物。

【译文】

佛肸派人来召孔子,孔子想去。子路说:"以前我听您讲过:'亲自做坏事的人那里,君子是不去的。'如今佛肸盘踞在中牟造反,您却要去他那里,这是为什么呢?"孔子道:"对,我是有这话。但是,不是说坚硬的东西磨也磨不薄,洁白的东西染也染不黑吗?我难道是匏瓜吗?怎么能只是挂着,却不可以食用呢?"

【评述】

本章,孔子所言"吾岂匏瓜也哉?焉能系而不食",与他在《子罕篇》第十二章所讲的"沽之哉!沽之哉!我待贾者也"一样,都反映了他积极入世的人生理念。当然,孔子也并非为了入世而入世,而是有着自己严格的道德操守——"磨而不磷,涅而不缁"。若用北宋周敦颐《爱莲说》中的话说,这也便是:"出淤泥而不染,濯清涟而不妖;中通外直,不蔓不枝,香远益清,亭亭净植,可远观而不可亵玩焉。"

17.8 子曰:"由也!女闻六言六蔽矣乎?"对曰:"未也。""居!吾语女。好仁不好学,其蔽也愚;好知不好学,其蔽也荡;好信不好学,其蔽也贼;好直不好学,其蔽也绞;好勇不好学,其蔽也乱;好刚不好学,其蔽也狂。"

【注释】

六言六蔽 言,一字为一言。六言,指"仁、智、信、直、勇、刚"这六种美德。蔽,通"弊",弊病,害处。

居!吾语女 居,坐下。古人在长辈问话时,依礼要站起来回话,故而孔子让子路还坐。女,通"汝",你。

好仁不好学 学,学习,学问之义,不学则不能明其理。

愚、荡、贼 愚,愚蠢,迂腐之义。在《雍也篇》第二十四章,孔子所讲的"可陷可罔",便是"好仁不好学"之愚。荡,飘荡,轻浮之义。明代解缙所作的对联"墙上芦苇,头重脚轻根底浅;山间竹笋,嘴尖皮厚腹中空",讽刺的就是"好知不好学"之荡。贼,伤害,因见识狭隘而受伤害。《史记》中所记载的"尾生抱柱,守信而死",便是"好信不好学"之贼。

好直不好学，其蔽也绞 绞，尖刻，刻薄。直率的人，大多心直口快。

好勇不好学，其蔽也乱 乱，生乱，闯祸。勇敢的人，易于鲁莽闯祸。

好刚不好学，其蔽也狂 狂，狂妄，张狂。刚强的人，往往刚愎自用。

【译文】

孔子问："仲由！你听过六种美德有六种弊病的说法吗？"子路回答："没有。"孔子说："坐下，我告诉你。爱好仁德却不爱学习，它的弊病是愚蠢。爱好聪明却不爱学习，它的弊病是轻浮。爱好诚信却不爱学习，它的弊病是狭隘。爱好直率却不爱学习，它的弊病是刻薄。爱好勇敢却不爱学习，它的弊病是鲁莽。爱好刚强却不爱学习，它的弊病是狂妄。"

【评述】

在《泰伯篇》第二章，孔子所讲的"恭而无礼则劳，慎而无礼则葸，勇而无礼则乱，直而无礼则绞"，强调的是知礼的重要性——如果不知礼，恭敬、谨慎、勇敢、直率这四种优点，就会蜕变成缺点。本章，则是强调学习的重要性，如果不爱学习，仁德、聪明、诚信、直率、勇敢和刚强这六种美德，同样也会走偏，甚至反美不美。清代学者管同，在《四书纪闻》中，就对"好信不好学"评论说："大人之所以不必信者，唯其为学而知义之所在也。苟好信不好学，则唯知重然诺而不明事理之是非,谨厚者则硁硁为小人;苟又挟以刚勇之气,必如周汉刺客游侠,轻身殉人,扞文网而犯公义。自圣贤观之,非贼而何?"因此,一个人只有热爱学习,依礼行事,才能够成道成德。《中庸》有云:"子曰'好学近乎知,力行近乎仁,知耻近乎勇'。知斯三者,则知所以修身;知所以修身,则知所以治人;知所以治人,则知所以治天下国家矣。"

17.9 子曰:"小子何莫学夫《诗》?《诗》,可以兴,可以观,可以群,可以怨。迩之事父,远之事君;多识于鸟兽草木之名。"

【注释】

兴、观、群、怨　兴,激发。观,见识。群,合群。怨,不满。朱熹注:"感发志意,考见得失,和而不流,怨而不怒,人伦之道,诗无不备。"

【译文】

孔子说:"年轻人为什么不读《诗》呢?读《诗》,可以激发心志,可以增长见识,可以融于群体,可以抒发不满。从近处讲,读《诗》能使人知道怎样事奉父母;从远处讲,读《诗》能使人知道怎样事奉君上。还可以记住许多鸟兽草木的名称。"

17.10 子谓伯鱼曰:"女为《周南》、《召南》矣乎?人而不为《周南》、《召南》,其犹正墙面而立也与!"

【注释】

女为《周南》、《召南》矣乎 为,读,研读。《周南》与《召南》,是《诗经·国风》中的前两篇,内容以描写夫妇之道与家庭伦理为主。

正墙面而立 面对高墙站着,视无所视,进无所进。

【译文】

孔子对伯鱼说:"你读《周南》和《召南》了吗?一个人,如果不读《周南》和《召南》,那就像面对高墙站着一样!"

【评述】

无论古今,夫妇之道都是人际关系的重中之重,事关自身的幸福与家庭美满。故而,孔子让伯鱼研读《周南》与《召南》,以便学习和理解正确的夫妇之道。对于本章,程树德《论语集释》评论说:"此章即夫子告伯鱼善处夫妇之意。《周南》十一篇,言夫妇男女者九。《召南》十五篇,言夫妇男女者十一。皆无淫荡狎亵之私,而有肃穆庄敬之德;无乖离伤义之苦,而有敦笃深挚之情,夫妇道德之盛极矣。"

【阳货篇】第十七（共二十六章）

17.11 子曰："礼云礼云，玉帛云乎哉？乐云乐云，钟鼓云乎哉？"

【译文】

孔子说："礼呀礼呀，难道只是献玉献帛吗？乐呀乐呀，难道只是敲钟敲鼓吗？"

【评述】

礼乐，本是具有丰富内涵的文化，玉帛与钟鼓只不过是礼乐的载体罢了。大概来说，礼主敬畏，有敬有让有节；因敬畏之意难见，故著之于享献辞受、登降跪拜，玉帛仅仅是礼的饰物。乐主和悦，有诗有歌有舞；因亲和之情难形，故发之于诗歌舞蹈、钟石管弦，钟鼓仅仅是乐的用器。故而，若厚赀币而简薄于敬，盛钟鼓而不合雅颂，则礼不能修外以为敬，乐不能治内以为和，实乃偏离了礼乐的本义。

17.12 子曰："色厉而内荏，譬诸小人，其犹穿窬之盗也与！"

【注释】

色厉内荏 色，脸色，神色。厉，严厉，强硬。荏，柔弱，怯懦。

穿窬之盗 穿，穿门，溜门。窬，读yú，爬墙，跳墙。小偷做贼心虚,唯恐被人觉察,故而溜门爬墙。

【译文】

孔子说:"外表强硬,内心怯懦,若用坏人打比方,大概就像溜门爬墙的小偷吧!"

【评述】

《论语》书中,孔子对于小人的脸色,共有令色、色庄和色厉三种描述。其中,令色者似善而实恶,色庄者似正而实邪,色厉者似强而实弱。这三种把戏,都不过是虚张声势,借以骗人罢了。

17.13 子曰:"乡愿,德之贼也。"

【注释】

乡愿 乡,全乡的人,指所有人。愿,附所有人之愿,谁也不得罪。

【译文】

孔子说:"谁也不得罪的人,实乃道德的败类。"

【评述】

乡愿,若用冯梦龙《古今笑史》中的话说,便是"好好先生"。三国时期，有个叫司马徽的人，与人语，美恶皆言好，可谓乡愿的典型——唯唯否否，人云亦云。这类人，貌似善良，其实不然。善良者，必要以识善恶为前提，对好人善，对坏人不善，方为善良。倘若善恶不分，对好人善，对坏人也善，怎么能说是善良呢？《孟子》有云："阉然媚于世也者，是乡原也。""非之无举也，刺之无刺也，同乎流俗，合乎污世，居之似忠信，行之似廉洁。众皆悦之，自以为是，而不可与入尧舜之道，故曰德之贼也。"

17.14 子曰："道听而途说，德之弃也。"

【译文】

孔子说："在路上听了传言便四处散播，这是对道德的背弃。"

【评述】

道听途说者，在道上听，听得随便；在路上传，传得任性。这种人，专爱打探各种小道消息，听时不加思辨考证，传时不问是非真假，只图一时口快，便四处散播。然而，这样做的结果，往往轻则以讹传讹，重则误人误事，甚至还会因言惹祸。这个毛病，对自己没有半点好处，绝非智者所为。

17.15 子曰:"鄙夫可与事君也与哉?其未得之也,患得之;既得之,患失之。苟患失之,无所不至矣。"

【注释】

鄙夫 鄙,卑鄙。鄙夫,品行卑劣的小人。

患得之 苏东坡注:"患得之,当作'患不得之'。"

【译文】

孔子说:"难道能和卑鄙的小人同朝共事吗?他没有得到的时候,生怕得不到;得到了,又生怕失去。一旦生怕失去,就什么事都做得出来了。"

【评述】

人的追求,大致可分为富贵、功名与道德三类。人们追求富贵,本也无可厚非,但正如宋代靳裁所言:"志于道德者,功名不足以累其心;志于功名者,富贵不足以累其心;志于富贵者,则亦无所不至矣。"一个人,倘若为了富贵而患得患失,未得患不得,既得又患失,抑郁且焦虑,便会无所不用其极。在中国历史上,无所不至的典型,大概非"吮痈舐痔"莫属了——吮痈,语出《史记·佞幸列传》,"文帝尝病痈,邓通常为帝噆吮之";舐痔,语出《庄子·列御寇》,"秦王有病召医,舐痔者得车五乘,所治愈下,得车愈多"。然而,这种以人格与尊严换来的富贵,又怎么能快乐和长久呢?或许,患得患失之患,患不应在得失,而在得不偿失吧。

【阳货篇】第十七 | （共二十六章）

17.16　子曰："**古者民有三疾，今也或是之亡也。古之狂也肆，今之狂也荡；古之矜也廉，今之矜也忿戾；古之愚也直，今之愚也诈而已矣。**"

【注释】

古之狂也肆，今之狂也荡　肆，肆意，虽不拘小节，但大德不失。荡，放荡，放任且无所顾忌。

古之矜也廉，今之矜也忿戾　矜，矜持。廉，有棱有角之义，不委曲求全。戾，凶狠。

直、诈　直，直率、直来直去。诈，欺诈。

【译文】

孔子说："古人有三个可贵的毛病，现在或许都没有了。古人的狂傲是不拘小节，今人的狂傲却是放荡不羁。古人的矜持是棱角分明，今人的矜持却是桀骜不驯。古人的愚蠢是直来直去，今人的愚蠢却不过是阴险狡诈罢了。"

【评述】

本章孔子所言，大概是感叹今人没有古人纯朴，若用元代刘时中《端正好·上高监司》中的话说，便是人心不古吧——"争奈何人心不古，出落着马牛襟裾。"例如，古人的狂傲，虽有小节之失，但贵在有度，不伤大德；今人的狂傲却是肆无忌惮。古人的矜持，虽有倔强之失，但贵在清高，不失操守；今人的矜持却是桀骜不驯。古人的愚蠢，虽有刻薄之失，但贵在耿直，不失忠信；今人的愚蠢却是阴险狡诈。

两千多年过去了,春秋时期的彼今人,又何尝不是现在的此今人呢?那么,究竟是古人太傻,还是今人太聪明呢?或许古人并不傻,今人也未必聪明,只不过"聪明反被聪明误"罢了。

17.17　子曰:"巧言令色,鲜矣仁!"

本章重出,见《学而篇》第三章。

17.18　子曰:"恶紫之夺朱也,恶郑声之乱雅乐也,恶利口之覆邦家者。"

【注释】

　　紫之夺朱　朱,赤色,五色之一,正色。紫,紫色,杂色。周代,诸侯的服饰颜色原本为赤色,但到春秋时期,紫色渐成时尚。据《左传》记载,鲁桓公与齐桓公就非常喜欢穿紫色的衣裳。紫色取代朱色,是以杂代正,故曰夺。

　　郑声之乱雅乐　雅,正。郑国的乐靡曼放荡,淫而不正,故曰乱。

　　恶利口之覆邦家者　利口,口舌锋利,能言善说之义。利口虽然也属于"佞",但一般的佞言尚有可辩之处,利口却往往让人辩无可辩，一语封喉。例如，唐高宗李治欲立武则天为后，在群臣纷纷进谏反对之际，许敬宗只用一句话便堵住了众人之口，他说："田舍翁多收十斛麦，便欲易妇，况万乘乎？"这便是利口。

【译文】

孔子说："我憎恶紫色侵占了朱色的地位，憎恶郑国的乐扰乱了正统的乐，憎恶用强嘴利舌颠覆国家的人。"

【评述】

在中国传统文化中，"正"是一个道德概念，凡符合社会法则与道德伦理者皆曰正，否则便是邪。本章孔子所列三项，"紫之夺朱"是以邪代正，"郑声乱雅"是以邪乱正，"利口覆邦家"是以邪犯正，均属不正。故而，孔子恶之。

17.19　子曰："予欲无言。"子贡曰："子如不言，则小子何述焉？"子曰："天何言哉？四时行焉，百物生焉，天何言哉？"

【译文】

孔子说："我想不说话了。"子贡道："您如果不说话，那我们还传述什么呢？"孔子说："上天说什么了吗？四季照样运行，万物照样生长，上天说什么了吗？"

【评述】

一个人的成长，起始于说话，从咿呀学语到口齿伶俐，由懵懵懂懂变得八面玲珑。然而，一个人的成熟，却表现于少说话，甚至是不说话，从夸夸其谈到寡言少语，由聪明外露变得大智若愚。《道德经》有云："知者不言，言者不知。"

17.20 **孺悲欲见孔子，孔子辞以疾。将命者出户，取瑟而歌，使之闻之。**

【注释】

孺悲欲见孔子 孺悲，鲁国人。

【译文】

孺悲想见孔子，孔子推说有病，拒绝相见。传话的人刚出门，孔子便拿过瑟来，边弹边唱，故意让孺悲听到。

【评述】

本章孔子的做法，经典地诠释了如何对小人"敬而远之"。其中，孔子托言有病属于"敬"，为孺悲留了面子；拒绝相见属于"远"，不再对孺悲幻有怀柔之情——敬在面上，远在实处，留面儿不留情。或许，因为孺悲的为人实在太差，孔子才又鼓瑟而歌，故意让孺悲听到。孔子这样做，若按孟子"教亦多术矣,予不屑之教诲者,是亦教诲之"的说法,大概就属于"不屑之教"吧:对于不自觉的人,说也没用。

17.21　宰我问:"三年之丧,期已久矣。君子三年不为礼,礼必坏;三年不为乐,乐必崩。旧谷既没,新谷既升,钻燧改火,期可已矣。"子曰:"食夫稻,衣夫锦,于女安乎?"曰:"安。""女安,则为之。夫君子之居丧,食旨不甘,闻乐不乐,居处不安,故不为也。今女安,则为之!"宰我出。子曰:"予之不仁也!子生三年,然后免于父母之怀。夫三年之丧,天下之通丧也。予也有三年之爱于其父母乎?"

【注释】

期已久矣　期,期限,时间。

新谷既升,钻燧改火,期可已矣　升,升仓,收仓。燧,读suì,取火的器具。古人取火的方法,是先取一木凿眼为燧,另取一木削圆为钻,然后将钻木放在燧眼中快速转动,磨擦起火,是谓钻燧取火。一年之中,每个季节都有专用的钻木和燧木,春季用榆和柳,夏季用枣和杏,秋季用柞和楢,冬季用槐和檀,钻燧之木的改换,称为改火。每次改火,都标志着季节发生了变化,故而常用"改火"代指时节的改易。期,通"朞",读jī,一周年。

食夫稻,衣夫锦　春秋时期,稻米在中国尚未普及,在当时属于较为珍稀的美食。锦,有彩色花纹的丝织品,用锦制作的衣服华美艳丽。

食旨不甘,闻乐不乐,居处不安 旨,美味。居处,住在家里。古人守孝不住家里,而是住临时用草木搭建的简易房,也称凶庐。

免于父母之怀 免,脱离。怀,胸怀,怀抱。

【译文】

宰我问道:"为父母守孝三年,时间也太长了。君子三年不习礼,礼仪一定会荒废;三年不奏乐,音乐一定会生疏。陈谷已经吃完,新谷又已装仓,取火的燧木换完一轮,一年的时间也就可以了。"孔子说:"父母死后一年,就开始吃米饭,穿锦缎,是你能心安吗?"宰我答道:"心安。"孔子说:"你心安,就那样做吧!君子在守孝期间,吃美味不觉得香甜,听音乐不觉得快乐,住家里不觉得舒坦,所以才不那样做。如今你既然觉得心安,就那样做吧!"宰我出去后,孔子说:"宰予真是不仁啊!儿女出生三年以后,才能完全脱离父母的怀抱,所以为父母守孝三年,是天下通行的做法。宰予难道就没有得到他父母的三年之爱吗?"

【评述】

人讲孝道,乃因先已享受了父母的养育之恩——"子生三年,然后免于父母之怀"。恩在前,而孝于后,孝道的本质是感恩与回报。实质上,一个人的孝道,不仅是人性与良知的表现,也是其他一切道德的前提。一个不讲孝道的人,必也不能言忠、不能重义、不能守信，至于爱祖国、爱人民之类的大情大义，更是无本之木了。

17.22 子曰："饱食终日，无所用心，难矣哉！不有博弈者乎？为之，犹贤乎已。"

【注释】

博弈　博，古代的一种棋局，先掷采后行棋。弈，古代的围棋，纵横各有十七道，现在的围棋是纵横各十九道，古今有所不同。

犹贤乎已　贤，好，强。已，止，不动。

【译文】

孔子说："整天吃饱了饭，什么事也不做，这不行啊！不是有下棋吗？下下棋也比闲着好啊。"

【评述】

本章，孔子所言"饱食终日，无所用心"，与《卫灵公篇》第十七章所讲的"群居终日，言不及义，好行小慧"，两者恰恰相反：一个是游手好闲，无所事事；一个是瞎忙瞎混，浑浑噩噩。在孔子看来，这两种生活态度都不好，均非正确的处世之道。一个人，无论怎么说，总还是要有些积极健康的爱好才好。譬如，钢琴、吉他、竹笛，音乐可以使人精致高雅；游泳、击剑、长跑，体育可以使人健壮坚韧。这样，才能使自己的生活富含朝气，充实而且快乐。

17.23 子路曰："君子尚勇乎？"子曰："君子义以为上。君子有勇而无义为乱，小人有勇而无义为盗。"

【注释】

义以为上　上，同"尚"，崇尚之义。

【译文】

子路问："君子要崇尚勇敢吗？"孔子说："君子应该崇尚道义。君子勇敢而没有道义，就会作乱。小人勇敢而没有道义，就会当强盗。"

【评述】

本章孔子所言，强调的仍然是"唯义是从"的做人理念。在孔子看来，无论是忠信还是勇敢，都必须以合乎道义为前提——有义之勇，则君子不乱，小人不盗；无义之勇，则君子为乱，小人为盗。

【阳货篇】第十七 |（共二十六章）

17.24　子贡曰："君子亦有恶乎？"子曰："有恶：恶称人之恶者，恶居下流而讪上者，恶勇而无礼者，恶果敢而窒者。"曰："赐也，亦有恶乎？""恶徼以为知者，恶不孙以为勇者，恶讦以为直者。"

【注释】

恶居下流而讪上者　讪，讥讽，毁谤。下流，在晚唐以前的版本中，均无"流"字，可能是误衍。按照文义，似乎也不该有"流"字，译文从此。

果敢而窒　窒，堵塞，不听取别人的意见，刚愎自用之义。

徼以为知　徼，窃取，抄袭，《广韵》曰："徼，抄也。"

讦以为直　讦，读 jié，指揭发别人的隐私，攻击别人的短处。

【译文】

子贡问道："君子也有憎恶的人吗？"孔子说："有啊，君子憎恶说别人坏话的人，憎恶毁谤自己上级的人，憎恶勇敢却不懂礼的人，憎恶果决却刚愎自用的人。"孔子说完，问道："端木赐，你也有憎恶的人吗？"子贡答道："我憎恶把抄袭当作聪明的人，憎恶把骄横当作勇敢的人，憎恶把揭发别人的隐私当作正直的人。"

【评述】

本章，孔子与子贡所憎恶的这七种人，均属品行卑劣的小人。其中，称人之恶者，必不能修慝，恶在心邪。居下而讪上者，必不能忠诚，恶在奸佞。勇而无礼者，必不能文雅，恶在粗野。果敢而窒者，必不能纳谏，恶在专横。徼以为智者，必不能诚信，恶在狡诈。不逊以为勇者，必不能内敛，恶在张狂。讦以为直者，必不能仁厚，恶在刻薄。这七种人伤风败德，不过是把不要脸当个性，不以为耻，反以为荣罢了。

17.25　子曰："唯女子与小人为难养也，近之则不孙，远之则怨。"

【注释】

唯　表示强调的语气词。

女子与小人为难养也　女子，指妻妾。中国古代实行一夫多妻制，正妻一名，庶妻若干。小人，此指地位低下的人，奴仆、下人之义，朱熹注："此小人，谓仆隶下人也。"养，相处。

【译文】

孔子说："妻妾和下人是最难相处的，亲近了，他们就放肆；疏远了，他们就抱怨。"

【评述】

有些注本，将本章的"女子与小人"，解作女人和卑鄙的小人，恐怕是误读了孔子的本意。孔子时代，中国人讲究男女授受不亲，男人所能相处的女人，大抵只局限于自己的女性亲属，不外乎长辈、平辈和晚辈三类。其中，能够谈得上"近则不逊，远则怨"的人，只可能是自己的妻妾。况且，女人与男人一样，也是贤愚并有，良莠不齐，岂可一概而论？至于卑鄙的小人，按照孔子一贯对小人敬而远之的态度，理当疏远才对，缘何还要近之？故而，本章孔子所说的女子与小人，应指妻妾与下人而言——亲近了，他们就恃宠而骄；疏远了，他们就满腹牢骚。其实，现在社会的婚外情、上下级关系，有些又何尝不是如此呢？

17.26 子曰："年四十而见恶焉，其终也已。"

【译文】

孔子说："到了四十岁还遭人厌恶，他这一辈子也就完了。"

【评述】

四十岁，乃一个人的成德之年。一个人到了四十岁，无论是脾气禀性，还是人生观、价值观和世界观，都已经全部定型。这个年龄的人，功名事业或许不尽人意，毕竟"死生有命，富贵在天"，但若德行有差——年四十而见恶焉，那也就真的无可救药了。

【微子篇】第十八

（共十一章）

18.1　微子去之，箕子为之奴，比干谏而死。孔子曰："殷有三仁焉。"

【注释】

　　殷有三仁　殷，商朝（约公元前1600年—公元前1046年），是中国历史上的第二个朝代，历经十七代三十一王，存续了五百余年。商朝初期，迁都频繁，直至盘庚迁都于殷（今河南安阳），国都才固定下来。故而，商朝也被称作殷朝。商朝末期，国都又迁往了朝歌（今河南淇县），末代君王名叫帝辛，他在周武王伐商的牧野之战中兵败，自焚而亡，谥号为纣，史称"商纣王"。

　　微子，名启，纣王之兄，微是他的封国名，子是爵位。箕子，名胥余，纣王之叔，箕是他的封国名，子是爵位。比干，纣王之叔，商朝的宰相。微子、箕子与比干三人，都是纣王的近亲，同属王室的重臣，但他们在劝谏纣王的方式上，却采取了完全不同的做法。其中，微子在几次拒谏后便远走他乡，离开了纣王。箕子却认为，逃避是"彰主恶而自悦于民"的行为，于是他选择了装疯，但还是被纣王投进监狱，成了奴隶。比干则以"主过不谏非忠，畏死不言非勇"的精神，继续苦谏，最终惹怒了纣王，菹醢而死。微子、箕子与比干三人，都心怀国家社稷，均能谏君尽忠，故而被孔子赞誉为仁，史称"殷末三贤"。

据《史记》记载，周武王灭商后，封微子为公爵，建宋国以奉殷祀，国都定于商朝的旧都商丘。孔子，便是微子的后裔——孔子的先祖，本是宋国的公室贵族，在孔子的曾祖父孔防叔时，宋国发生动乱，孔氏族人为了避难，才由宋国迁到了鲁国。

【译文】

纣王无道，微子离他而去，箕子做了他的奴隶，比干苦谏被杀。孔子说："他们是殷朝末年的三位仁人。"

【评述】

殷末三贤，一个被剖了心，一个沦为奴，一个封诸侯。三人的做法不同，结局也迥异，为何孔子却对他们"一视同仁"呢？究其原因，就在于他们三人都心怀国家社稷，均能谏君尽忠。孔子赞誉他们为仁，主要还是基于事功。然而，若以道德与学问论，微子显然略高一筹——既已劝谏尽忠，仁至义尽，便可贤者避世，无道则隐了，正所谓"不可则止，毋自辱焉"。

18.2 柳下惠为士师，三黜。人曰："子未可以去乎？"曰："直道而事人，焉往而不三黜？枉道而事人，何必去父母之邦？"

【注释】

柳下惠为士师 柳下惠，见《卫灵公篇》第十四章注。士师，法官。

【译文】

柳下惠做法官，三次被撤职。有人对他说："您就不能离开鲁国吗？"他答道："正直地做事，到哪儿不是这样呢？不正直地做事，又何必离开自己的祖国呢？"

18.3 齐景公待孔子，曰："若季氏，则吾不能；以季、孟之间待之。"曰："吾老矣，不能用也。"孔子行。

【注释】

季、孟之间 季、孟，鲁国的季氏和孟氏，季氏主政，上卿；孟氏不用事，下卿。据《史记·孔子世家》记载，景公问政于孔子，孔子曰："君君，臣臣，父父，子子。"景公曰："善哉！信如君不君，臣不臣，父不父，子不子，虽有粟，吾岂得而食诸！"他日，又复问政于孔子，孔子曰："政在节财。"景公悦，将欲以尼溪田封孔子。晏婴进曰："夫儒者滑稽而不可轨法，倨傲自顺，不可以为下；崇丧遂哀，破产厚葬，不可以为俗；游说乞贷，不可以为国。自大贤之息，周室既衰，礼乐缺有间。今孔子盛容饰，繁登降之礼，趋详之节，累世不能殚其学，当年不能究其礼。君欲用之以移齐俗，非所以先细民也。"后景公敬见孔子，不问其礼。异日，景公止孔子曰："奉子以季氏，吾不能。"以季、孟之间待之。齐大夫欲害孔子，孔子闻之。景公曰："吾老矣，弗能用也。"孔子遂行，返回鲁国。

本章发生在鲁昭公二十七年，孔子时年三十七岁。

【译文】

齐景公在谈到孔子的待遇时，说："给你像季氏那样的待遇，我做不到；我只能给你介于季氏与孟氏之间的待遇。"不久，又对孔子说："我老了，没有什么作为了。"孔子便离开了齐国。

18.4　齐人归女乐，季桓子受之，三日不朝，孔子行。

【注释】

归女乐　归，同"馈"。女乐，歌姬。据《史记·孔子世家》记载，孔子任鲁国中都宰后，政声四达，仅用一年的时间便升任司空，继而又升任大司寇，行摄相事。此间，孔子诛杀了乱政的大夫少正卯，主持了齐鲁的夹谷会盟，又以"臣无藏甲，大夫毋百雉之城"为由，发起了堕三都行动，使鲁国呈现出一片蒸蒸日上的景象。这让齐国感到了威胁，于是用"归女乐"的计策离间鲁国君臣，以期阻止孔子继续施政。果然，季桓子在接受女乐之后，便废朝三日，致使孔子愤然出走，去鲁适卫，开启了长达十四年的周游之旅。

【译文】

齐国送给鲁国许多歌姬，季桓子接受了，三天不上朝，孔子便离职走了。

18.5 楚狂接舆歌而过孔子，曰："凤兮凤兮！何德之衰？往者不可谏，来者犹可追。已而！已而！今之从政者殆而！"孔子下，欲与之言。趋而辟之，不得与之言。

【注释】

接舆 楚国人，是一位佯狂避世的隐士，其名不详。《论语》书中，记隐士常应景而名之，如晨门、丈人、长沮、桀溺等。本章的接舆，便是应近车之景而命名。

往者不可谏，来者犹可追 谏，挽回。来，未来，将来。来者犹可追，指现在隐退还来得及。

今之从政者殆而 殆，危险。而，语气词。

【译文】

楚国的狂人接舆,一边走过孔子的车子,一边唱道:"凤凰啊,凤凰啊!天下无道还不隐退,为什么你的德行这么衰落呢?过去的不能挽回了,未来的还来得及。算了吧,算了吧!现在的执政者昏庸无道,他们的处境已经很危险了!"孔子下车,想和他谈谈。他却快步走开了,孔子没能与他谈。

【评述】

本章,接舆借传说中的凤凰,暗谏孔子应急流勇退——凤凰之德,乃"有道则见,无道则隐"。在接舆看来,诸侯各国的执政者各个都昏庸无道,已然到了非常危险的境地。既然如此,又何必徒劳地四处奔波,却不及早隐退呢?

18.6 长沮、桀溺耦而耕,孔子过之,使子路问津焉。长沮曰:"夫执舆者为谁?"子路曰:"为孔丘。"曰:"是鲁孔丘与?"曰:"是也。"曰:"是知津矣。"问于桀溺。桀溺曰:"子为谁?"曰:"为仲由。"曰:"是鲁孔丘之徒与?"对曰:"然。"曰:"滔滔者天下皆是也,而谁以易之?且而与其从辟人之士也,岂若从辟世之士哉?"耰而不辍。子路行以告。夫子怃然曰:"鸟兽不可与同群,吾非斯人之徒与而谁与?天下有道,丘不与易也。"

【注释】

长沮、桀溺耦而耕 长，颀长，高个子。沮，读 jù，低洼潮湿的地带。桀，健壮。溺，淹没，指河水。耦，相向，对着头。长沮与桀溺，是正在河边地里对头干活的两个人，长沮是靠近陆路的高个子，桀溺是靠近河水的壮汉，两人的名字均系应景而名。长沮靠近大路，故而子路先问长沮。

夫执舆者为谁 执舆者，拉缰绳的人，指孔子。子路原本驾车，因问渡口，故由孔子代之。

是知津矣 是，必定，肯定。

滔滔者天下皆是也 滔滔，大水周流之状，喻指无道的乱象比比皆是。

且而与其从辟人之士也，岂若从辟世之士哉 而，同"尔"，指子路。辟，同"避"，逃避，躲避。辟人之士，指孔子，孔子因道不同不相为谋，屡避屡离，周流不止。辟世之士，桀溺自谓，指他和长沮。

耰而不辍 耰，读 yōu，古代用以平整土地的农具，也可用来覆种。辍，停止。

怃然 怃，读 wǔ。怃然，失望，怅然失意的样子。

【译文】

长沮、桀溺正在河边的地里对头耙地，孔子路过，让子路前来询问过河的渡口。长沮问道："那个拉缰绳的人是谁？"子路回答："是孔丘。"长沮又问："是鲁国的那个孔丘吗？"子路回答："是的。"长沮说："他啊，必定知道渡口在哪儿了。"子路又去问桀溺,桀溺问道:"您是谁?"子路回答:"我是仲由。"桀溺又问:"您是鲁国孔丘的弟子吧?"子路回答:"是的。"桀溺说:"天下的乱象,就像这滔滔的河水,到处都一样,谁又能改变呢?你与其跟随孔丘那种躲避坏人的人,哪如跟随我们这种躲避乱世的人呢?"说完,继续不停地耙地。子路回去把经过告诉了孔子,孔子失望地说:"我们既然不能与飞禽走兽合群共处,不同人打交道,又同谁打交道呢?如果天下太平,我就不用投身变革了。"

【评述】

本章,长沮与桀溺是两位躲避乱世的隐士。他们认为,"滔滔者天下皆是也,而谁以易之?"——天下乌鸦一般黑,与其徒劳地四处奔波,还不如避世隐居。显然,他俩对孔子周游列国的做法不以为然,故而对子路问津避而不答。但是,孔子却认为,天下是所有人的天下,天下无道,每个人都无法置身于外。既然无从选择,大家就应该一起努力去改变它,故曰:"鸟兽不可同群,吾非斯人之徒与而谁与?天下有道,丘不与易也。"

18.7 子路从而后,遇丈人,以杖荷蓧。子路问曰:"子见夫子乎?"丈人曰:"四体不勤,五谷不分,孰为夫子?"植其杖而芸。子路拱而立。止子路宿,杀鸡为黍而食之,见其二子焉。明日,子路行,以告。子曰:

"隐者也。"使子路反见之。至，则行矣。子路曰："不仕无义。长幼之节，不可废也；君臣之义，如之何其废之？欲洁其身而乱大伦。君子之仕也，行其义也。道之不行，已知之矣。"

【注释】

遇丈人，以杖荷蓧　丈人，对老年男子的尊称，老先生之义。荷，担，挑。蓧，读 diào，竹制的除草工具。

四体不勤，五谷不分　四体，四肢。勤，劳作。五谷，指黍、稷、麦、稻、菽等五类农作物。分，辨别，辨识。

植其杖而芸　植，扶，拄。芸，通"耘"，除草之义。

杀鸡为黍　黍，读 shǔ，黄米。春秋时期，中原地区的主粮是小米，黄米的产量较少，当时属于较为珍稀的美食。杀鸡、做黄米饭，在乡下来说，属于规格较高的招待。

大伦　伦，道理。

【译文】

子路跟随孔子出行，落在了后面，遇见一个老丈，用拐杖挑着除草的工具。子路问道："您看见我老师了吗？"老丈说："你四肢不劳动，分不清五谷。我忙着干活，又怎么能分得清谁是你的老师呢？"说完，便扶着拐杖去锄草。子路拱着手，恭敬地站在一旁。老丈留子路到他家住宿，杀鸡、做黄米饭给子路吃，还叫他的两个儿子与子路相见。第二天，子路赶上孔子，说了这事。孔子说："这是位隐士啊。"让子路回去再看看他。子路返回后，老丈已经外出了。子路便对老丈的两个儿子说："不去做官是不对的。长幼之间的礼节，不可以废弃，君臣之间的道义，又怎么能废弃呢？不能为了自己高洁，就违背大道。君子出来做官，只是为了履行他应尽的义务。至于他的政治主张不会被采纳，他心里早就知道了。"

【评述】

本章，老丈所言"四体不勤，五谷不分，孰为夫子？"是全章的文眼，也是孔子称赞老丈为"隐者"的原因所在。这句话从字面上理解，是子路不参加劳动，故而分不清五谷；老丈勤于劳动，虽然分得清五谷，但分不清谁是子路的老师。实际上，老丈的本意却是说：人各有志，不可勉为其难。

18.8 逸民：伯夷、叔齐、虞仲、夷逸、朱张、柳下惠、少连。子曰："不降其志，不辱其身，伯夷、叔齐与！"谓"柳下惠、少连，降志辱身矣，言中伦，行中虑，其斯而已矣"。谓"虞仲、夷逸，隐居放言，身中清，废中权。我则异于是，无可无不可"。

【注释】

逸民 逸，通"佚"，指品行超凡脱俗，何晏注："逸，节行超逸也。"一说，逸通"遗"，指被遗落的人才，但本章是孔子对这些人品行的点评，他们似乎也谈不上遗落，故以前说为宜。

伯夷、叔齐、虞仲、夷逸、朱张、柳下惠、少连　伯夷、叔齐，见《公冶长篇》第二十二章注。柳下惠，见《卫灵公篇》第十四章注。虞仲、夷逸、朱张、少连四人，生平无从考证，不详。

不降其志，不辱其身　降，降服，屈服。辱，辱没。身，人格，人品。伯夷叔齐隐居首阳山，拒受诏命是不降其志，拒食周粟则属不辱其身。柳下惠在鲁为官，三黜不去，既降其志，又辱其身。

言中伦　伦，道理。

隐居放言，身中清，废中权　放，放弃，舍弃，古注曰："放，置也，不复言世务。"清，清高。废，废弃，指避世隐居。权，权衡，权变。朱熹注曰："隐居独善，合乎道之清；放言自废，合乎道之权。"

无可无不可　《孟子》有云："可以仕则仕，可以止则止，可以久则久，可以速则速，孔子也。"

【译文】

古今品行超凡的人，有伯夷、叔齐、虞仲、夷逸、朱张、柳下惠、少连。孔子说："不屈服自己的志向，也没有辱没自己的人格，只有伯夷和叔齐吧！"又说："柳下惠和少连，虽然放弃了自己的志向，辱没了自己的人格，但他们的言论合乎道理，行为经过考虑，不过也仅此而已。"又说："虞仲和夷逸，虽然避世隐居不再发表意见，但他们人格清高，善于权变。我就与他们不同，没有什么可以，也没有什么不可以。"

【微子篇】第十八 (共十一章)

18.9　大师挚适齐，亚饭干适楚，三饭缭适蔡，四饭缺适秦，鼓方叔入于河，播鼗武入于汉，少师阳、击磬襄入于海。

【注释】

大师挚　大，通"太"。大师，乐队的领队。挚，人名，鲁国乐队的领队，即《泰伯篇》第十五章提到的师挚。

亚饭干　周礼，天子每日四饭，诸侯三饭，大夫两饭。其中，少阳之始食初饭，太阳之始食亚饭，少阴之始食三饭，太阴之始食四饭；诸侯无初饭，大夫无初饭和亚饭。四饭之中，自亚饭以下，侑以钟鼓助兴，每饭的配乐不同，设有专职的乐师。干，人名，是专司亚饭的乐师。

播鼗武、击磬襄　鼗，读 táo，小鼓，俗称"拨浪鼓"。磬，古代的一种打击乐器，见《宪问篇》第三十九章注。襄，师襄子，孔子曾向他学琴。本章提到的"挚、干、缭、缺、方叔、武、阳、襄"等人，均系鲁国乐队的成员。

【译文】

太师挚去了齐国，亚饭乐师干去了楚国，三饭乐师缭去了蔡国，四饭乐师缺去了秦国，打鼓的方叔住在黄河边，摇小鼓的武住在汉水一带，伴奏的阳和敲磬的襄住在海边。

505

18.10　周公谓鲁公曰："君子不施其亲，不使大臣怨乎不以。故旧无大故，则不弃也。无求备于一人！"

【注释】

周公谓鲁公　鲁公，此指周公之子伯禽，见《述而篇》第五章注。

不施其亲　施，通"弛"，放松，松懈，引申为怠慢之义。

怨乎不以　以，用，使用。不以，不用，古注曰："怨不见听用。"

无求备于一人　备，完备，齐备。每个人都有各自的优点和缺点，故应任其所长，不可求全责备。

【译文】

周公对鲁公说："君子不怠慢自己的亲族，不让大臣抱怨不被重视。老同事、老朋友没有大的过错，就不要抛弃他们。不要对人求全责备。"

18.11　周有八士：伯达、伯适、仲突、仲忽、叔夜、叔夏、季随、季騧。

【注释】

季騧　騧，读 guā。八士乃一母所生的四对孪生兄弟，无论古今，连生四孪均属罕见，况且又各个贤良，更为难得。故而，

《论语》记之。

【译文】

周朝有贤良的八兄弟：伯达、伯适、仲突、仲忽、叔夜、叔夏、季随、季䯄。

【子张篇】第十九

（共二十五章）

19.1　子张曰："士见危致命，见得思义，祭思敬，丧思哀，其可已矣。"

【译文】

子张说："读书人只要看见危险不贪生怕死，看见所得想想是否合理，祭祀时想着恭敬，居丧时想着悲哀，就可以了。"

【评述】

本篇所记，是孔门弟子子张、子夏、子游、曾参与子贡等五人的言论，内容以阐发孔子的教诲、赞美孔子的圣德为主。本章，便是子张根据孔子平日的教诲，为读书人归纳出的四项行为准则，素有"士之四节"之说。其中，见危致命出自《宪问篇》第十二章孔子所讲的"见危授命"，见得思义出自《季氏篇》第十章孔子所讲的"见得思义",祭思敬、丧思哀,则是出自孔子所讲的"祭如在",以及"临丧不哀,吾何以观之"等言语。

19.2　子张曰:"执德不弘,信道不笃,焉能为有?焉能为亡?"

【注释】

执德不弘,信道不笃　弘,坚强。笃,坚定。执德谓操守,信道谓信仰。

【译文】

子张说:"操守不坚强,信仰不坚定,这种人有他不多,无他不少。"

【评述】

一个人,操守不坚强,便难以克己;信仰不坚定,便难以复礼。倘若内不能克己、外不能复礼,则势必难以修身成仁。人而不仁,如礼何?人而不仁,如乐何?不知礼,则无以立;不知乐,则无以成。这种人,自然也就有他不多,无他不少,无足轻重了。

19.3　子夏之门人问交于子张。子张曰:"子夏云何?"对曰:"子夏曰:'可者与之,其不可者拒之。'"子张曰:"异乎吾所闻:君子尊贤而容众,嘉善而矜不能。我之大贤与,于人何所不容?我之不贤与,人将拒我,如之何其拒人也?"

【注释】

嘉善而矜不能　嘉,赞美,夸奖。善,多才,多能。矜,同情,怜悯。

【译文】

子夏的学生向子张请教交友之道。子张问:"子夏是怎么说的?"子夏的学生回答:"子夏说,可以交就交,不可以交就拒绝。"子张说:"这与我所听到的不同:君子尊敬贤达,也容纳普通人;赞美有能力的人,也同情没有能力的人。如果我特别贤达,对什么人不能容纳?如果我不贤达,别人会拒绝我,我又怎么拒绝别人呢?"

【评述】

在交友的原则上,子夏与子张的主张截然相反。子夏主张慎交,可以交则交,不可以交就断,重质不重量。子张则主张泛交,尊贤容众,嘉善而矜不能,重量不重质。实际上,无论是子夏的慎交,还是子张的泛交,他们的交友理念,均源自孔子所教诲的"泛爱众而亲仁"——泛爱众故泛交,亲仁故慎交,只不过各执一端罢了。然而,倘若泛交而不亲仁,就难免有鱼龙混杂近朱近墨之忧；倘若慎交而不泛爱众，又难免有水至清则无鱼之患。因此，正确的交友之道，应该是泛爱众与亲仁相结合：泛爱众止于浅，亲仁致于深；泛中有慎，慎中有泛。

19.4　子夏曰："虽小道，必有可观者焉；致远恐泥，是以君子不为也。"

【注释】

虽小道　小道，小聪明，诸如偷奸耍滑之类。
致远恐泥　泥，阻滞，阻碍，朱熹注："泥，不通也。"

【译文】

子夏说："虽然是小聪明，也一定有它可取的地方。但小聪明做不成大事，所以君子才不用它。"

【评述】

有时候，小聪明确实管用，但它经不起时间的检验，或可得意于一时，却难以长久。尤为重要的是，小聪明仅可用于小事，倘若用于大事，反倒会弄巧成拙，聪明反被聪明误。故而，君子用大智慧，不要小聪明。

19.5　子夏曰:"日知其所亡,月无忘其所能,可谓好学也已矣。"

【注释】

日知其所亡　亡,通"无",指没有学过的新知识。

【译文】

子夏说:"每天学些新知识,每个月再复习一下,就可以说是好学了。"

【评述】

本章子夏所言,其实也就是孔子所讲的"温故而知新",只不过侧重不同罢了。其中,"日知其所亡"言知新,"月无忘其所能"言温故。在学习上,知新而不温故,日久便疏;温故而不知新,只能原地止步。因此,唯有既知新又温故,才能够积少成多,知识渊博。

19.6　子夏曰:"博学而笃志,切问而近思,仁在其中矣。"

【注释】

切问而近思　切,恳切。问,发问,提问。邢昺注:"切问者,不泛滥问也;近思者,不远思也。"

【子张篇】第十九 （共二十五章）

【译文】

子夏说："广泛地学习，坚定地追求；诚恳地发问，务实地思考。仁德就在其中了。"

【评述】

本章，子夏所讲的"博学、笃志、切问与近思"，言简意赅地阐明了修身进学的基本要领，足可以作为青少年的座右铭之用。其中，博学必要笃志，不笃志就大而无成；笃志必要博学，不博学就志大才疏。切问必要近思，不近思便无以切问；近思必要切问，不切问便无以近思。故而，修身进学之道，既要有远大的理想，又要有务实的态度，博学而笃志，切问而近思。《中庸》有云："博学之，审问之，慎思之，明辨之，笃行之。果能此道矣，虽愚必明，虽柔必强。"

19.7 子夏曰："百工居肆以成其事，君子学以致其道。"

【注释】

百工居肆　百工，泛指各种手工业生产者。居，在，处于。肆，作坊。朱熹注："工不居肆，则迁于异物而业不精。君子不学，则夺于外诱而志不笃。"

【译文】

子夏说:"只有在作坊里,工人才能完成自己的工作。只有依靠学习,君子才能实现自己的理想。"

【评述】

本章子夏所言,旨在强调学习的重要性。重视学习,向来是儒家一贯的优良传统。荀况在《劝学》中说:"吾尝终日而思矣,不如须臾之所学也;吾尝跂而望矣,不如登高之博见也。登高而招,臂非加长也,而见者远;顺风而呼,声非加疾也,而闻者彰。假舆马者,非利足也,而致千里;假舟楫者,非能水也,而绝江河。君子生非异也,善假于物也。"

19.8 子夏曰:"小人之过也必文。"

【注释】

过也必文 文,掩饰。

【译文】

子夏说:"小人有了过错,一定会加以掩饰。"

【评述】

在如何对待错误的问题上,君子与小人的态度截然相反。

君子不怕改过，但怕贰过；小人不怕贰过，却怕改过。正因如此，君子方能吃一堑长一智，不再重蹈覆辙；小人则贰过叁过，浑浑噩噩。

19.9　子夏曰："君子有三变：望之俨然，即之也温，听其言也厉。"

【注释】

望之俨然　俨然，矜庄貌，庄严的样子。
听其言也厉　厉，严肃，不苟且。

【译文】

子夏说："君子给人的感觉有三种变化：看上去很庄严，接近了很温和，说出的话又很严肃。"

【评述】

《易经》有云："君子豹变，其文蔚也。"君子三变，乃因君子有良好的道德修养——君子崇礼，衣冠整齐，举止端庄，故能望之俨然；君子仁厚，温文尔雅，平易近人，故能即之也温；君子中正，言无苟且，义正词严，故能其言也厉。实际上，小人也有三变：看上去很懒惰，接近了很刁钻，说起话来阴阳怪气。只不过，越变越下作罢了。

515

19.10 子夏曰:"君子信而后劳其民,未信则以为厉己也。信而后谏,未信则以为谤己也。"

【注释】

君子信而后劳其民 君子,与下文的"民"相对,指有地位的人,官员之义。

以为厉己 厉,虐待,折磨,古注曰:"厉,犹病也。"

【译文】

子夏说:"官员要在获得信任之后,再去使唤百姓;否则,百姓就会认为是虐待他们。臣下要在获得信任之后,再去进谏君上;否则,君上就会认为是诽谤他。"

【评述】

信任,是人与人深度交往的基础。上级指使下级,有信任则劳而无怨,无信任则不劳也怨,故曰"信而后劳"。同样,下级向上级进谏,有信任则谏而无怨,无信任则因谏生怨,故曰"信而后谏"。

19.11 子夏曰:"大德不逾闲,小德出入可也。"

【注释】

大德不逾闲 德,节操,古注曰:"大德小德,犹言大节小节。"闲,木栏,引申为界限之义。

【译文】

子夏说:"只要不出大格,小节上有点瑕疵问题不大。"

【评述】

本章子夏所言,也就是人们常说的既要有原则性,又要有灵活性。实质上,儒家所推崇的中庸之道,本是一个"度"的概念,倘若追求所谓的极致与完美,反倒失之于偏执,违背了中庸的要义。况且,人毕竟是人不是神,若欲凡事都像榫卯那样严丝合缝,既不可能也没必要。因此,为人处事的正确态度,应该是原则问题寸步不让,其余则可灵活地微调与变通——"大德不逾闲,小德出入可也"。明代史学家张岱,在《祁止祥癖》中说:"人无癖不可与交,以其无深情也;人无疵不可与交,以其无真气也。"

19.12　子游曰:"子夏之门人小子,当洒扫应对进退,则可矣。抑末也,本之则无,如之何?"子夏闻之,曰:"噫!言游过矣!君子之道,孰先传焉,孰后倦焉?譬诸草木,区以别矣。君子之道,焉可诬也?有始有卒者,其惟圣人乎!"

【注释】

子夏之门人小子　门人，学生。小子，年幼的学生。门人与小子并言，是指所有的学生，无分长幼。

当洒扫应对进退　当，做，担当。洒扫，洒水于地使尘不扬，然后扫之。应对，应答，指侍奉长辈，《曲礼》曰："在父母之所，有命之，应唯敬对。"进退，指抠衣、趋进、隅坐等各种礼仪。

抑末也，本之则无　抑，不过，然而。末，树梢，指"洒扫应对进退"。本，根本，指真正的本领，真本事。

孰先传焉，孰后倦焉　传，传授，教授。倦，倦传，厌烦传授之义，后倦指不愿教。

焉可诬也　诬，欺骗。

有始有卒　始，始于学。卒，终于成。有始有卒，指按照一定的次序，把所有学生都培养成栋梁之材。

【译文】

子游说："子夏的那些学生，做些洒水扫地、侍奉长辈和接待宾客之类的小事，还可以。但这些都是皮毛，真本事却没有学到，这怎么行呢？"子夏听到这话，说："咳！言游说得不对。君子的育人之道，难道还有哪项愿意教，哪项不愿教吗？学生与学生的区别，就像花草与树木那样大，所以要因材施教。君子的育人之道，怎么能欺骗呢？把所有人都培养成栋梁之材，恐怕只有圣人能做到吧！"

【评述】

在子夏看来，学堂教育的宗旨，就是对学生进行基本素质的培养——"洒扫应对进退"，也即普遍意义上的通识教育。至于高深的学问，则应因材施教，毕竟人和人的天资禀性参差不齐，有的人适合学，有的人不适合学。倘若不加区别，一律许以成龙成凤，则无异于欺骗。事实上，不管愿意与否，一起长大的孩子，必然有的人成为小草，有的人成为大树。但无论小草还是大树，都应具备最基本的人文素养，这也便是教育的意义所在。

19.13　子夏曰："仕而优则学，学而优则仕。"

【注释】

学而优则仕　优，有余力。仕，做官，入朝为官曰入仕，官员退休曰致仕。

【译文】

子夏说："官做好了就去学习，学问好了就去做官。"

【评述】

子夏的这句话，在中国可谓家喻户晓，只是常被当作孔子的名言。在儒家看来，修身进德是做官的前提，用孔子《先进篇》中的话说，便是"如用之，则吾从先进"。当然，做官了仍要坚持学习，不学习就不能提高自身的学养，也难以因应时代的步伐，不能与时俱进。《劝学》有云："学不可以已。"

19.14 子游曰："丧致乎哀而止。"

【译文】

子游说："丧礼只要能表达出悲哀之情，就可以了。"

19.15 子游曰："吾友张也为难能也，然而未仁。"

【译文】

子游说："我的朋友子张固然难能可贵，但还谈不上仁德。"

19.16 曾子曰："堂堂乎张也，难与并为仁矣。"

【注释】

堂堂乎张也 堂堂，盛大貌，指容貌端正、举止大方。

【译文】

曾参说:"子张仪表堂堂,却难以与人共修仁德。"

【评述】

在修养理念上,曾参主张"正心诚意",用他在《大学》中的话说,就是"意诚而后心正,心正而后身修"。然而,子张却是一个注重言语形貌,务外自高的人,与曾参的做法截然相反。正因如此,道不同不相为谋,子张便也不符合曾参"以文会友,以友辅仁"的交友之道——"堂堂乎张",傲也;"难与并为仁",远也。

19.17　曾子曰:"吾闻诸夫子:人未有自致者也,必也亲丧乎!"

【注释】

自致　致,到,到达。

【译文】

曾参说:"我听老师说过:人的感情没有自发的;如果有,那一定是父母死的时候吧!"

【评述】

在《孝经》中,孔子有云:"不爱其亲而爱他人者,谓之

521

悖德。不敬其亲而敬他人者，谓之悖礼。"

19.18　曾子曰："吾闻诸夫子：孟庄子之孝也，其他可能也；其不改父之臣与父之政，是难能也。"

【注释】

孟庄子　鲁国大夫，孟献子仲孙蔑之子，名速。

【译文】

曾参说："我听老师说过：孟庄子的孝，别的都能做得到；但他不撤换他父亲的官吏，沿用他父亲的政策，却是难以做到的。"

【评述】

农耕时代，社会经验往往比创新更重要。

19.19　孟氏使阳肤为士师，问于曾子。曾子曰："上失其道，民散久矣。如得其情，则哀矜而勿喜！"

【注释】

阳肤为士师　阳肤，曾参的学生。士师，法官。

民散久矣　散，散漫，不守法纪。

哀矜而勿喜　矜，读 jīn，怜悯之义。勿喜，勿以明察自喜。

【译文】

孟氏任命阳肤做法官，阳肤向曾参请教。曾参说："在上位的人胡作非为，老百姓散漫惯了。你如果审出案情的真相，应该多些怜悯之心，不要沾沾自喜。"

19.20　子贡曰："纣之不善，不如是之甚也。是以君子恶居下流，天下之恶皆归焉。"

【注释】

恶居下流　下流，河流的下游。恶，读 wù，憎恶，讨厌，与下一个"恶"不同。天下之恶的"恶"指恶名，坏名声。

【译文】

子贡说："纣王的恶，本不像传说的那么过分。所以君子憎恶居于下流，以免所有的坏名声都归给他。"

【评述】

本章子贡所言，旨在告诫人们，一旦有污贱之实，便会有恶名之聚。故而，人要谨言慎行，防非远过，以免"天下之恶皆归焉"。事实上，一个犯过错误的人，即便能悔过自

523

新,但在人们的心里,往往也难以消除"一日为盗,终身是贼"的坏印象——橡皮虽能擦去纸上的铅墨,却抹不掉纸上的印痕。

19.21 子贡曰:"君子之过也,如日月之食焉:过也,人皆见之;更也,人皆仰之。"

【译文】

子贡说:"君子的过错,就像日食和月食那样:他有错,人人都看得到;他改过,人人都敬仰。"

19.22 卫公孙朝问于子贡曰:"仲尼焉学?"子贡曰:"文、武之道,未坠于地,在人。贤者识其大者,不贤者识其小者。莫不有文、武之道焉。夫子焉不学?而亦何常师之有?"

【注释】

卫公孙朝 公孙朝,卫国大夫。当时鲁、郑、楚、卫四国都有叫公孙朝的人,故加"卫"字以区别。

仲尼焉学 焉,疑问代词,何处,哪里。

文、武之道,未坠于地 文、武,指周文王和周武王。道,礼乐之道。坠，落下，消亡。

【译文】

卫国的公孙朝向子贡问道："仲尼的学问是从哪里学来的？"子贡说："周文王、武王的礼乐之道，并没有消亡，只是散落在了人间。贤能的人知道得多，不贤能的人知道得少，处处都有周文王、武王的礼乐之道。他老人家在哪里不能学？又何必要有专门的老师呢？"

19.23　叔孙武叔语大夫于朝，曰："子贡贤于仲尼。"子服景伯以告子贡。子贡曰："譬之宫墙，赐之墙也及肩，窥见室家之好。夫子之墙数仞，不得其门而入，不见宗庙之美，百官之富。得其门者或寡矣。夫子之云，不亦宜乎！"

【注释】

叔孙武叔　鲁国大夫，名州仇，武是他的谥号。
子服景伯　鲁国大夫，见《宪问篇》第三十六章注。
譬之宫墙　宫，围绕之义。宫墙，围墙，院墙。
夫子之墙数仞　仞，古代的长度单位，七尺为一仞。一说，八尺为一仞。
百官之富　官，房舍。官的本义是房舍，后来才引申为职业。

【译文】

叔孙武叔在朝堂上对大夫们说:"子贡比仲尼有才能。"子服景伯把这话告诉了子贡。子贡说:"如果用院子的围墙打比方,我的院墙只有肩膀那么高,谁都能看到院内房屋的好。我老师的院墙却有几丈高,不找到大门进去,就看不到院内宗庙的华美,各式房屋的富丽。能够找到大门的人或许很少吧,武叔老先生那样说,不也很自然吗?"

【评述】

据《吕氏春秋》记载,子贡是孔门弟子中的首富。他虽然富甲一方,但为人谦恭,办事通达,乐善好施。故而,人们赞美他,恭维他,甚至巴结他,便是很自然的事了——富贵者向来不缺鲜花和掌声,这也正是叔孙武叔说"子贡贤于仲尼"的原因所在。然而,难能可贵的是,子贡并未因商业的巨大成功而忘乎所以,也没有被鲜花和掌声冲昏头脑,始终保持着谦虚的态度,不乏自知之明。借古鉴今,现在社会上的一些人,有几个钱便张狂膨胀,得意忘形,自认为无所不知,乃至以教师爷的架势四处指点众生,不也滑稽可笑么?

19.24 叔孙武叔毁仲尼。子贡曰:"无以为也!仲尼不可毁也。他人之贤者,丘陵也,犹可逾也;仲尼,日月也,无得而逾焉。人虽欲自绝,其何伤于日月乎?

多见其不知量也。"

【注释】

丘陵也 丘陵，山丘，小山坡。古注曰："土高曰丘，大阜曰陵。"

多见其不知量也 多，副词，只，适。不知量，不量力之义，朱熹注："谓不自知其分量。"

【译文】

叔孙武叔诋毁仲尼。子贡说："不要这样做！仲尼是诋毁不了的。别人的贤能，就像小山坡，还可以超越；仲尼的贤能，就像太阳和月亮，不可能超越。一个人即便要自绝于太阳和月亮，那对太阳和月亮又有什么伤害呢？只是表明他不自量罢了。"

【评述】

孔子是中国文化的代表人物。他的学说与思想熠熠生辉，不会因为某些人的无知、曲解或攻讦而失色，诚如子贡所言："人虽欲自绝，其何伤于日月乎？"

19.25 陈子禽谓子贡曰："子为恭也，仲尼岂贤于子乎？"子贡曰："君子一言以为知，一言以为不知，言不可不慎也。夫子之不可及也，犹天之不可阶而升也。

夫子之得邦家者，所谓立之斯立，道之斯行，绥之斯来，动之斯和。其生也荣，其死也哀。如之何其可及也？"

【注释】

陈子禽谓子贡曰 陈子禽，姓陈名亢，字子禽，孔子的学生。在《论语》书中，陈子禽发问的记录共有三次，分别是《学而篇》第十章问子贡的"夫子至于是邦也，必闻其政，求之与，抑与之与？"、《季氏篇》第十三章问伯鱼的"子亦有异闻乎？"，以及本章问子贡的"仲尼岂贤于子乎？"，可谓每问必偏，愈问愈下。

子为恭也 恭，恭敬，谦虚之义。也，通"邪"，疑问词。

道之斯行，绥之斯来，动之斯和 道，教导，引导。行，行动。绥，安抚。动，动员。和，团结，齐心协力。

【译文】

陈子禽对子贡说："您是谦虚吧，仲尼怎么会比您还有才能呢？"子贡道："君子说一句话，就能表明他聪明还是不聪明，所以说话不能不慎重。老师的高不可攀，就像不能爬着梯子去攀天。他老人家如果是诸侯，或者是有采邑的大夫，就会像人们所说的那样：扶持就能使百姓立足，引导就能使百姓行动，安抚就能使百姓归附，动员就能使百姓齐心协力。他老人家生得光荣，死得可惜，别人怎么能比得上呢？"

【评述】

　　孔子素有万世师表的美誉,向来被中国人尊崇为至圣先师。在山东曲阜孔府大门的明柱上,悬挂有后人撰写的对联:"与国咸休安富尊荣公府第,同天并老文章道德圣人家。"

【尧曰篇】第二十

（共三章）

20.1 尧曰："咨！尔舜。天之历数在尔躬，允执其中。四海困穷，天禄永终。"舜亦以命禹。曰："予小子履，敢用玄牡，敢昭告于皇皇后帝：有罪不敢赦，帝臣不蔽，简在帝心。朕躬有罪，无以万方；万方有罪，罪在朕躬。"周有大赉，善人是富。"虽有周亲，不如仁人。百姓有过，在予一人。"谨权量，审法度，修废官，四方之政行焉。兴灭国，继绝世，举逸民，天下之民归心焉。所重：民、食、丧、祭。宽则得众，信则民任焉，敏则有功，公则说。

【注释】

尧曰：咨！尔舜。天之历数在尔躬，允执其中。四海困穷，天禄永终 本节是尧将帝位禅让给舜时所发表的训词。咨，感叹声，咳。历数，历运之数，指朝代更替的次序。允，诚信。执，持守。中，中正之道。

予小子履，敢用玄牡，敢昭告于皇皇后帝 本节是商汤

【尧曰篇】第二十 | （共三章）

王的祈雨词。予小子，谦辞，上古时期帝王的自谦之称，也称"予一人"。履，商汤王名天乙，又名履。玄，黑色，夏尚黑、殷尚白，商朝初建，仍依夏礼尚黑，故用玄牡。牡，公牛，雄性曰牡，雌性曰牝。敢，敬辞。昭，光明。皇，大，伟大。后，君主。帝，天帝。

有罪不敢赦，帝臣不蔽，简在帝心 赦，赦免。简，检阅，引申为明白之义。帝臣不蔽，这句话在《墨子》中写作"有善不敢蔽"，译文从此。

朕躬有罪，无以万方；万方有罪，罪在朕躬 朕，先秦时期，人无分贵贱，均可自称为朕。秦始皇以后，"朕"才成为皇帝专用的自称。万方，犹言万邦，指各方诸侯。

周有大赉，善人是富。虽有周亲，不如仁人 本节是周武王封赐诸侯的致辞。周，周朝发祥于陕西周原，故名周。赉，读lài，赏赐。善人，德行美善的人。周亲，至亲。孔安国注："言纣至亲虽多，不如周家之多仁人。"

谨权量，审法度 本节是孔子政治言论的摘录。谨，重视。权，衡量，测重量。量，容量和度量，测容积和长度。法度，法规和制度。

兴灭国，继绝世 《尚书大传》曰："古者诸侯始受封则有采地，百里诸侯以三十里，七十里诸侯以二十里，五十里诸侣以十五里，其后子孙虽有罪黜，其采地不黜，使其子孙贤者守之，世世以祠其始受封之人，此之谓兴灭国，继绝世。"《左传疏》曰："礼，天子不灭国，诸侯不灭姓。其身有罪宜废者，选其亲而贤者更绍立之，《论语》所谓'兴灭国，继绝世'者，此也。"故而，周武王灭商建周后，便封舜帝的后裔妫满于陈地，建陈

531

国；封夏禹的后裔于杞地，建杞国；封商汤的后裔于商丘，建宋国。

所重民、食、丧、祭。宽则得众，信则民任焉，敏则有功，公则说　王者以民为天，故重民。民以食为天，故重食。丧哀祭敬乃不忘本，故重丧、祭。公，公正。说，通"悦"。

【译文】

尧将帝位禅让给舜，说道："咳！你这个舜啊！上天的使命降到你身上了，你要诚实地执守中正之道。如果天下的百姓困苦贫穷，上天给你的禄位也就永远终止了。"舜让位给禹时，又将尧的这番话说给了禹。商汤王祈雨，说道："在下履，谨用黑色的公牛做祭牲，向伟大的天帝明明白白地禀告：有罪的人我不敢擅自赦免，有功的人我也不敢隐瞒，一切尽在您心。如果我本人有罪，请不要牵连天下万方；天下万方有罪，全由我一人承担。"周武王大封诸侯，使善人得以富贵。他说："纣王虽然有很多至亲，却不像我有这么多仁人。如果百姓有错，就由我一人承担。"孔子说，谨慎地制定度量衡，检查各种法规制度，恢复已荒废的官职，国家的政令就通行了。复兴已灭亡的国家，承续已中断的祭祀，提拔被遗落的人才，天下的百姓就心悦诚服了。要重视人民、粮食、丧礼、祭祀。宽厚就会得到百姓的拥护，诚信就会得到百姓的信任，勤敏就会有功绩，公平就会让百姓满意。

【评述】

本章摘录的是尧舜二帝、汤武二王，以及圣人孔子等五人的政治言论，旨在宣扬天命政教之美，以便垂训将来。对于舜帝传位给大禹的言论，本章仅用"舜亦以命禹"几个字一笔带过，未作详述。在《尚书·大禹谟》中，则详细地记载了舜帝所发表的传位训词，其中便有"人心惟危，道心惟微，惟精惟一，允执厥中"这句话。舜帝所说的这十六个字，简称"危微精一"，在中国传统文化中具有很大的影响力，被宋儒称作"十六字心传"，素有"心脉"之誉。

20.2　子张问于孔子曰："何如斯可以从政矣？"子曰："尊五美，屏四恶，斯可以从政矣。"子张曰："何谓五美？"子曰："君子惠而不费，劳而不怨，欲而不贪，泰而不骄，威而不猛。"子张曰："何谓惠而不费？"子曰："因民之所利而利之，斯不亦惠而不费乎？择可劳而劳之，又谁怨？欲仁而得仁，又焉贪？君子无众寡，无小大，无敢慢，斯不亦泰而不骄乎？君子正其衣冠，尊其瞻视，俨然人望而畏之，斯不亦威而不猛乎？"子张曰："何谓四恶？"子曰："不教而杀谓之虐；不戒视成谓之暴；慢令致期谓之贼；犹之与人也，出纳之吝谓之有司。"

【注释】

　　屏四恶　屏，读 bǐng，屏除。
　　惠而不费　惠，恩惠，施以恩惠。费，费损，破费。

又焉贪 贪，贪求。皇侃注："欲仁义者为廉，欲财色者为贪。"

无小大，无敢慢 慢，怠慢。人之常情固然慢小，但也有慢大以标榜刚直者，因此并而言之。

不戒视成、慢令致期 戒，告诫，打招呼。视成，在眼前立即完成。致期，限期之义。

犹之与人也 犹之，均之，终归、总归之义。

出纳之吝谓之有司 出纳，原本有支出和收入两个含义，但在本句中仅作支出之义。吝，悭吝，吝啬。有司，主管某部门的官吏，此指当家不做主的办事人员。中国历史上，项羽可谓"出纳之吝"的典型人物，《史记·淮阴侯列传》中说："项王见人恭敬慈爱，言语呕呕，人有疾病，涕泣分食饮，至使人有功当封爵者，印刓敝，忍不能予，此所谓妇人之仁也。"——既然"犹之与人"，却又行出纳之吝，若待来请而后赏，势必无恩矣！

【译文】

子张向孔子问道："怎么样就可以从政了？"孔子说："如果能尊奉五种美德，摒弃四种恶行，就可以从政了。"子张问："哪五种美德？"孔子说："君子给百姓好处却不用破费，让百姓劳役却不遭怨恨，追求仁德而不是财物，安泰却不骄矜，威严却不凶猛。"子张问："什么是给百姓好处却不用破费？"孔子说："让百姓得到该得的好处，不就是给百姓好处却不用破费吗？选择可以做的事让百姓做，又有谁会怨恨呢？自己想要仁德，便得到了仁德，还贪求什么呢？君子待人,无论人多人少,势力大还是势力小,一律都不怠慢,不就是安泰却不骄矜吗?君子衣冠整齐,目不斜视,神态端庄,令人望而生畏,不就是威严却不凶猛吗?"子张问:"四种恶行是什么?"孔子说:"不教育就杀,叫作虐;不预先打招呼就要立即完成,叫作暴;缓慢下令却又急迫限期,叫作贼;终归要给人家的财物,却又吝啬出手,叫作小家子气。"

【评述】

本章,孔子将为官之道概括为"尊五美,屏四恶"。实质上,为官之道也就是做人之道,官做得好坏,在很大程度上取决于修身——智故能惠而不费,信故能劳而不怨,仁故能欲而不贪,礼故能泰而不骄,义故能威而不猛。反之,不仁则不教而杀,不义则不戒视成,不信则慢令致期,不智则出纳之吝。故而,无论尊五美,还是屏四恶,终归还是做人之道。

20.3 孔子曰:"不知命,无以为君子也;不知礼,无以立也;不知言,无以知人也。"

【注释】

知命 命,命运。儒家的命运观,既非迷信的宿命论,也非孤立的自我论,而是将命运看作命和运两部分。命者,时也,机也,人力所不可控者曰命,由天不由己;运者,求也,为也,可求诸己者曰运，在己不在人。古注曰："命者，不知所以然而然者也，人事智巧以举措者不得与焉。"

宋朝的吕蒙正，在《命运赋》中说：

文章盖世，孔子厄于陈邦；武略超群，太公钓于渭水。颜渊命短，殊非凶恶之徒；盗跖年长，岂是善良之辈。尧帝明圣，却生不肖之儿；瞽叟愚顽，反生大孝之子。张良原是布衣，萧何称谓县吏。晏子身无五尺，封作齐国宰相；孔明卧居草庐，能作蜀汉军师。楚霸虽雄，败于乌江自刎；汉王虽弱，竟有万里江山。李广有射虎之威，到老无封；冯唐有乘龙之才，一生不遇。韩信未遇之时，无一日三餐，及至遇行，腰悬三尺玉印，一旦时衰，死于阴人之手。

有先贫而后富，有老壮而少衰。满腹文章，白发竟然不中；才疏学浅，少年及第登科。深院宫娥，运退反为妓妾；风流妓女，时来配作夫人。青春美女，却招愚蠢之夫；俊秀郎君，反配粗丑之妇。蛟龙未遇，潜水于鱼鳖之间；君子失时，拱手于小人之下。衣服虽破，常存仪礼之容；面带忧愁，每抱怀安之量。时遭不遇，只宜安贫守分；心若不欺，必然扬眉吐气。初贫君子，天然骨骼生成；乍富小人，不脱贫寒肌体。

天不得时，日月无光；地不得时，草木不生。水不得时，风浪不平；人不得时，利运不通。注福注禄，命里已安排定，富贵谁不欲？人若不依根基八字，岂能为卿为相？

吾昔寓居洛阳，朝求僧餐，暮宿破窑，思衣不可遮其体，思食不可济其饥。上人憎，下人厌，人道我贱，非我不弃也。今居朝堂，官至极品，位置三公，身虽鞠躬于一人之下，而列职于千万人之上。有挞百僚之杖，有斩鄙吝之剑，思衣而有罗

【尧曰篇】第二十 (共三章)

锦千箱,思食而有珍馐百味。出则壮士执鞭,入则佳人捧觞。上人宠,下人拥,人道我贵,非我之能也,此乃时也、运也、命也。

知礼 礼,指一切文仪,包括礼仪、礼节、礼法等。礼是人的行为规范,朱熹注曰:"人不知礼,则耳目无所加,手足无所措。"

知言 知言,指善于分析别人的言辞。孟子曰:"何谓知言?诐辞知其所蔽,淫辞知其所陷,邪辞知其所离,遁辞知其所穷。"《易传》有云:"将叛者其辞惭,中心疑者其辞枝,吉人之辞寡,躁人之辞多,诬善之人其辞游,失其守者其辞屈。"

【译文】

孔子说:"不懂命运,就不能成为君子;不懂礼,就不能立足社会;不懂言辞,就不能识别人。"

【评述】

本章是《论语》的收官之作,全书以"知命、知礼、知言"结尾,意味深长。或许,本章就是在告诫人们,只有知命、知礼、知言,方能拥有智慧的人生吧。

知命,就是知人生。人之生有命有运,命由天定,故听天命,听天命则乐天安命,不怨天,也不尤人;运由己立,故尽人事,尽人事则内求诸己,求也,为也,只问耕耘,不问收获——人事已尽,无愧于己,人生可以无憾矣。知礼,就是知人情。知人情方能理人事,通情达理,方能练达于为人处事之道。知言,就是知人心。知人言方能鉴人心,鉴人心方能识别人,识别人方能亲贤远佞,趋利避害。

荀况在《王制》中说:"人力不若牛,走不若马,而牛马为用,何也?曰:人能群,彼不得群也。"人能群,便是指人有人文。人文,大致可分物性与人性两类学问。其中,知物性可以有知识,识物性是术;知人性可以有智慧,识人性乃道。《论语》,就是一部阐述做人之道的儒学经典。

朱熹说:读《论语》,要冷看。

附 孔子年表

鲁襄公二十二年	孔子生	公元前551年
鲁襄公二十四年	孔子年三岁	孔子父叔梁纥卒
鲁昭公七年	孔子年十七岁	孔子母颜徵在卒
鲁昭公九年	孔子年十九岁	娶宋人亓官氏为妻
鲁昭公十七年	孔子年二十七岁	孔子入职,担任鲁国大夫季氏的委吏、乘田,见郯子,学古官名
鲁昭公二十年	孔子年三十岁	孔子开始授徒设教,初入鲁太庙
鲁昭公二十四年	孔子年三十四岁	鲁大夫孟厘子命其子孟懿子及南宫敬叔向孔子学礼
鲁昭公二十五年	孔子年三十五岁	鲁三家共攻鲁昭公,孔子适齐闻韶,齐景公问政
鲁昭公二十七年	孔子年三十七岁	孔子自齐反鲁
鲁定公五年	孔子年四十七岁	鲁大夫季桓子的家臣阳货执季桓子,阳货欲见孔子
鲁定公八年	孔子年五十岁	鲁三家攻阳货,阳货奔阳关,公山弗扰召孔子

续表

鲁定公九年	孔子年五十一岁	鲁阳货奔齐，孔子开始出仕，任鲁中都宰
鲁定公十年	孔子年五十二岁	孔子由中都宰升司空、大司寇，相定公与齐会于夹谷
鲁定公十二年	孔子年五十四岁	鲁听孔子堕三都，堕郈、堕费，堕成弗克，陷于停顿
鲁定公十三年	孔子年五十五岁	孔子去鲁适卫，卫人子贡从游
鲁定公十四年	孔子年五十六岁	孔子去卫过匡，晋佛肸来召，孔子欲往不果，重反卫
鲁定公十五年	孔子年五十七岁	孔子始见卫灵公，出仕卫
鲁哀公二年	孔子年五十九岁	卫灵公问阵，孔子遂辞卫仕，卫灵公卒
鲁哀公三年	孔子年六十岁	孔子由卫适曹又适宋，宋司马桓魋欲杀之，孔子微服而去，适陈，遂仕于陈
鲁哀公六年	孔子年六十三岁	吴伐陈，孔子去陈，绝粮于陈、蔡之间，遂适蔡，见楚叶公，又自叶反陈，自陈反卫
鲁哀公七年	孔子年六十四岁	孔子再仕于卫，时为卫出公四年
鲁哀公十一年	孔子年六十八岁	鲁季康子召，孔子周游列国十四年后返回鲁国，在鲁教育弟子
鲁哀公十四年	孔子年七十一岁	齐国陈恒弑君，孔子请讨之，鲁君臣不从。孔子校订整理的《春秋》终稿
鲁哀公十五年	孔子年七十二岁	子路死于卫
鲁哀公十六年	孔子年七十三岁	公元前479年，孔子终